ALBERT EINSTEIN / LEOPOLD INFELD

DIE EVOLUTION DER PHYSIK

Mit 75 Textabbildungen und 3 Kunstdrucktafeln

PAUL ZSOLNAY VERLAG
WIEN · HAMBURG

Berechtigte Übersetzung von
Werner Preusser

Originaltitel: The Evolution of Physics
Umschlag und Einband: Christoph Albrecht
Gesamtherstellung: Wiener Verlag
Printed in Austria
ISBN 3-552-01416-0

INHALTSVERZEICHNIS

Wir danken allen denen, die uns bei der Zusammenstellung dieses Buches so bereitwillig geholfen haben, insbesondere den Herren Professoren A. G. Shenstone, Princeton, New Jersey (USA), und St. Loria, Lwow, Polen, die uns die Aufnahmen für Tafel III zur Verfügung stellten; I. N. Steinberg für seine Skizzen und Frau Dr. M. Phillips für die Durchsicht des Manuskriptes und ihre freundliche Unterstützung. A. E. und L. I.

Vorwort

Bevor der Leser mit der eigentlichen Lektüre beginnt, wird er mit Recht erwarten, daß wir ihm ein paar einfache Fragen beantworten, nämlich: In welcher Absicht ist dieses Buch geschrieben worden, und wer soll, wer kann es lesen?

Es ist aber gar nicht so einfach, das Buch mit einer klaren und einleuchtenden Erwiderung auf diese Frage einzuleiten; am Schluß darauf einzugehen, wäre viel leichter, wenn auch gänzlich überflüssig. Wir halten es daher für besser, nur darauf hinzuweisen, was dieses Buch nicht sein soll: kein Lehrbuch der Physik nämlich und auch keine systematische Einführung in elementare physikalische Gesetzmäßigkeiten und Theorien. Vielmehr war es unsere Absicht, in großen Zügen die Bemühungen des Menschengeistes um eine Aufklärung der Zusammenhänge zwischen Ideen- und Erscheinungswelt zu skizzieren. Wir haben die Kräfte vorzuführen versucht, aus deren Wirken die Wissenschaft ihre Impulse zur Ausbildung neuer Ideen bezieht, die sich mit den tatsächlichen Gegebenheiten in unserer Welt vereinbaren lassen. Dabei hatte die Darstellung jedoch einfach zu bleiben. Wir mußten uns auf dem Wege durch das Labyrinth der Tatsachen und Begriffe einer Art Durchgangsstraße bedienen, die uns das Bezeichnendste und Bedeutsamste zu berühren schien. Regeln und Theorien, die nicht an dieser Straße liegen, mußten wir auslassen. Schon durch die Wahl unseres großen Zieles waren wir genötigt, unter den vorhandenen Gesetzen und Ideen eine fest umrissene Auswahl zu treffen. Die Bedeutung eines bestimmten Problems darf daher nicht nach der Anzahl der darauf verwendeten Seiten bemessen werden. Manche an sich wesentliche Gedankengänge wurden übergangen, nicht etwa, weil sie uns unwichtig erschienen wären, sondern weil sie nicht an dem von uns beschrittenen Wege liegen.

Während der Arbeit an dem Buche besprachen wir immer wieder ausführlich, wie wir uns unseren idealen Leser vorzustellen hätten, und wir haben uns darüber wirklich ehrlich den Kopf zerbrochen. Wir dachten uns, er müsse das absolute Fehlen aller konkreten physikalischen und mathematischen Kenntnisse durch eine recht stattliche Zahl von Tugenden wettmachen. So soll der Leser unserer Meinung nach ein Interesse für physikalische und philosophische Gedankengänge mitbringen. Wir können aber nicht umhin, die Unverzagtheit zu bewundern, mit der er sich durch die minder fesselnden und schwierigeren Stellen durchzubeißen gedenkt. Er weiß ja, daß für das Verständnis einer bestimmten Seite ein eingehendes Studium aller vorhergehenden unerläßlich ist. Er weiß, daß man ein wissenschaftliches Buch, mag es auch populär gehalten sein, nicht wie einen Roman lesen darf.

Das Buch ist nichts als eine anspruchslose Plauderei. Der Leser mag es langweilig oder interessant, eintönig oder packend finden; unser Ziel ist auf jeden Fall dann erreicht, wenn diese Blätter ihm einen Begriff geben von dem ewigen Ringen des schöpferischen Menschengeistes um ein tieferes Verständnis der die physikalischen Phänomene beherrschenden Gesetze.

DER AUFSTIEG DES MECHANISTISCHEN DENKENS

Ein Gleichnis

Man könnte sich einen Detektivroman vorstellen, eine Art Urbild dieser Literaturgattung, der alle Hauptindizien in so klarer Form enthält, daß der Leser gar nicht umhinkann, sich seine eigene Theorie über den geschilderten Kriminalfall zurechtzulegen. Verfolgt er bei der Lektüre eines solchen Buches den Ablauf der Handlung nur immer mit der nötigen Aufmerksamkeit, so findet er die vollständige Auflösung ganz allein, und zwar unmittelbar bevor sie der Autor selbst am Schluß des Buches preisgibt; und diese Auflösung enttäuscht nicht einmal, was man bei minder guten Kriminalgeschichten oft nicht sagen kann, ja, sie wird sogar gerade in dem Moment offenbar, wo er mit ihrem Erscheinen rechnet.

Können wir den Leser eines solchen Romans mit den Naturwissenschaftlern vergleichen, die nun schon durch Generationen und Generationen unablässig nach einer Deutung der Mysterien suchen, die im Buche der Natur beschlossen sind? Nun, der Vergleich hinkt ein wenig, und wir müssen ihn später fallenlassen, doch ist trotzdem etwas Wahres daran, ein Etwas, das sich vielleicht noch ausbauen und modifizieren läßt, bis es dem Bemühen der Wissenschaft um eine Aufklärung der Weltgeheimnisse gerecht wird.

Noch ist das große Rätsel ungelöst. Wir können nicht einmal mit Sicherheit sagen, daß es eine letzte Lösung dafür gibt. Die Lektüre im Buche der Natur hat uns bereits viel gegeben, so etwa die Anfangsgründe der Sprache, in der die Natur sich uns mitteilt. Sie hat uns ferner in den Stand gesetzt, viele Fingerzeige richtig zu verstehen, und ist den Wissenschaftlern schließlich auf ihrem häufig dornenvollen Wege eine stete Quelle der Freude und Anregung gewesen.

Wir sind uns darüber klar, daß wir ungeachtet all der Bände, die wir schon gelesen, deren Inhalt wir uns schon zu eigen gemacht haben, noch immer von einer letzten Lösung weit entfernt sind, sofern es so etwas überhaupt gibt. Haben wir eine Etappe erreicht, suchen wir immer wieder nach Erklärungen, die sich mit den bereits früher gefundenen Anhaltspunkten vereinbaren lassen. Viele Gesetzmäßigkeiten konnte man mit versuchsweise akzeptierten Theorien deuten, doch ist noch keine Lösung vorgebracht worden, die allen bekannten Tatsachen Rechnung trägt. Sehr oft schon hat sich eine scheinbar vollendete Lehre dann später, bei näherem Zusehen, als unzulänglich erwiesen. Immer wieder werden neue Gesetze bekannt, die der Theorie zuwiderlaufen oder durch sie unerklärt bleiben. Je weiter wir in das große Buch eindringen, um so besser lernen wir seinen vollendeten Aufbau würdigen, obwohl eine restlose Aufklärung aller Geheimnisse sich uns in dem Maße, wie wir vorrücken, wieder zu entziehen scheint.

In fast jedem Kriminalroman, seit den wunderbaren Geschichten eines Conan Doyle, kommt einmal der Moment, wo der große Detektiv das ganze Tatsachenmaterial gesammelt hat, das er für sein Problem oder zumindest für eine bestimmte Phase seiner Untersuchung braucht. Dieses Material sieht oft recht verworren, unzusammenhängend und beziehungslos aus. Der Beamte erfaßt jedoch sofort, daß vorderhand keine weitere Untersuchung notwendig ist und daß er auch durch bloßes Nachdenken eine sinnvolle Ordnung in das gesammelte Tatsachenmaterial bringen kann. Er fängt also an, Geige zu spielen, oder rekelt sich Pfeife rauchend in seinem Lehnstuhl – und auf einmal, man höre und staune, hat er es wahrhaftig heraus! Er vermag nicht nur die bereits vorhandenen Indizien zu deuten, sondern er weiß plötzlich sogar über bestimmte andere Vorkommnisse Bescheid. Da er nun genau im Bilde ist, wo er suchen muß, geht er dann, wenn er Lust hat, vielleicht noch dazu über, eine weitere Bestätigung für seine Theorie beizubringen.

Der Wissenschaftler, der – wenn es uns gestattet ist, diesen oft gebrauchten Vergleich noch einmal heranzuziehen – das Buch der Natur studiert, muß die Lösung ganz allein herausfinden; denn er kann nicht vorwitzig auf den letzten Seiten des Buches nachschauen, wie es ungeduldige Leser von Romanen ja oft tun. Er ist gewissermaßen Detektiv und Leser in einer Person und bemüht sich, die Zusammenhänge zwischen bestimmten Ereignissen und ihrem mannigfachen Drum und Dran zu klären. Der Wissenschaftler muß, will er auch nur zu einer Teillösung gelangen, die vorhandenen ungeordneten Tatbestände sammeln, zu einem zusammenhängenden Ganzen verschmelzen und durch den schöpferischen Gedanken verständlich machen.

Wir haben es uns nun zum Ziel gesetzt, auf den folgenden Seiten in großen Zügen eben die Arbeit des Physikers zu schildern, die der rein gedanklichen Überlegung des Kriminalbeamten in unserem Gleichnis entspricht. Das Hauptgewicht wollen wir dabei auf die Darstellung der Rolle legen, welche die Gedanken und Ideen bei der an Abenteuern reichen Jagd nach Erkenntnis der materiellen Welt gespielt haben.

Die erste Spur

Das Bemühen, in das große Mysterium einzudringen, läßt sich bis in die Anfänge der Geistesgeschichte zurückverfolgen, doch erst vor etwas mehr als dreihundert Jahren fingen die Wissenschaftler an, die Sprache des Buches zu verstehen. Seit jenen Tagen, dem Zeitalter Galileis und Newtons, ist man mit der Lektüre rasch vorwärtsgekommen. Man entwickelte Untersuchungstechniken und systematische Methoden zur Auffindung und Verfolgung von Spuren, und manche Rätsel der Natur konnten so gelöst werden, wenn sich auch viele dieser Lösungen im Lichte einer späteren Forschung als unzulänglich und überholt erwiesen haben.

Ein grundlegendes Problem, das durch Tausende von Jahren wegen seiner Komplikationen gänzlich verschleiert blieb, ist das der Bewegung. Alle Bewegungen, die wir in der Natur beobachten – ein Steinwurf, ein Schiff, das durch die Meere kreuzt, ein Karren, der durch die Straßen geschoben wird –, sind in Wirklichkeit sehr verwickelt. Wenn man diese Erscheinungen verstehen will, tut man gut daran, mit möglichst einfachen Fällen zu beginnen, um dann erst allmählich zu den komplizierteren überzugehen. Stellen wir uns einen Körper in der Ruhelage, im bewegungslosen Zustand, vor. Soll die Lage eines solchen Körpers verändert werden, so ist es erforderlich, irgendeinen Einfluß auf ihn auszuüben, ihn anzustoßen oder zu heben, oder aber andere Körper – etwa Pferde oder Dampfmaschinen – auf ihn einwirken zu lassen. Intuitiv bringen wir die Bewegung mit den Tätigkeiten des Schiebens, Hebens oder Ziehens in Verbindung. Haben wir diese Erfahrung wiederholt bestätigt gefunden, könnten wir uns darüber hinaus sogar noch zu der Feststellung verstehen, daß wir stärker schieben müssen, wenn der betreffende Körper schneller bewegt werden soll. Es ist ganz natürlich, daß wir daraus den Schluß ziehen: Je stärker die Kraft, die auf einen Körper einwirkt, um so größer ist seine Geschwindigkeit. Ein vierspänniger Wagen fährt schneller als ein zweispänniger. Die Intuition sagt uns also, daß die Geschwindigkeit ursächlich mit der wirkenden Kraft zusammenhängt.

Für die Leser von Detektivromanen ist es nichts Neues, daß ein falsches Indiz Verwirrung in die Geschichte bringt und die Auflösung hinausschiebt. So war eben auch hier die auf der Intuition beruhende Überlegung ungeeignet, und sie führte demgemäß zu falschen Vorstellungen von der Bewegung – Vorstellungen, an denen man nichtsdestoweniger jahrhundertelang festhielt. Das große Ansehen, das Aristoteles in ganz Europa genießt, war vielleicht der Hauptgrund dafür, daß man so lange bei dieser intuitiven Vorstellung geblieben ist. In der „Mechanik", einem Werk, das man ihm seit zweitausend Jahren zuschreibt, lesen wir:

> Ein in Bewegung befindlicher Körper kommt zum Stillstand, sobald die Kraft, die ihn vorantreibt, nicht mehr in der für den Antrieb erforderlichen Weise wirken kann.

Das Mittel der wissenschaftlichen Beweisführung wurde von Galilei erfunden und zum erstenmal gebraucht. Es ist eine der bedeutendsten Errungenschaften, die unsere Geistesgeschichte aufzuweisen hat, und bezeichnet recht eigentlich die Geburtsstunde der Physik. Galilei zeigte, daß man sich auf intuitive Schlüsse, die auf unmittelbarer Beobachtung beruhen, nicht immer verlassen kann, da sie manchmal auf die falsche Spur führen.

Wo aber liegt der Fehler, zu dem uns die Intuition verleitet? Kann es denn falsch sein, zu sagen, daß ein von vier Pferden gezogener Wagen schneller fahren müsse als ein zweispänniger?

Untersuchen wir die grundlegenden Umstände, die bei der Bewegung mitspielen, einmal näher, wobei wir von einfachen, alltäglichen Erfahrungen ausgehen wollen, die der Menschheit schon von den Anfängen der Zivilisation her geläufig sind und die sie in ihrem harten Daseinskampf gesammelt hat.

Nehmen wir an, jemand geht entlang einer ebenen Straße mit einem Schubkarren und hört plötzlich zu schieben auf. Der Karren wird dann noch eine kurze Strecke weiterrollen, bevor er zum Stehen kommt. Wir fragen uns jetzt: Wie läßt sich diese Strecke vergrößern? und erkennen, daß es dafür verschiedene Möglichkeiten gibt. Man kann die Räder schmieren, kann aber auch die Straße glätten. Je leichter sich die Räder drehen, je glatter die Straße ist, desto weiter wird der Karren rollen. Und was wird durch das Schmieren und Glätten eigentlich im Grunde erreicht? Nun, nichts weiter als eine Verminderung der äußeren Einflüsse, der sogenannten Reibung, und zwar sowohl in den Rädern als auch zwischen den Rädern und der Straße. Das ist nun aber bereits eine theoretische Interpretation des beobachteten Tatbestandes, eine, man muß schon sagen, willkürliche Auslegung. Wenn wir nun noch einen bedeutsamen Schritt weiter gehen, so werden wir gleich die richtige Spur haben. Stellen wir uns eine vollkommen glatte Straße vor, und denken wir uns einen Karren mit Rädern, bei denen es überhaupt keine Reibung gibt. Einen solchen Karren könnte nichts mehr aufhalten; er müßte bis in alle Ewigkeit weiterrollen. Zu diesem Schluß kommt man allerdings nur, wenn man von einem Idealversuch ausgeht, der sich jedoch niemals tatsächlich durchführen läßt, da es eben in der Praxis unmöglich ist, alle äußeren Einflüsse auszuschalten. Dieses idealisierte Experiment lieferte den Anhaltspunkt, der die Grundlage für die Mechanik der Bewegung, die Dynamik, bilden sollte.

Wenn wir die beiden Methoden, an das Problem heranzugehen, miteinander vergleichen, so können wir sagen: Die intuitive Vorstellung geht dahin, daß die Geschwindigkeit in dem Maße wächst, wie die Kraft größer wird, und daß die Geschwindigkeit somit anzeigt, ob auf den betreffenden Körper äußere Kräfte einwirken oder nicht. Das Neue, das Galilei fand, war aber dieses: Wenn ein Körper weder geschoben noch gezogen oder sonstwie bearbeitet wird, kurz, wenn auf ihn keine äußeren Kräfte einwirken, so bewegt er sich gleichförmig, das heißt immer mit der gleichen Geschwindigkeit und geradlinig. Die Geschwindigkeit zeigt somit nicht an, ob äußere Kräfte auf einen Körper einwirken oder nicht. Galileis Erkenntnis, die richtige also, wurde ein Menschenalter später von Newton als *Trägheitsgesetz* formuliert. Das ist gewöhnlich das erste von der Physik, was wir in der Schule auswendig lernen, und der eine oder andere erinnert sich vielleicht noch daran:

Jeder Körper verharrt in seinem Ruhezustand oder im Zustande der geradlinig-gleichförmigen Bewegung so lange, bis er durch Kräfte, die dem entgegenwirken, veranlaßt wird, diesen Zustand zu ändern.

Wir haben gesehen, daß dieses Trägheitsgesetz nicht direkt aus dem Experiment, sondern nur durch einen spekulativen Denkvorgang abgeleitet werden konnte, der mit der Beobachtung vereinbar ist. Der Idealversuch kann niemals wirklich ausgeführt werden, und doch ermöglicht er es uns, in das Wesen tatsächlich möglicher Experimente tiefer einzudringen.

Aus der Vielfalt der komplexen Bewegungen, die in der Welt um uns her vorkommen, suchen wir uns als erstes Beispiel die gleichförmige Bewegung heraus. Sie ist deshalb die einfachste, weil bei ihr keine äußeren Kräfte mitspielen. Gleichförmige Bewegung kann allerdings niemals realisiert werden. Ein Stein, der von einem Turm heruntergeworfen, ein Karren, der durch die Straßen geschoben wird – diese Dinge können sich niemals absolut gleichförmig bewegen, weil wir den Einfluß äußerer Kräfte nicht auszuschalten vermögen.

In einem guten Kriminalroman führen die augenfälligsten Spuren oft zu falschen Verdachtsmomenten. So müssen wir auch bei unseren Bemühungen, die Naturgesetze zu verstehen, immer wieder feststellen, daß die am meisten in die Augen springende intuitive Erklärung oft gerade die falsche ist.

Das Weltbild des Menschen unterliegt einem unablässigen Wandel. Galileis Beitrag dazu bestand darin, daß er das intuitive Denken entthronte und an seine Stelle ein anderes setzte. Darin liegt die Bedeutung seiner Entdeckung.

Sogleich erhebt sich aber eine weitere, mit der Bewegung zusammenhängende Frage. Wenn die Geschwindigkeit keinen Schluß auf die äußeren Kräfte zuläßt, die auf einen Körper einwirken, woran sollen wir uns dann halten? Die

Antwort auf diese fundamentale Frage wurde von Galilei gefunden und später von Newton noch prägnanter formuliert. Sie bildet einen weiteren Schlüssel für unsere Untersuchung.

Wollen wir die richtige Lösung finden, so müssen wir uns noch etwas eingehender in das Beispiel mit dem Karren versenken, der auf einer vollkommen glatten Straße dahinrollt. Bei unserem idealisierten Experiment war die Gleichförmigkeit der Bewegung auf das Fehlen jeder äußeren Kraft zurückzuführen. Stellen wir uns nun vor, daß dem in gleichförmiger Bewegung befindlichen Karren in seiner Bewegungsrichtung ein Stoß versetzt wird. Was geschieht dann? Nun, er fährt natürlich schneller. Ebenso klar ist es, daß ein Stoß in der entgegengesetzten Richtung eine Geschwindigkeitsverminderung nach sich zieht. Im ersten Falle wird der Karren durch den Stoß beschleunigt, im zweiten dagegen verzögert, verlangsamt. Daraus ergibt sich sofort folgende Schlußfolgerung: Die Einwirkung einer äußeren Kraft verändert die Geschwindigkeit. Nicht die Geschwindigkeit an sich, sondern vielmehr ihre Veränderung ist also eine Folge des Schiebens oder Ziehens. Eine solche Kraft steigert oder vermindert die Geschwindigkeit, je nachdem, ob sie in der Bewegungsrichtung oder im entgegengesetzten Sinne wirkt. Galilei erkannte das ganz klar, und so schrieb er in seinen „Zwei neuen Wissenschaften“:

... jede Geschwindigkeit, die einem in Bewegung befindlichen Körper einmal verliehen wurde, bleibt absolut unverändert, solange die äußeren Ursachen für eine Beschleunigung oder Verzögerung fehlen, ein Zustand, der nur für horizontale Ebenen gilt; denn bei abschüssigen Ebenen ist bereits von vornherein eine Ursache für eine Beschleunigung gegeben, während ansteigende Ebenen eine verzögernde Wirkung haben. Daraus folgt, daß die Bewegung auf einer horizontalen Ebene eine beständige ist; denn wenn die Geschwindigkeit gleichförmig ist, kann sie nicht vermindert werden oder nachlassen, geschweige denn aufhören.

Wenn wir die richtige Spur verfolgen, so können wir tiefer in das Bewegungsproblem eindringen. Der Zusammenhang von Kraft und Geschwindigkeitsänderung – und nicht, wie man rein intuitiv glauben könnte, der Zusammenhang zwischen Kraft und Geschwindigkeit selbst – ist die Grundlage der klassischen Mechanik Newtonscher Prägung.

Wir haben uns zweier Begriffe bedient, die beide in der klassischen Mechanik tragende Rollen spielen: Kraft und Geschwindigkeitsänderung. Da diese Begriffe im Zuge der weiteren Entwicklung der Wissenschaft erweitert und verallgemeinert wurden, müssen wir sie nun noch eingehender untersuchen.

Was ist Kraft? Intuitiv glauben wir zu wissen, was mit diesem Ausdruck gemeint ist. Der Begriff entstand aus der Tätigkeit des Schiebens, Werfens oder Ziehens bzw. aus der Muskelerregung, die mit allen diesen Handlungen verbunden ist. In seiner verallgemeinerten Form geht er aber weit über den Rahmen dieser einfachen Beispiele hinaus. Wir können uns Kraft durchaus vorstellen, ohne dabei etwa an ein Pferd zu denken, das einen Wagen zieht. So sprechen wir von der Anziehungskraft zwischen Sonne und Erde, Erde und Mond sowie von den Kräften, welche die Gezeiten hervorrufen. Wir sprechen von der Kraft, mit der die Erde uns und alle Dinge um uns her in ihrem Bannkreis hält, und von der Kraft, mit der der Wind die Meereswellen erzeugt oder die Blätter an den Bäumen bewegt. Wann und wo immer wir eine Geschwindigkeitsänderung wahrnehmen, müssen wir, ganz allgemein gesprochen, eine äußere Kraft dafür verantwortlich machen. Newton schreibt in seinen „Principia“:

Eine von außen einwirkende Kraft ist ein Einfluß, der auf einen Körper ausgeübt wird, um seinen Zustand, und zwar entweder den der Ruhe oder den der gleichförmig-geradlinigen Vorwärtsbewegung, zu verändern.

Diese Kraft tritt nur als wirkender Einfluß in Erscheinung und haftet dem Körper nicht mehr an, wenn der Einfluß aufhört, wirksam zu sein; denn jeder Körper verharrt in jedem neuen Zustand, in den er gelangt, einzig und allein vermöge seiner Vis inertiae. Von außen einwirkende Kräfte können verschiedenartigen Ursprungs sein; so lassen sie sich etwa durch Schlag, Druck und durch die Zentripetalkraft hervorrufen.

Wenn man einen Stein von einem Turm herunterwirft, so ist seine Bewegung keineswegs gleichförmig; die Geschwindigkeit wächst vielmehr während des Falles. Daraus schließen wir, daß in der Bewegungsrichtung eine äußere Kraft wirken muß oder – um es anders auszudrücken – daß die Erde den Stein anzieht. Nehmen wir ein weiteres Beispiel: Was geschieht, wenn ein Stein senkrecht nach oben geworfen wird? Nun, die Geschwindigkeit nimmt ab, bis er den höchsten Punkt seiner Bahn erreicht hat und wieder zu fallen beginnt. Diese Geschwindigkeitsänderung wird von der gleichen Kraft hervorgerufen wie die Beschleunigung des fallenden Körpers, nur wirkt die Kraft in dem einen Falle in der Bewegungsrichtung, im anderen dagegen im entgegengesetzten Sinne. Beide Male ist dieselbe Kraft am Werke, nur bewirkt sie einmal eine Beschleunigung, im anderen Falle jedoch eine Verzögerung, je nachdem, ob man den Stein fallen läßt oder hochwirft.

Vektoren

Alle Bewegungen, die wir bisher behandelt haben, waren geradlinig. Nun müssen wir aber einen Schritt weiter gehen. Am besten gelangen wir dadurch zu einem Verständnis der Naturgesetze, daß wir zunächst die einfachsten Fälle analysieren und bei unseren ersten Ansätzen alle Komplikationen aus dem Spiel lassen. Eine gerade Linie ist nun zwar einfacher als eine Kurve, doch kann man sich natürlich keinesfalls mit einem Verständnis der geradlinigen Bewegung allein zufriedengeben. Die Bewegungen des Mondes, der

Erde und der anderen Planeten, also gerade die Bewegungen, auf welche die Prinzipien der Mechanik mit so glänzendem Erfolg angewandt worden sind, verlaufen auf gekrümmten Bahnen. Der Übergang von der geradlinigen Bewegung zu einer solchen entlang einer gekrümmten Bahn bringt neue Schwierigkeiten mit sich. Wir müssen aber den Mut zu ihrer Überwindung aufbringen, wenn wir die Prinzipien der klassischen Mechanik, die uns die ersten Fingerzeige lieferte und so seinerzeit den Ausgangspunkt für die Entwicklung der Naturwissenschaft bildete, wirklich verstehen wollen.

Nehmen wir ein anderes idealisiertes Experiment, bei dem eine ideal geformte Kugel gleichförmig über einen glatten Tisch rollt. Wir wissen, daß die Geschwindigkeit geändert wird, wenn man der Kugel einen Stoß versetzt, das heißt, wenn eine äußere Kraft zur Wirkung gebracht wird. Nehmen wir nun an, daß der Stoß dieses Mal nicht, wie vorhin bei dem Beispiel mit dem Karren, im Sinne der Bewegung, sondern in einer ganz anderen Richtung, sagen wir, senkrecht dazu, erfolge. Was geschieht jetzt mit der Kugel? Nun, zunächst einmal lassen sich drei Bewegungsphasen unterscheiden: die ursprüngliche Bewegung, die Einwirkung der Kraft und die endgültige Bewegung nach dem Versiegen der Kraft. Auf Grund des Trägheitsgesetzes ist die Geschwindigkeit vor und nach dem Auftreten der Kraft vollkommen gleichförmig. Allerdings besteht ein Unterschied zwischen der gleichförmigen Bewegung vor der Einwirkung der Kraft und jener nach derselben; die Richtung ist nämlich eine andere. Die ursprüngliche Bahn der Kugel bildet mit der Richtung der Kraft einen rechten Winkel. Die endgültige Bewegung nun wird mit keiner dieser beiden Linien zusammenfallen, sie muß vielmehr irgendwo dazwischen liegen, und zwar mehr zur Richtung der Kraft hin, wenn der Stoß kräftig und die Anfangsgeschwindigkeit klein war, mehr zur ursprünglichen Bewegungsrichtung hin dagegen, wenn der Stoß gelinde war und die Anfangsgeschwindigkeit groß. Daraus folgern wir, ausgehend vom

Trägheitsgesetz: Im allgemeinen bewirkt eine äußere Kraft eine Änderung der Geschwindigkeit und auch der Bewegungsrichtung. Haben wir das einmal verstanden, so sind wir bereits hinreichend auf die Verallgemeinerung vorbereitet, die durch den Begriff *Vektor* in die Physik eingeführt wurde.

Wir können ruhig auch weiterhin bei unserer unkomplizierten Darstellungsmethode bleiben. Wieder gehen wir von Galileis Trägheitsgesetz aus. Noch immer haben wir die Möglichkeiten, die uns dieses Gesetz im Hinblick auf eine Lösung des Bewegungsrätsels bietet, keineswegs restlos erschöpft.

Stellen wir uns zwei Kugeln vor, die auf einem glatten Tisch in verschiedenen Richtungen rollen. Damit wir uns ein klares und eindeutiges Bild davon machen können, nehmen wir einmal an, die beiden Richtungen bildeten einen rechten Winkel. Da keine äußeren Kräfte vorliegen, verlaufen die Bewegungen vollkommen gleichförmig. Setzen wir weiters den Fall, daß beide Kugeln gleich schnell dahinrollen, das heißt, daß beide im gleichen Zeitraum die gleiche Strecke zurücklegen. Ist es dann aber korrekt, zu sagen, daß beide Kugeln gleiche Geschwindigkeit hätten? Die Antwort lautet: Ja und nein! Wenn die Tachometer zweier Autos beide fünfzig Stundenkilometer anzeigen, so pflegt man zwar zu sagen, daß die Fahrzeuge beide gleich schnell fahren bzw. dieselbe Geschwindigkeit haben, ganz gleich, in welcher Richtung sie sich bewegen, die Wissenschaft muß sich jedoch ihre eigene Sprache und eigene Begriffe schaffen, die ihren Erfordernissen angemessen sind. Wissenschaftliche Begriffe decken sich zwar häufig zunächst mit solchen, wie man sie auch in der Umgangssprache von Vorkommnissen des täglichen Lebens gebraucht, doch entwickeln sie sich dann zuweilen in einer ganz anderen Weise. Sie werden umgemodelt und des Doppelsinnes entkleidet, der ihnen in der Umgangssprache gelegentlich anhaftet. Sie werden strenger gefaßt, damit sie für wissenschaftliche Gedankengänge taugen.

Vom Standpunkt des Physikers aus gesehen ist es vorteilhaft, zu sagen, die Geschwindigkeiten zweier Kugeln, die sich in verschiedenen Richtungen bewegen, seien verschieden. Das ist zwar reine Formsache, doch erweist es sich tatsächlich als zweckmäßiger, zu sagen, daß vier Autos, die von der gleichen Kreuzung aus auf verschiedenen Straßen davonfahren, nicht die gleiche Geschwindigkeit haben, selbst wenn sie nach ihrer Tachometerablesung alle einheitlich fünfzig Kilometer in der Stunde zurücklegen. Diese Unterscheidung zwischen Schnelligkeit und Geschwindigkeit kann als Illustration dafür dienen, wie die Physik manchmal aus dem täglichen Leben stammende Begriffe abwandelt, was sich dann im Zuge der weiteren wissenschaftlichen Entwicklung als vorteilhaft erweist.

Wenn man eine Länge mißt, wird das Ergebnis in Form einer bestimmten Anzahl von Einheiten ausgedrückt. Die Länge eines Steckens kann so zum Beispiel 1,20 m betragen, ein bestimmter Gegenstand kann 3,75 kg wiegen, während ein Zeitraum mit soundso vielen Minuten oder Sekunden angegeben wird. In allen diesen Fällen wird das Meßergebnis durch eine Zahl ausgedrückt. Bei der Wiedergabe mancher physikalischer Begriffe kommt man nun allerdings mit Zahlen allein nicht aus. Als man diesen Umstand zum erstenmal beherzigte, war man damit in der wissenschaftlichen Erforschung der Naturgesetze ein gutes Stück vorwärts gekommen. Will man eine Geschwindigkeit charakterisieren, so bedarf es dazu sowohl einer Zahl als auch einer Richtungsangabe. Eine solche Größe, die nicht nur einen Betrag, sondern auch einen Richtungssinn enthält, nennt man *Vektor*. Ein Pfeil ist das geeignete Symbol dafür. Die Geschwindigkeit wird also am besten durch einen Pfeil oder, wissenschaftlich ausgedrückt, durch einen Vektor dargestellt, dessen Länge in einem bestimmten, frei gewählten Maßstab die Schnelligkeit angibt, gleichzeitig aber in die Bewegungsrichtung deutet.

Wenn vier Autos gleich schnell in verschiedenen Richtungen von einer Straßenkreuzung wegfahren, so kann man ihre Geschwindigkeiten durch vier gleich lange Vektoren darstellen, wie aus Figur 1 ersichtlich ist. Bei dem verwen-

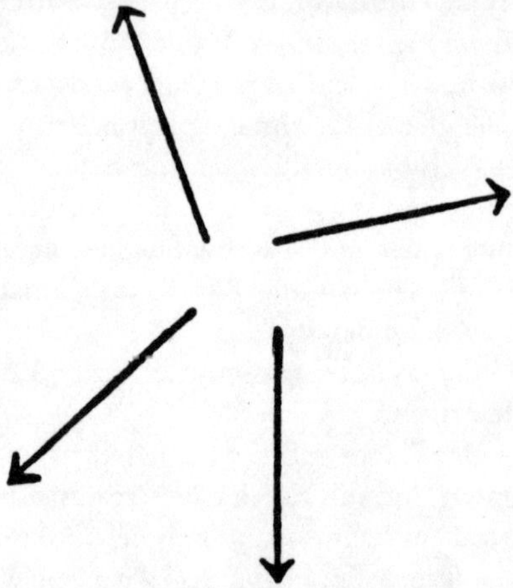

Fig. 1

deten Maßstab entspricht ein Zentimeter 20 km/h. Die Geschwindigkeit ist also fünfzig Stundenkilometer. Auf diese Weise läßt sich jede beliebige Geschwindigkeit durch einen Vektor bezeichnen, und man kann auch umgekehrt, sofern der Maßstab nur bekannt ist, aus einem solchen Vektorendiagramm die Geschwindigkeit entnehmen.

Wenn zwei Kraftwagen einander auf der Chaussee begegnen und ihre Tachometer beide 50 km/h anzeigen, so

Fig. 2

geben wir ihre Geschwindigkeiten durch zwei Vektoren wieder, deren Pfeilspitzen in entgegengesetzte Richtungen zeigen. So müssen auch die Pfeile, die zur Darstellung stadtwärts bzw. aus der Stadt herausfahrender Untergrundbahnzüge gedacht sind, in entgegengesetzte Richtungen weisen, doch haben alle Züge, die auf verschiedenen Stationen bzw. in verschiedenen Abschnitten der gleichen Strecke gleich

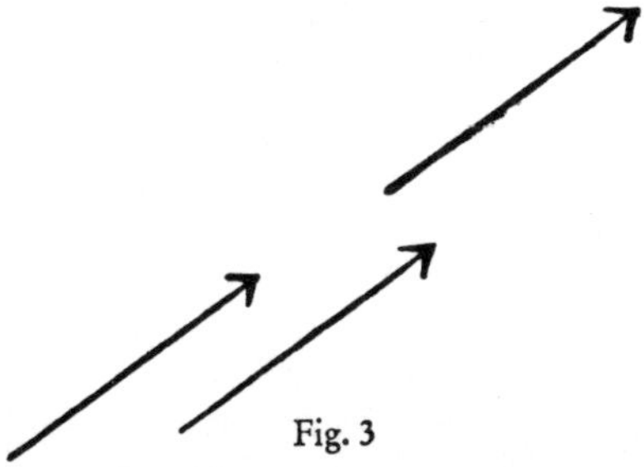

Fig. 3

schnell stadtwärts fahren, auch die gleiche Geschwindigkeit, was mit einem einzigen Vektor ausgedrückt werden kann. Der Vektor enthält keinen Anhaltspunkt dafür, welche Stationen der Zug gerade passiert oder auf welchem der vielen parallel verlaufenden Geleise er rollt. Mit anderen Worten: der Gepflogenheit entsprechend kann man alle Vektoren von der in Figur 3 dargestellten Beschaffenheit als gleich ansehen, da sie auf der gleichen bzw. auf dazu parallel verlaufenden Geraden liegen und da schließlich ihre

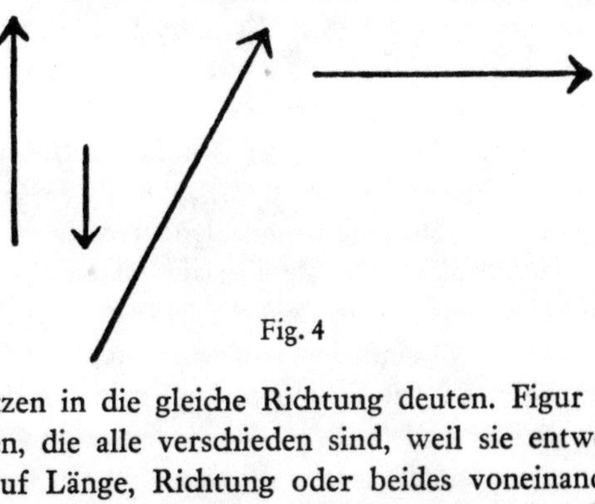

Fig. 4

Pfeilspitzen in die gleiche Richtung deuten. Figur 4 zeigt Vektoren, die alle verschieden sind, weil sie entweder in bezug auf Länge, Richtung oder beides voneinander abweichen. Man kann dieselben vier Vektoren auch auf andere

Art zeichnen, nämlich so, daß sie alle von einem gemeinsamen Punkt nach verschiedenen Richtungen auseinandergehen. Da der Ausgangspunkt keine Rolle spielt, können diese Vektoren sowohl die Geschwindigkeiten von vier Wagen darstellen, die von der gleichen Straßenkreuzung wegfahren, als auch die von vier anderen Wagen, die in

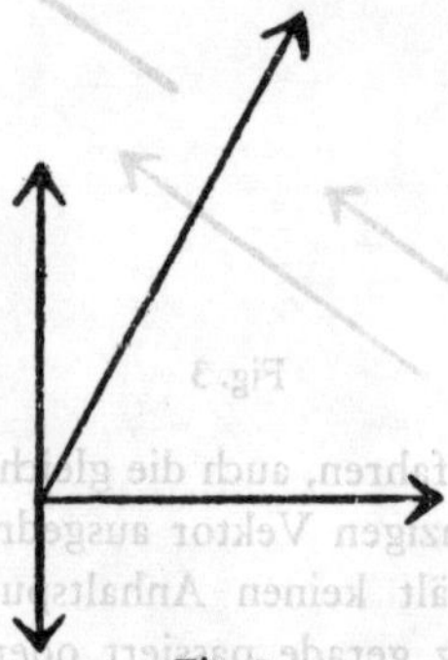

Fig. 5

verschiedenen Gegenden mit der angegebenen Schnelligkeit in der angezeigten Richtung fahren.

Mit dieser Vektorendarstellung können wir nun auch die Dinge wiedergeben, die wir vorher bei der geradlinigen Bewegung besprochen haben. Es war dort die Rede von einem Karren, der sich gleichförmig und geradlinig bewegt und in seiner Bewegungsrichtung einen Stoß erhält, der seine Geschwindigkeit steigert. Graphisch läßt sich das durch zwei Vektoren darstellen, einen kürzeren für die Geschwindigkeit vor dem Stoß und einen längeren, in die gleiche Richtung weisenden, für die Geschwindigkeit nach dem Stoß. Was der gestrichelte Vektor bedeuten soll, ist klar: er stellt die Geschwindigkeitsänderung dar, die von dem Stoß herrührt. In dem Fall, wo die Kraft der Bewegung entgegenwirkt, so daß diese sich verlangsamt, sieht das Diagramm etwas anders aus. Wieder stellt der gestrichelte Vektor die Geschwindigkeitsänderung dar, nur daß seine

Richtung hier eine andere ist. Es ist klar, daß nicht nur die Geschwindigkeit an sich, sondern auch deren Veränderungen Vektoren sind. Jede Geschwindigkeitsänderung aber ist auf die Einwirkung einer äußeren Kraft zurückzuführen. Folglich muß die Kraft ebenfalls durch einen Vektor dargestellt werden. Wenn wir eine Kraft charakterisieren wollen, ist es nicht damit getan, zu erklären, wie stark wir den Karren anschieben, sondern wir müssen hinzufügen, in welche Rich-

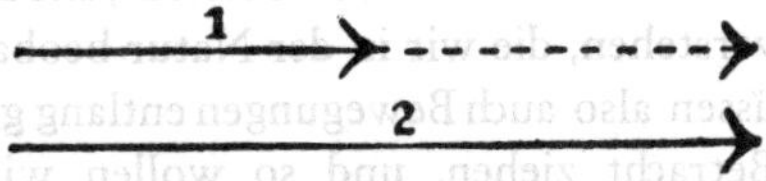

Fig. 6

tung wir ihn stoßen. Es ist mit der Kraft wie mit der Geschwindigkeit und ihrer Veränderung: es genügt nicht, sie durch eine Zahl darzustellen; es bedarf eines Vektors dazu. Wir stellen also fest: Die äußere Kraft ist gleichfalls ein Vektor und muß die gleiche Richtung haben wie die Geschwindigkeitsänderung. In den letzten beiden Skizzen geben die gestrichelten Vektoren die Richtung der Kraft ebenso wahrheitsgetreu an wie die Geschwindigkeitsänderung.

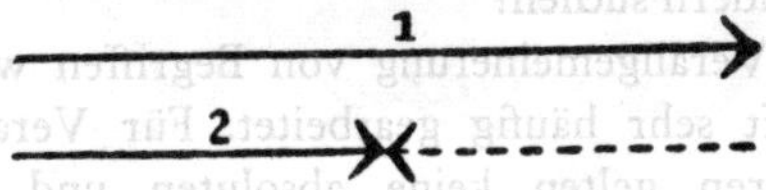

Fig. 7

Der Skeptiker mag an dieser Stelle vielleicht einwenden, daß er in der Einführung von Vektoren keinen Vorteil sehen könne. Bisher sei nichts erreicht worden als eine Übertragung längst bekannter Gesetzmäßigkeiten in eine unbekannte und komplizierte Sprache. Nun wäre es in dieser Phase unserer Erörterungen wirklich schwierig, ihn von der Unrichtigkeit seiner Behauptung zu überzeugen. Fürs erste müssen wir ihm daher notgedrungen recht geben, doch werden wir dann später sehen, daß gerade diese eigentümliche Sprache zu einer wichtigen Verallgemeinerung hinführt, bei der wir ohne Vektoren einfach nicht auskommen.

Das Rätsel der Bewegung

Solange wir uns lediglich mit der geradlinigen Bewegung befassen, sind wir noch weit davon entfernt, alle Bewegungsformen zu verstehen, die wir in der Natur beobachten können. Wir müssen also auch Bewegungen entlang gekrümmter Linien in Betracht ziehen, und so wollen wir jetzt die Gesetze festlegen, nach denen derartige Bewegungen ablaufen. Das ist keine leichte Aufgabe. Bei der geradlinigen Bewegung erweisen sich unsere Begriffe „Geschwindigkeit", „Geschwindigkeitsänderung" und „Kraft" als äußerst brauchbar, doch ist es uns nicht ohne weiteres klar, wie wir sie auf die Bewegung entlang einer gekrümmten Bahn anwenden sollen. Es wäre ja sogar denkbar, daß die alten Begriffe ungeeignet sind für eine Beschreibung der Bewegung schlechthin und daß neue geschaffen werden müssen. Sollen wir auf dem bisher beschrittenen Wege bleiben, oder müssen wir uns einen andern suchen?

Mit der Verallgemeinerung von Begriffen wird in der Wissenschaft sehr häufig gearbeitet. Für Verallgemeinerungsverfahren gelten keine absoluten und bindenden Regeln; denn gewöhnlich gibt es zahlreiche Möglichkeiten, die alle zum Ziele führen. Eine Voraussetzung muß allerdings unbedingt erfüllt sein: jeder verallgemeinerte Begriff muß sich immer dann auf den ursprünglichen zurückführen lassen, wenn die ursprünglichen Verhältnisse vorliegen.

Das läßt sich am besten an dem Beispiel klarmachen, mit dem wir es gerade zu tun haben. Wir können versuchen, die alten Begriffe „Geschwindigkeit", „Geschwindigkeitsänderung" und „Kraft" dahingehend zu verallgemeinern, daß wir sie auch auf die Bewegung entlang einer gekrümmten

Bahn anwenden können. Wenn der Fachmann von Kurven spricht, so bezieht er die gerade Linie mit ein; sie ist ein Sonderfall, ein besonders unkompliziertes Beispiel für eine Kurve. Wenn man daher die Begriffe „Geschwindigkeit", „Geschwindigkeitsänderung" und „Kraft" auf die Bewegung entlang einer gekrümmten Linie anwendet, so gelten sie automatisch auch für die geradlinige Bewegung. Daraus darf sich aber kein Widerspruch zu früher gefundenen Resultaten ergeben. Wenn die Kurve den Charakter einer geraden Linie annimmt, muß man alle verallgemeinerten Begriffe auf die bereits geläufigen, für die geradlinige Bewegung geltenden, zurückführen können. Diese Einschränkung allein macht jedoch noch kein starres Schema aus, an das die Verallgemeinerung gebunden wäre, sie läßt vielmehr noch zahlreiche Möglichkeiten offen. Die Geschichte der Naturwissenschaft lehrt, daß man manchmal mit den einfachsten und naheliegendsten Verallgemeinerungen auskommt, manchmal nicht. Zunächst müssen wir uns aufs Raten verlegen. In unserem Falle ist es ganz einfach, auf das richtige Verallgemeinerungsverfahren zu tippen. Die neuen Begriffe bewähren sich auch tatsächlich sehr gut und helfen uns, die Bewegung eines durch die Luft geworfenen Steines wie auch die der Planeten zu verstehen.

Überlegen wir uns einmal, was die Worte „Geschwindigkeit", „Geschwindigkeitsänderung" und „Kraft" im Zusammenhang mit der Bewegung schlechthin, der Bewegung entlang einer gekrümmten Linie, bedeuten. Fangen wir mit der Geschwindigkeit an. Entlang der abgebildeten Kurve bewegt sich von links nach rechts ein sehr kleiner Körper, eine *Partikel*, wie man auch dazu sagen kann. Der schwarze Punkt, der in unserer Skizze auf der Kurve zu sehen ist, bezeichnet die Position der Partikel zu irgendeinem Zeitpunkt. Welche Geschwindigkeit hat die Partikel nun in diesem Moment und in dieser Position? Wieder liefert uns Galileis Entdeckung eine Möglichkeit, den Begriff „Geschwindigkeit" einzuführen. Erneut müssen wir unsere

Phantasie spielen lassen und uns ein idealisiertes Experiment ausdenken. Die Partikel bewegt sich unter dem Einfluß äußerer Kräfte von links nach rechts entlang der Kurve. Stellen wir uns vor, daß die Einwirkung aller dieser Kräfte plötzlich in einem bestimmten Moment und gerade an der

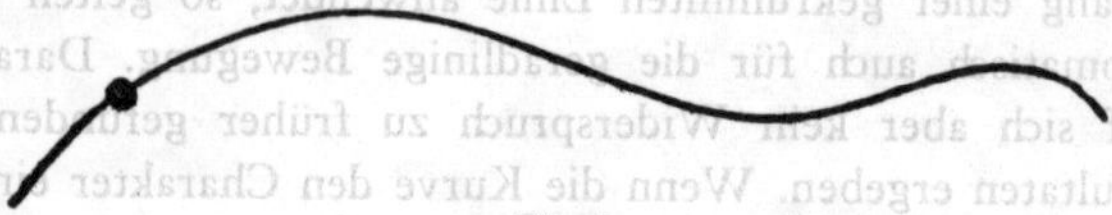

Fig. 8

Stelle erlischt, wo sich der schwarze Punkt in der Skizze befindet. Dann muß die Bewegung nach dem Trägheitsgesetz zu einer gleichförmigen werden. Praktisch können wir natürlich keinen Körper von allen äußeren Einflüssen loslösen. Wir können nur mutmaßen: „Was passiert, wenn . . .?“, um dann an Hand der Schlüsse, die sich aus unserer Annahme ziehen lassen, und danach, inwieweit sie durch das Experiment bestätigt werden, zu beurteilen, ob sie zutrifft.

In der nächsten Skizze zeigt der Vektor die mutmaßliche Richtung der gleichförmigen Bewegung für den Fall an, daß alle äußeren Kräfte versiegen. Es ist die Richtung der so-

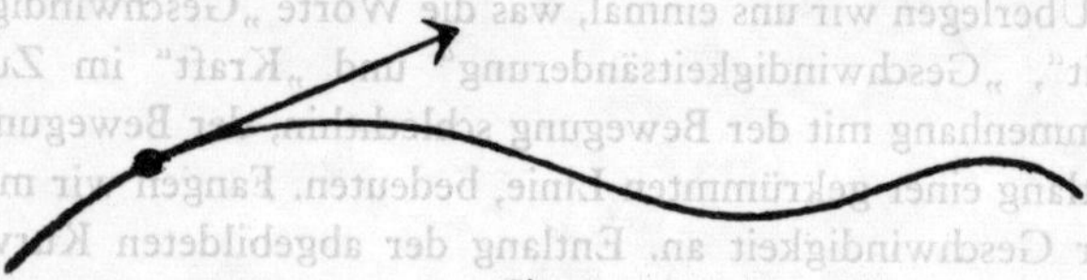

Fig. 9

genannten Tangente. Wenn man eine Partikel in der Bewegung unter dem Mikroskop betrachtet, so sieht man nur einen winzigen Teil der Kurve, der durch die Vergrößerung als kleines Segment erscheint. Die Tangente ist die Verlängerung davon. So stellt der hier gezeichnete Vektor die Geschwindigkeit in einem bestimmten Augenblick dar. Der

Geschwindigkeitsvektor deckt sich mit der Tangente. Seine Länge bezeichnet das Ausmaß der Geschwindigkeit bzw. die Schnelligkeit, wie sie zum Beispiel auch auf dem Tachometer eines Kraftwagens angezeigt wird.

Man darf unser idealisiertes Experiment, das heißt vor allem die Ausschaltung der Bewegung als Mittel zur Bestimmung des Geschwindigkeitsvektors, nicht zu wörtlich nehmen. Dieser Gedankengang soll uns nur Aufschluß über das Wesen des Geschwindigkeitsvektors geben und uns ferner in den Stand setzen, diesen Vektor für einen gegebenen Augenblick zu bestimmen.

In der nächsten Skizze sind die Geschwindigkeitsvektoren für drei verschiedene Positionen einer Partikel dargestellt,

Fig. 10

die sich entlang einer Kurve bewegt. In diesem Falle verändert sich während der Bewegung nicht nur die Richtung der Geschwindigkeit, sondern auch ihr Betrag, der ja durch die Länge der Vektoren ausgedrückt wird.

Erfüllt dieser neue Geschwindigkeitsbegriff nun die Voraussetzungen, die, wie festgestellt, bei allen Verallgemeinerungen erfüllt sein müssen? Das heißt, läßt er sich auf den bereits bekannten Begriff zurückführen, wenn die Kurve zu einer Geraden wird? Offenbar ja; denn die Tangente an einer geraden Linie ist die Gerade selbst, und der Geschwindigkeitsvektor liegt, wie wir an den Beispielen mit dem Karren und den rollenden Kugeln gesehen haben, in diesem Falle tatsächlich in der Bewegungslinie.

Der nächste Schritt ist die Einführung des Begriffes „Geschwindigkeitsänderung" für eine Partikel, die sich entlang einer Kurve bewegt. Auch das läßt sich auf verschiedene Art und Weise tun. Wir wählen natürlich den einfachsten und bequemsten Weg. In Figur 10 hatten wir es mit mehreren Geschwindigkeitsvektoren zu tun, welche die Bewe-

Fig. 11

gung an verschiedenen Punkten der Bahn darstellten. Die ersten beiden dieser Vektoren wollen wir nun so gruppieren, daß sie einen gemeinsamen Ausgangspunkt haben, was ja, wie wir gesehen haben, bei Vektoren möglich ist. Den gestrichelten Vektor bezeichnen wir als Geschwindigkeitsänderung. Er geht vom Ende des ersten Vektors aus und reicht bis zu dem des zweiten. Diese Definition der Geschwindigkeitsänderung mag auf den ersten Blick krampfhaft und sinnlos erscheinen. Klarer wird sie sogleich, wenn wir an den Sonderfall denken, bei dem die Vektoren 1 und 2 die gleiche Richtung haben, was freilich einem Übergang zur geradlinigen Bewegung gleichkommt. Auch hier verbindet der gestrichelte Vektor die Endpunkte der beiden anderen Vektoren, sofern sie einen gemeinsamen Ausgangspunkt haben. Graphisch dargestellt ergibt dieser Fall das gleiche Bild wie das in Figur 6 gezeigte; nur haben wir den

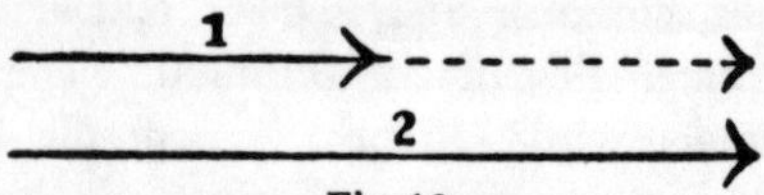

Fig. 12

dort behandelten Begriff jetzt als Sonderfall des neuen wiedererhalten. Es sei noch hinzugefügt, daß wir die beiden Linien in der Skizze getrennt darstellen mußten, da sie sich sonst decken und daher nicht zu unterscheiden sein würden.

Jetzt müssen wir im Zuge unserer Verallgemeinerungsbestrebungen den letzten Schritt tun. Wir kommen damit auf die Annahme zu sprechen, der von allen bisher ausgesprochenen die größte Bedeutung zukommt. Es gilt, den Zusammenhang zwischen Kraft und Geschwindigkeitsänderung aufzuzeigen, damit wir die Formel aufstellen können, die es uns gestattet, das Bewegungsproblem schlechthin zu verstehen.

Die Formel für die Erklärung der geradlinigen Bewegung war einfach: Äußere Kräfte sind die Ursache der Geschwindigkeitsänderung; der Vektor der Kraft hat die gleiche Richtung wie der der Veränderung. Wie sieht nun die Formel für die kurvenförmige Bewegung aus? Nun, es ist genau die gleiche! Der einzige Unterschied besteht darin, daß der Begriff „Geschwindigkeitsänderung" hier in einem weiteren Sinne zu verstehen ist. Ein Blick auf die gestrichelten Vektoren der Figuren 11 und 12 läßt das ganz klar werden. Wenn die Geschwindigkeit für alle Punkte einer Kurve bekannt ist, so kann die Richtung der Kraft ohne weiteres für jeden beliebigen Punkt daraus abgeleitet werden. Wir zeichnen dazu die Vektoren für zwei Zeitpunkte ein, die nur um ein sehr kurzes Intervall auseinanderliegen und daher zwei einander sehr stark angenäherten Positionen entsprechen. Der Vektor, der die Endpunkte der beiden ersten miteinander verbindet, gibt dann die Richtung der wirkenden Kraft an. Es ist aber unbedingt notwendig, daß die beiden Geschwindigkeitsvektoren wirklich nur um ein „sehr kurzes" Intervall voneinander getrennt sind. Die exakte Definition von Begriffen wie „sehr nahe" und „sehr kurz" ist alles andere als einfach. Auf der Suche nach einer solchen Definition entdeckten Newton und Leibniz übrigens die Differentialrechnung.

Es ist ein mühevoller und gewundener Weg, der zu der Verallgemeinerung von Galileis Formel führt. Wir können hier nicht zeigen, wie überaus mannigfaltig und nutzbringend die Folgen dieser Verallgemeinerung waren. Man kann damit viele Phänomene, die vorher unzusammenhängend zu sein schienen und mißverstanden wurden, auf einfache und einleuchtende Art erklären.

Aus der äußerst großen Vielfalt von Bewegungsmöglichkeiten greifen wir nur die einfachsten heraus und wollen jetzt versuchen, sie mit dem soeben formulierten Gesetz zu deuten.

Eine Kanonenkugel, ein schräg nach oben geworfener Stein, ein Wasserstrahl aus einem Gartenschlauch – alle

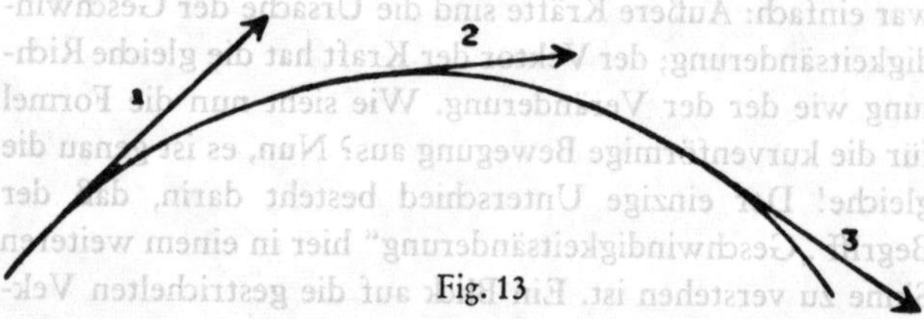

Fig. 13

diese Dinge beschreiben Bahnen von einer uns wohlbekannten Art, nämlich Parabeln. Stellen wir uns zum Beispiel einen Stein vor, an dem ein Tachometer befestigt ist, so daß wir für jeden Moment seines Fluges den Geschwindigkeitsvektor zeichnen können. Das Ergebnis sieht dann etwa so aus wie das in Figur 13 dargestellte. Die Richtung der auf den Stein einwirkenden Kraft ist genau die gleiche wie die der Geschwindigkeitsänderung; und wie sich diese feststellen läßt, haben wir ja gesehen. Aus Figur 14 ist ersicht-

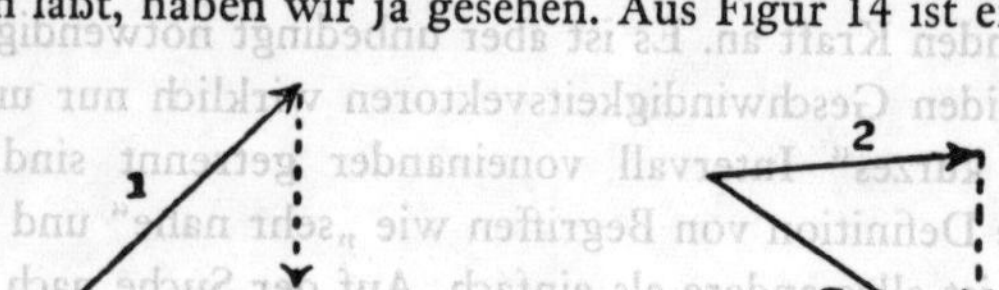

Fig. 14

lich, daß diese Kraft senkrecht nach unten gerichtet ist. Es ist genau dasselbe, wie wenn man einen Stein von einem Turm herunterfallen läßt. Die Bahnen wie auch die Geschwindigkeiten sind beide Male ganz verschieden, die Geschwindigkeitsänderung hat jedoch die gleiche Richtung, das heißt, sie zeigt nach dem Mittelpunkt der Erde.

Bindet man einen Stein an das eine Ende einer Schnur und schleudert man ihn in einer waagerechten Ebene herum, so bewegt er sich auf einer kreisförmigen Bahn. Alle Vektoren des Diagramms, das diese Bewegung darstellt, haben,

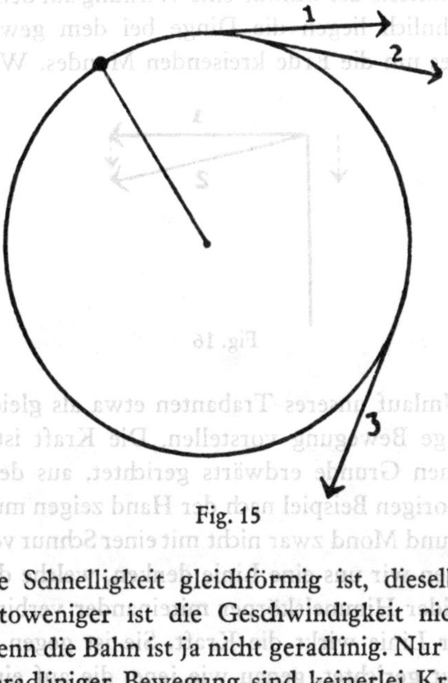

Fig. 15

sofern die Schnelligkeit gleichförmig ist, dieselbe Länge. Nichtsdestoweniger ist die Geschwindigkeit nicht gleichförmig; denn die Bahn ist ja nicht geradlinig. Nur bei gleichförmig-geradliniger Bewegung sind keinerlei Kräfte wirksam, hier jedoch sind Kräfte im Spiel, und wenn die Geschwindigkeit sich auch nicht ihrem Ausmaß nach verändert, so doch in bezug auf die Richtung. Auf Grund des Bewegungsgesetzes muß diese Veränderung auf irgendeine Kraft zurückgehen, und zwar in diesem Falle auf eine, die zwischen dem Stein und der Hand wirksam ist, welche die Schnur hält. Hier müssen wir gleich noch eine Frage stellen: In welcher Richtung wirkt die Kraft? Wieder zeigt uns ein Vektorendiagramm die Lösung. Wir zeichnen die Geschwindigkeitsvektoren für zwei sehr dicht beieinanderliegende Punkte ein, und schon haben wir die Geschwindigkeitsänderung. Der hierfür maßgebende Vektor ist, wie man sieht, entlang der Schnur gegen den Kreismittelpunkt gerichtet und steht immer auf dem Geschwindigkeitsvektor bzw. der Tangente senkrecht. Mit anderen Worten, die Hand übt mittels der Schnur eine Wirkung auf den Stein aus.

Ganz ähnlich liegen die Dinge bei dem gewichtigeren Beispiel des um die Erde kreisenden Mondes. Wir können

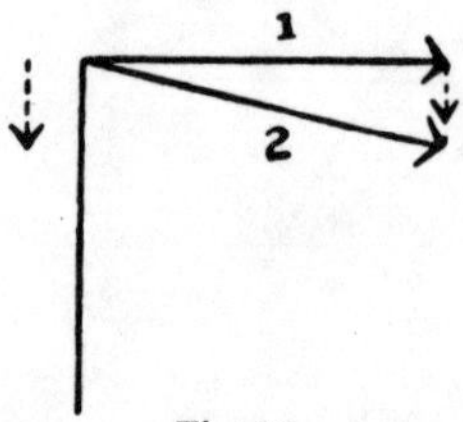

Fig. 16

uns den Umlauf unseres Trabanten etwa als gleichförmige kreisförmige Bewegung vorstellen. Die Kraft ist hier aus dem gleichen Grunde erdwärts gerichtet, aus dem sie bei unserem vorigen Beispiel nach der Hand zeigen mußte. Nun sind Erde und Mond zwar nicht mit einer Schnur verbunden, doch können wir uns eine Linie denken, welche die Mittelpunkte beider Himmelskörper miteinander verbindet. Entlang dieser Linie wirkt die Kraft. Sie ist gegen den Erdmittelpunkt gerichtet, genau wie jene, die auf einen durch die Luft geworfenen oder von einem Turm herunterfallenden Stein einwirkt.

Alles, was wir bisher über die Bewegung gesagt haben, läßt sich zu einem einzigen Satz zusammenfassen: *Kraft und Geschwindigkeitsänderung sind Vektoren mit gleicher Richtung.* Das ist die Grundlage für eine Lösung des Bewegungsproblems; für eine gründliche Erklärung aller Bewegungsarten, die wir beobachten können, reicht das freilich nicht aus. Mit dem Übergang von den Gedankengängen des

Aristoteles zu denen Galileis wurde der Naturwissenschaft einer ihrer bedeutendsten Grundpfeiler gesetzt. Als dieser Schritt einmal getan war, konnte es über die weitere Entwicklungslinie keinen Zweifel mehr geben. Uns geht es hier besonders um die ersten Phasen dieser Entwicklung, um die Weiterverfolgung der ersten Spuren und darum, zu zeigen, wie aus dem mühevollen Ringen mit altem Gedankengut immer wieder neue physikalische Begriffe geboren werden. Wir wollen uns nur mit naturwissenschaftlicher Pionierarbeit befassen, und die besteht darin, neue und unvorhergesehene Entwicklungsmöglichkeiten ausfindig zu machen; wollen kühne wissenschaftliche Spekulationen besprechen, die ja unsere Vorstellungen vom Universum ständig in Fluß halten. Die ersten, grundlegenden Schritte in dieser Richtung haben stets bahnbrechenden Charakter. Wissenschaftlicher Forschergeist findet alte Begriffe zu beengend und ersetzt sie durch neue. Die Weiterentwicklung auf bereits beschrittenen Bahnen vollzieht sich so lange mehr in Form einer ruhigen Evolution, bis der nächste Wendepunkt erreicht ist, von dem aus dann wieder ein ganz neues Gebiet erobert werden muß. Wollen wir aber begreifen, welche Ursachen, welche Schwierigkeiten dem Wandel der Anschauungen in bedeutenden Fragen zugrunde liegen, so kommen wir nicht mit den Grunderkenntnissen aus, sondern wir müssen auch die Schlußfolgerungen kennen, die sich daraus ergeben.

Eines der wichtigsten Merkmale der modernen Physik besteht darin, daß aus Grunderkenntnissen nicht nur qualitative, sondern auch quantitative Schlüsse gezogen werden. Denken wir wieder an unseren Stein, der von einem Turm herunterfällt. Wir haben gesehen, daß seine Geschwindigkeit im Fallen zunimmt, doch möchten wir gern noch weit mehr erfahren. Wie groß ist diese Veränderung? Wie lassen sich Position und Geschwindigkeit des Steines für einen beliebigen Zeitpunkt nach dem Beginn des Sturzes bestimmen? Wir möchten also imstande sein, Ereignisse vorherzusagen und dann durch das Experiment festzustellen, ob diese Vorhersagen und somit auch die Annahmen, von denen wir ausgegangen sind, durch die Beobachtung bestätigt werden.

Wollen wir quantitative Schlüsse ziehen, so müssen wir die Sprache der Mathematiker zu Hilfe nehmen. Die meisten Grundideen der Wissenschaft sind an sich einfach und lassen sich in der Regel in einer für jedermann verständlichen Sprache wiedergeben. Will man diese Gedanken aber weiterverfolgen, so muß man sich auf die hierfür erforderliche, hochgradig verfeinerte Untersuchungstechnik verstehen. Die Mathematik ist immer dann ein unerläßliches Hilfsmittel für die Beweisführung, wenn wir Schlüsse zu ziehen gedenken, die sich experimentell nachprüfen lassen. Solange wir es nur mit physikalischen Grundideen zu tun haben, kommen wir unter Umständen auch ohne die Sprache der Mathematik aus, und da wir das in dieser Abhandlung grundsätzlich tun wollen, müssen wir uns gegebenenfalls darauf beschränken, hier und da einige Resultate mathematischen Charakters, die für das Verständnis wichtiger, im Zuge der weiteren Entwicklung auftauchender Anhaltspunkte notwendig sind, einfach zu zitieren, ohne den Beweis dafür zu erbringen. Der Preis, den wir für den Verzicht auf die Sprache der Mathematik zahlen müssen, ist eine Einbuße an Präzision, verbunden mit der Notwendigkeit, manchmal Ergebnisse einfach zitieren zu müssen, ohne zu zeigen, wie sie zustande gekommen sind.

Eine sehr wichtige Erscheinungsform der Bewegung ist der Umlauf der Erde um die Sonne. Wir wissen, daß die Erdbahn eine in sich geschlossene Kurve, eine sogenannte Ellipse ist. Konstruieren wir ein Vektorendiagramm der Geschwindigkeitsänderung, so sehen wir, daß die Kraft von der Erde zur Sonne gerichtet ist. Damit wissen wir allerdings noch nicht besonders viel. Wir möchten aber gern die Position der Erde und der anderen Planeten für einen beliebigen Zeitpunkt vorausberechnen können und im vorhinein über Termin und Dauer der nächsten Sonnenfinsternis und vieler anderer astronomischer Ereignisse Bescheid wissen. Das alles ist nun zwar durchaus möglich, doch nicht mit unserer Grunderkenntnis allein; denn dazu müssen wir außer der Richtung der Kraft auch ihren absoluten Wert, ihr Ausmaß, kennen. Hier hat Newton in genialer Weise einen Weg gewiesen. Auf Grund seines *Gravitationsgesetzes*

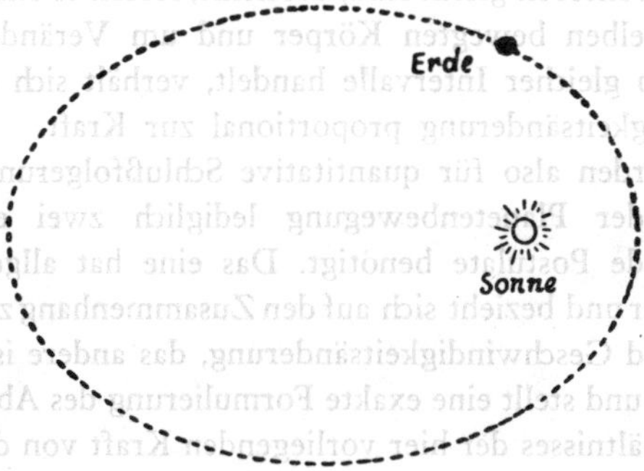

Fig. 17

hängt die zwischen zwei Körpern waltende Anziehungskraft auf einfache Art und Weise mit ihrer gegenseitigen Entfernung zusammen. Je größer die Entfernung, um so geringer die Anziehung; um genau zu sein: sie wird 2 mal 2 gleich 4mal kleiner, wenn die Entfernung sich verdoppelt, 3 mal 3 gleich 9mal geringer, wenn die Entfernung verdreifacht wird, usw.

Es ist uns also gelungen, im Falle der Massenanziehung die Abhängigkeit einer Kraft von der gegenseitigen Entfernung bewegter Körper auf einfache Art auszudrücken. Ähnlich verfahren wir in allen sonstigen Fällen, wo es sich um Kräfte anderer Art, zum Beispiel elektrische, magnetische und dergleichen, handelt. Das Ziel ist immer, die Kraft auf eine einfache Formel zu bringen, aber eine solche Formel hat nur dann einen Sinn, wenn die aus ihr gezogenen Schlüsse sich durch das Experiment bestätigen lassen.

Aber auch wenn wir die Gravitationskräfte kennen, sind wir noch nicht in der Lage, die Planetenbewegung wirklich zu beschreiben. Wir haben gesehen, daß Kraftvektoren und Vektoren der Geschwindigkeitsänderung für kurze Intervalle die gleiche Richtung haben, doch müssen wir jetzt noch mit Newton einen Schritt weiter gehen und eine einfache, ihre Längen betreffende Beziehung postulieren. Wenn alle anderen Faktoren gleich sind, das heißt, sofern es sich immer um denselben bewegten Körper und um Veränderungen innerhalb gleicher Intervalle handelt, verhält sich die Geschwindigkeitsänderung proportional zur Kraft.

So werden also für quantitative Schlußfolgerungen bezüglich der Planetenbewegung lediglich zwei einander ergänzende Postulate benötigt. Das eine hat allgemeinen Charakter und bezieht sich auf den Zusammenhang zwischen Kraft und Geschwindigkeitsänderung, das andere ist spezieller Art und stellt eine exakte Formulierung des Abhängigkeitsverhältnisses der hier vorliegenden Kraft von der Entfernung zwischen den Körpern dar. Das erste ist Newtons allgemeines Bewegungsgesetz, das zweite sein Gravitationsgesetz. Beide zusammen bestimmen die Bewegung. Das läßt sich an folgender, vielleicht etwas unbeholfen anmutender Überlegung klarmachen. Nehmen wir an, daß sich Position und Geschwindigkeit eines Planeten für einen bestimmten Zeitpunkt bestimmen lassen und daß die Kraft bekannt ist. Dann kennen wir nach den Newtonschen Gesetzen die Geschwindigkeitsänderung für ein kurzes Intervall. Wenn aber die ursprüngliche Geschwindigkeit samt ihrer Veränderung bekannt ist, können wir Geschwindigkeit und Position des Planeten am Ende des Intervalls bestimmen. Setzen wir das weiter fort, müssen wir die ganze Planetenbahn konstruieren können, ohne noch unsere Zuflucht zu weiteren Beobachtungsdaten zu nehmen. Nach diesem Prinzip bestimmt die Mechanik nun tatsächlich den zukünftigen Weg eines bewegten Körpers, doch ist das eben besprochene Verfahren schwerlich durchführbar. In der Praxis würde sich ein solches schrittweises Vorgehen nicht nur als äußerst mühselig, sondern auch als ungenau erweisen. Zum Glück ist das auch ganz überflüssig; denn die Mathematik bietet uns einen Abkürzungsweg und ermöglicht somit eine präzise Beschreibung der Bewegung mit viel weniger Druckerschwärze, als wir für einen einzigen Satz brauchen. Die auf diese Weise gewonnenen Resultate lassen sich durch die Beobachtung erhärten bzw. widerlegen.

Wir sehen, daß an der Bewegung eines frei fallenden Steines und an dem Umlauf des Mondes die gleiche Art äußere Kraft beteiligt ist, nämlich die Anziehung, welche die Erde auf alle Körper ausübt. Newton erkannte, daß der fallende Stein, der Mond und die Planeten im Hinblick auf ihre Bewegung nur Einzelfälle, verschiedene Manifestationen einer universellen Massenanziehung sind, die zwischen allen Körpern überhaupt waltet. In einfachen Fällen läßt sich die Bewegung mit Hilfe der Mathematik beschreiben und voraussagen. In weniger geläufigen und in hochgradig komplizierten Fällen, bei denen die wechselseitigen Einflüsse vieler Körper mitspielen, ist die mathematische Beschreibung nicht so einfach, doch sind die Grundprinzipien auch hier die gleichen.

Wir finden die Schlußfolgerungen, zu denen wir, ausgehend von unseren Grunderkenntnissen, gelangt sind, in der Bewegung des durch die Luft geworfenen Steines sowie in der des Mondes, der Erde und der Planeten realisiert.

Es ist unser ganzes System von Annahmen, das mit dem Versuch steht und fällt. Keine Annahme kann einzeln herausgegriffen und für sich geprüft werden. In bezug auf die um die Sonne kreisenden Planeten bewährt unser mechanisches System sich glänzend. Trotzdem können wir uns ohne weiteres vorstellen, daß es vielleicht mit einem anderen System, das auf ganz anderen Annahmen beruht, genauso gut ginge.

Physikalische Begriffe sind freie Schöpfungen des Geistes und ergeben sich nicht etwa, wie man sehr leicht zu glauben geneigt ist, zwangsläufig aus den Verhältnissen in der

Außenwelt. Bei unseren Bemühungen, die Wirklichkeit zu begreifen, machen wir es manchmal wie ein Mann, der versucht, hinter den Mechanismus einer geschlossenen Taschenuhr zu kommen. Er sieht das Zifferblatt, sieht, wie sich die Zeiger bewegen, und hört sogar das Ticken, doch hat er keine Möglichkeit, das Gehäuse aufzumachen. Wenn er scharfsinnig ist, denkt er sich vielleicht irgendeinen Mechanismus aus, dem er alles das zuschreiben kann, was er sieht, doch ist er sich wohl niemals sicher, daß seine Idee die einzige ist, mit der sich seine Beobachtungen erklären lassen. Er ist niemals in der Lage, seine Ideen an Hand des wirklichen Mechanismus nachzuprüfen. Er kommt überhaupt gar nicht auf den Gedanken, daß so eine Prüfung möglich wäre, ja, er weiß nicht einmal, was das ist. Bestimmt glaubt er aber, daß seine Vorstellung von der Wirklichkeit immer einfacher wird, je mehr sein Wissenshorizont sich weitet, und er ist überzeugt, daß er auf diese Weise einen immer größeren Kreis seiner sinnlichen Wahrnehmungen wird deuten können. Vielleicht glaubt er auch an eine unerreichbare Grenze aller Erkenntnis und daran, daß der Mensch sich mit den Produkten seines Geistes dieser Grenze immer mehr nähert. Diese ideale Grenze mag er dann wohl als objektive Wahrheit bezeichnen.

Noch eine Spur

Wenn man sich zum erstenmal mit Mechanik beschäftigt, so gewinnt man den Eindruck, als ob in diesem Wissenschaftszweig alles ganz einfach, unumstößlich und ein für allemal geklärt sei. Kaum jemand wird wohl auf den Gedanken kommen, daß gerade hier eine Spur zu finden ist, die dreihundert Jahre lang unentdeckt blieb. Dieser vernachlässigte Anhaltspunkt steht im Zusammenhang mit einem der Grundbegriffe der Mechanik, nämlich mit dem der *Masse*.

Kehren wir zu unserem einfachen idealisierten Experiment mit dem Karren zurück, der auf einer vollkommen glatten Straße entlangrollt. Wenn er sich ursprünglich in Ruhe befindet und dann einen Stoß erhält, so bewegt er sich anschließend gleichförmig mit einer bestimmten Geschwindigkeit. Nehmen wir weiter an, daß die Kraft beliebig oft zur Wirkung gebracht werden kann, daß die Stöße jedesmal in gleicher Weise ausgeführt werden und daß immer die gleiche Kraft auf den gleichen Karren einwirkt. Sooft dieses Experiment auch wiederholt werden mag, die Geschwindigkeit ist nachher immer die gleiche. Was geschieht aber, wenn der Versuch anders durchgeführt wird, wenn man den bisher leeren Karren belädt? Nun, der Karren wird beladen nach dem Stoß langsamer rollen als unbeladen, und daraus schließen wir: Wirkt die gleiche Kraft auf zwei verschiedenartige, ursprünglich ruhende Körper ein, so haben sie nachher nicht die gleiche Geschwindigkeit. Wir definieren das dahingehend, daß die Geschwindigkeit von der Masse des Körpers abhängt, daß sie also um so geringer wird, je größer die Masse ist.

Wir wissen nun, zumindest theoretisch, wie man die Masse eines Körpers bestimmt oder, genauer gesagt, wie man feststellt, wie viele Male eine Masse größer ist als eine andere. Wenn wir identische Kräfte auf zwei ruhende Massen einwirken lassen und feststellen, daß die Geschwindigkeit der ersten Masse dreimal so groß wird wie die der zweiten, so schließen wir daraus, daß die erste Masse nur ein Drittel der zweiten ausmacht. Das ist freilich kein besonders praktisches Verfahren zur Bestimmung des Verhältnisses zweier Massen. Nichtsdestoweniger ist es durchaus denkbar, die Masse, ausgehend vom Trägheitsgesetz, auf diese oder eine ähnliche Weise zu berechnen.

Wie bestimmen wir die Masse aber nun in der Praxis? Natürlich nicht auf die eben geschilderte Art. Die richtige Antwort wird jedermann geben können. Wir wiegen sie mit der Waage ab.

Nun wollen wir uns aber gleich noch etwas gründlicher mit diesen beiden verschiedenen Methoden zur Bestimmung der Masse befassen.

Das erste Experiment hatte absolut gar nichts mit der Schwerkraft, der Anziehung der Erde, zu tun. Der Karren bewegt sich nach dem Stoß auf einer vollkommen glatten und horizontalen Ebene entlang. Die Schwerkraft, die den Karren auf der Ebene festhält, ändert sich nicht und ist daher für die Bestimmung der Masse belanglos. Beim Wiegen liegen die Verhältnisse ganz anders. Eine Waage wäre überhaupt gar nicht denkbar, wenn nicht alle Körper von der Erde angezogen würden, wenn es keine Gravitation gäbe. Der Unterschied zwischen den beiden Verfahren zur Massenbestimmung besteht also darin, daß das erste nichts mit der Schwerkraft zu tun hat, während das zweite hauptsächlich auf ihr beruht.

Wir fragen uns nun: Bekommen wir das gleiche heraus, wenn wir das Verhältnis zweier Massen auf beide oben geschilderte Arten bestimmen? Das Experiment gibt uns darauf eine ganz eindeutige Antwort: Beide Methoden kommen auf dasselbe heraus! Das war an sich nicht vorherzusehen. Wir haben es hier mit einer Erkenntnis zu tun, die auf der Beobachtung und nicht auf verstandesmäßiger Überlegung basiert. Nennen wir der Einfachheit halber die nach dem ersten Verfahren bestimmte die *träge Masse* und die nach dem zweiten Verfahren berechnete die *schwere Masse*. In unserer Welt sind diese Arten von Masse nun allerdings beide gleich, doch könnte es auch ebensogut anders sein. Sogleich erhebt sich eine weitere Frage: Beruht diese Identität auf purem Zufall, oder kommt ihr tiefere Bedeutung zu? Die Antwort der klassischen Physik lautete: Die Identität der beiden Arten von Masse ist zufälliger Natur, und es wäre falsch, ihr irgendeine tiefere Bedeutung beimessen zu wollen. Die moderne Physik behauptet genau das Gegenteil: Die Identität der beiden Arten von Masse ist von grundlegender Bedeutung. Sie ist ein neuer, wichtiger Anhaltspunkt, der geeignet ist, uns zu einem tieferen Verständnis des Naturgeschehens zu führen. Die Identität von träger und schwerer Masse gehört denn auch zu den wichtigsten Grundlagen der sogenannten allgemeinen Relativitätstheorie.

Ein Kriminalroman, in dem mysteriöse Begebenheiten als zufällig hingestellt werden, ist nicht viel wert. Es ist gewiß wesentlich überzeugender, wenn die Handlung nach einem logisch durchdachten Schema abrollt. Genauso ist eine Theorie, die für die Identität von schwerer und träger Masse eine Erklärung bietet, einer anderen überlegen, bei der diese Identität als zufällig hingestellt wird, immer vorausgesetzt natürlich, daß beide Theorien mit dem beobachteten Sachverhalt vereinbar sind.

Da die Identität von träger und schwerer Masse, wie gesagt, für die Formulierung der Relativitätstheorie von fundamentaler Bedeutung war, erscheint es uns durchaus als gerechtfertigt, diesen Punkt hier noch etwas genauer zu untersuchen. Welche Experimente beweisen überzeugend, daß beide Arten von Masse gleich sind? Die Antwort liegt in Galileis altbekanntem Versuch beschlossen, bei dem er verschieden große Massen von einem Turm herunterfallen ließ. Er bemerkte, daß die Fallzeit immer die gleiche ist, daß die Bewegung eines fallenden Körpers also nicht von seiner Masse abhängt. Um dieses einfache, jedoch äußerst wichtige Versuchsergebnis mit der Identität der beiden Massearten in Verbindung zu bringen, bedarf es einer recht verzwickten Überlegung.

Ein ruhender Körper weicht aus, wenn eine äußere Kraft auf ihn einwirkt; er bewegt sich und erreicht eine bestimmte Geschwindigkeit. Er weicht dem betreffenden Einfluß mehr oder weniger bereitwillig, je nachdem, wie groß seine träge Masse ist. Wenn sie groß ist, stemmt er sich der Bewegung heftiger entgegen, als wenn sie klein ist. Wir können also sagen, ohne Anspruch auf besondere Exaktheit zu erheben, daß die Bereitwilligkeit, mit der ein Körper einer äußeren

Kraft nachgibt, von seiner trägen Masse abhängt. Wenn die Erde nun alle Körper mit gleicher Kraft anzöge, dann würde derjenige mit der größten trägen Masse langsamer fallen als alle anderen. Dem ist aber nicht so; denn alle Körper fallen gleichmäßig. Daraus folgt, daß die Erde verschieden große Massen verschieden stark anziehen muß. Für die Anziehungskraft, welche die Erde beispielsweise auf einen Stein ausübt, ist lediglich die Schwerkraft, also die schwere Masse des Steines, maßgebend, während es von der trägen Masse abhängt, in welcher Weise der Stein auf die von der Erde ausgehende Wirkung reagiert. Daraus, daß alle Körper gleich reagieren, daß sie nämlich gleichmäßig zu Boden stürzen, wenn man sie aus gleicher Höhe fallen läßt, muß geschlossen werden, daß schwere und träge Masse ein und dasselbe ist.

Der Physiker formuliert die gleiche Erkenntnis noch etwas pedantischer: Die Beschleunigung eines fallenden Körpers nimmt proportional zu seiner schweren Masse zu und vermindert sich proportional zu seiner trägen Masse. Da die Beschleunigung für alle fallenden Körper konstant ist, müssen beide Massearten identisch sein.

Im Buche der Natur gibt es keine restlos gelösten und ein für allemal geklärten Probleme. Nach dreihundert Jahren mußten wir zu dem Grundproblem der Bewegung zurückkehren und das Untersuchungsverfahren revidieren, um Spuren zu finden, die einst übersehen worden waren, und um auf diese Weise schließlich zu einer anderen Vorstellung vom Universum zu gelangen.

Ist Wärme eine Substanz?

Jetzt wollen wir einer neuen Spur folgen, die auf dem Gebiet der Wärmephänomene ihren Ausgang nimmt. Man kann die Naturwissenschaft nun allerdings unmöglich in getrennte, unzusammenhängende Teilgebiete zerlegen, ja, wir werden sogar bald feststellen, daß die neuen Begriffe, die wir hier einführen wollen, mit den bereits bekannten und denen, die wir erst später kennenlernen sollen, eng verflochten sind. Ein Gedankengang, der in einem bestimmten Wissenschaftszweig entwickelt wurde, läßt sich sehr oft auch auf die Beschreibung von Vorgängen anwenden, die scheinbar einen ganz anderen Charakter haben. Will man das tun, so modifiziert man häufig die ursprünglichen Begriffe, um das Verständnis sowohl für die Phänomene, auf die sie zurückgehen, als auch für jene, auf die sie neuerdings angewandt werden sollen, zu erleichtern.

Die wichtigsten Begriffe, die man für die Beschreibung von Wärmephänomenen braucht, sind *Temperatur* und *Wärme*. Es hat unglaublich lange gedauert, bis die Naturwissenschaft überhaupt erst einmal so weit war, zwischen diesen beiden Begriffen zu unterscheiden, doch ging es dann rasch vorwärts. Wenn die Begriffe heute auch jedermann geläufig sind, so wollen wir sie doch gründlich untersuchen und dabei besonders ihre Verschiedenheiten hervorheben.

Unser Tastsinn ermöglicht es uns, ziemlich einwandfrei festzustellen, ob ein Körper heiß oder kalt ist. Damit haben wir aber nur ein rein qualitatives Kriterium, das für eine quantitative Beschreibung nicht ausreicht und manchmal sogar unzuverlässig ist. Das wollen wir an einem wohlbekannten Versuch zeigen. Drei Gefäße werden mit Wasser gefüllt, eines mit kaltem, eines mit warmem und das dritte mit heißem. Tauche ich eine Hand in das kalte und die andere in das heiße Wasser, so erhalte ich von der ersten eine Kälte- und von der zweiten eine Hitzeempfindung zugeleitet. Tauche ich aber anschließend beide Hände gleichzeitig ins warme Wasser, so habe ich nicht etwa in beiden die gleiche Empfindung, sondern erhalte wiederum zwei einander widersprechende Eindrücke. Aus dem gleichen Grunde würden auch ein Eskimo und ein Bewohner äquatorialer Zonen, die sich an einem Frühlingstag in New York träfen, darüber, ob es dort heiß oder kalt sei, absolut geteilter Meinung sein. Alle Fragen dieser Art klären wir mit dem Thermometer, einem Instrument, das Galilei als erster in primitiver Form konstruierte. (Auch hier begegnet uns wieder dieser vielseitige Geist!) Bei der Verwendung des Thermometers gehen wir von einigen augenfälligen physikalischen Annahmen aus, die wir uns durch Zitierung einiger Zeilen aus Vorlesungen vergegenwärtigen wollen, die vor etwa hundertfünfzig Jahren von Black gehalten wurden und sehr viel zur Beseitigung der Schwierigkeiten beigetragen haben, die sich im Zusammenhang mit den beiden Begriffen „Wärme" und „Temperatur" ergeben:

Durch den Gebrauch dieses Instrumentes haben wir folgendes gelernt: Wenn wir tausend oder mehr verschiedenartige Materialien, wie Metalle, Steine, Salze, Hölzer, Federn, Wolle, Wasser und eine Vielfalt sonstiger Flüssigkeiten, nehmen, mögen sie auch alle zunächst *verschieden warm sein,* und sie gemeinsam in einem Raum unterbringen, in dem kein Feuer brennt und wo die Sonne nicht hineinscheint, so wird die Wärme von den heißeren dieser Körper auf die kälteren übergehen. Dieser Vorgang dauert vielleicht einige Stunden, vielleicht auch einen ganzen Tag. Wenn wir aber nach Ablauf dieser Zeit alle nacheinander mit dem Thermometer messen, so wird dieses stets genau die gleiche Ablesung liefern.

Das kursiv gedruckte „*verschieden warm sein*" müßte gemäß der heutigen Terminologie durch „*verschiedene Temperatur haben*" ersetzt werden.

Ein Arzt, der einem Kranken das Fieberthermometer gerade aus dem Mund nimmt, könnte sich dabei folgendes durch den Kopf gehen lassen: „Das Thermometer zeigt durch die Länge seiner Quecksilbersäule seine Eigentemperatur an. Ich gehe dabei von der Annahme aus, daß die Länge der Quecksilbersäule proportional zum Temperaturanstieg zunimmt. Nun hat das Thermometer aber ein paar Minuten lang mit meinem Patienten in Berührung gestanden, so daß Patient und Thermometer die gleiche Temperatur haben müssen. Ich schließe daraus, daß die Temperatur meines Patienten gleich der auf dem Thermometer angezeigten ist." Nun handelt der Arzt wahrscheinlich meist mechanisch, doch wendet er jedenfalls physikalische Prinzipien an, auch wenn er sich darüber keine Rechenschaft ablegt.

Enthält das Fieberthermometer darum aber auch die gleiche Wärmemenge wie der Körper des Kranken? Natürlich nicht. Wollte man behaupten, daß zwei Körper nur deshalb, weil ihre Temperatur gleich ist, gleiche Wärmemengen enthalten, so käme das, wie schon Black sagt, ...

... einer sehr oberflächlichen Behandlung der Frage gleich. Es wäre eine Verwechslung der in verschiedenen Körpern enthaltenen Wärmemenge mit der allgemeinen Intensität oder ihrem Ausmaß, während es doch auf der Hand liegt, daß es sich um zwei ganz verschiedene Dinge handelt, die man immer auseinanderhalten muß, wenn man es mit der Wärmeverteilung zu tun hat.

Diese Unterscheidung läßt sich an einem sehr einfachen Experiment deutlich machen. Ein Liter Wasser, das man auf eine Gasflamme setzt, braucht eine gewisse Zeit, bis es von Zimmertemperatur auf Siedehitze kommt. Viel länger würde es natürlich dauern, wenn man, sagen wir, zwölf Liter Wasser im gleichen Gefäß mit der gleichen Flamme erwärmen wollte. Diese Tatsache interpretieren wir in der Weise, daß wir sagen, es werde im zweiten Falle mehr von einem gewissen „Etwas" gebraucht, und dieses „Etwas" nennen wir eben *Wärme.*

Ein weiterer wichtiger Begriff, der der *spezifischen Wärme*, wird aus dem folgenden Versuch gewonnen: Zwei Gefäße, eines mit einem Kilogramm Wasser, das andere mit einem Kilogramm Quecksilber, sollen beide auf die gleiche Art erwärmt werden. Das Quecksilber wird, wie sich zeigt, viel rascher heiß als das Wasser, woraus sich ergibt, daß bei diesem Material weniger „Wärme" vonnöten ist, um die Temperatur um einen Grad zu erhöhen. Im allgemeinen kann überhaupt gesagt werden, daß verschiedene Wärmemengen notwendig sind, um die Temperaturen gleicher Massen verschiedener Substanzen, wie Wasser, Quecksilber, Eisen, Kupfer, Holz usw., um einen Grad, also zum Beispiel von 10° auf 11° Celsius, zu erhöhen. Wir sagen: Jede Substanz hat ihre eigene *Wärmekapazität* oder *spezifische Wärme*.

Sowie wir einmal den Begriff „Wärme" klar umrissen haben, können wir näher auf das Wesen dieser Erscheinung eingehen. Wenn wir zwei Körper haben, einen warmen und einen kalten, oder genauer gesagt, von denen der eine eine höhere Temperatur hat als der andere, beide miteinander in Berührung bringen und von allen äußeren Einflüssen loslösen, so werden sie, wie wir nun schon wissen, nach einer gewissen Zeit die gleiche Temperatur haben. Wie kommt das aber? Was geschieht zwischen dem Moment, wo sie miteinander in Berührung gebracht werden, und dem Augenblick, wo der Ausgleich der Temperaturen vollzogen ist? Zunächst bietet sich die Vorstellung an, die Wärme „fließe" von einem Körper in den anderen, wie Wasser aus größerer Höhe in tiefer gelegene Gebiete hinabströmt. Diese Vorstellung, mag sie auch primitiv sein, scheint sich mit vielen Gesetzmäßigkeiten vereinbaren zu lassen, so daß wir folgende Gegenüberstellung vornehmen können:

Wasser	–	Wärme
Höhere Lage	–	Höhere Temperatur
Tiefere Lage	–	Tiefere Temperatur.

Die Strömung hält an, bis beide Niveaus, das heißt beide Temperaturen, gleich sind. Aus dieser naiven Vorstellung kann nun in quantitativer Hinsicht die Nutzanwendung gezogen werden. Wenn man bestimmte Massen von Wasser und Alkohol, die beide bestimmte Temperaturen haben, miteinander vermischt, so kann man, wenn die spezifische Wärme von beiden Stoffen bekannt ist, vorhersagen, wie hoch die Temperatur des Gemisches schließlich sein wird. Umgekehrt wird uns eine Messung der Endtemperatur zusammen mit ein wenig Algebra in die Lage setzen, das Verhältnis der spezifischen Wärmewerte beider Stoffe zu finden.

An dem Wärmebegriff, wie er hier dargestellt wurde, bemerken wir eine Ähnlichkeit mit anderen physikalischen Begriffen. Wärme ist auf Grund obiger Überlegung also substantieller Natur wie die Masse in der Mechanik. Sie läßt sich ihrer Menge nach verändern oder auch erhalten, wie man Geld in einen Tresor sperren oder auch ausgeben kann. Der in einem Tresor enthaltene Geldbetrag bleibt so lange unverändert, wie jener verschlossen ist, und genauso ist es mit den Masse- und Wärmequantitäten bei einem isolierten Körper. Das Gegenstück zu einem solchen Tresor wäre eine ideale Thermosflasche. Ferner stellen wir fest: Wie die Masse eines isolierten Systems unverändert bleibt, selbst wenn eine chemische Umwandlung darin stattfindet, so bleibt die Wärme auch dann erhalten, wenn sie von einem Körper auf den anderen überströmt. Auch in den Fällen, wo die Wärme nicht zur Temperatursteigerung, sondern, sagen wir, zum Schmelzen von Eis oder zur Verdampfung von Wasser benutzt wird, können wir sie noch immer als Substanz betrachten, da die Wärme beim Gefrieren des Wassers bzw. bei der Verflüssigung des Dampfes ja wieder in Erscheinung tritt. Schon die alten Bezeichnungen — latente Schmelz- bzw. Verdampfungswärme — lassen erkennen, daß man sich die Wärme als Substanz dachte. Die latente Wärme ist vorübergehend verborgen wie das Geld, das man in einen Tresor legt, doch steht sie wie dieses jederzeit zur Verfügung, wenn man die richtige Einstellung des Kombinationsschlosses kennt.

Wärme hat aber bestimmt nicht im gleichen Sinne wie Masse substantiellen Charakter. Masse läßt sich mit Hilfe von Waagen nachweisen, wie steht es aber bei der Wärme?

Wiegt ein Stück rotglühendes Eisen mehr als ein eiskaltes? Das Experiment erweist, daß die letzte Frage verneint werden muß. Wenn Wärme überhaupt als Substanz anzusprechen ist, dann nur als eine schwerelose. Die „Wärmesubstanz" wurde früher gewöhnlich als *Wärmestoff* bezeichnet. Sie ist das erste Mitglied einer großen Familie von schwerelosen Substanzen, die wir noch näher kennenlernen werden. Später haben wir noch Gelegenheit, ihre Familiengeschichte, ihr Werden und Vergehen, zu verfolgen. Vorläufig genügt es, die Existenz dieser einen Substanz zur Kenntnis zu nehmen.

Jede physikalische Theorie ist darauf angelegt, einen möglichst großen Kreis von Phänomenen zu deuten. Sie erscheint in dem Maße gerechtfertigt, wie sie bestimmte Vorgänge verständlich macht. Wir haben gesehen, daß man mit der Substanztheorie viele Wärmephänomene erklären kann, doch wird es bald klarwerden, daß wir wieder auf der falschen Fährte sind; daß sich Wärme nicht als Substanz, auch nicht als schwerelose, auffassen läßt. Das leuchtet uns gleich ein, wenn wir über ein paar einfache Versuche aus den Anfängen der Zivilisation nachdenken.

Unter einer Substanz verstehen wir hier etwas, was weder erzeugt noch vernichtet werden kann. Schon der primitive Mensch erzeugte jedoch durch Reibung Wärme, die er zur Entzündung von Holz brauchte. Für die Erzeugung von Wärme durch Reibung gibt es ja überhaupt viel zu viele und zu wohlbekannte Beispiele, als daß es einer Aufzählung derselben bedürfte. In allen diesen Fällen wird jeweils eine gewisse Wärmemenge erzeugt, eine Tatsache, die sich an Hand der Substanztheorie schwerlich ausdeuten läßt. Freilich könnte ein Verfechter dieser Theorie dennoch Argumente ersinnen, die seiner Meinung nach eine Erklärung dieses Phänomens ermöglichen, und etwa folgendes vorbringen: „Mit der Substanztheorie kann man die erwiesene Wärmeerzeugung durchaus erklären. Nehmen wir nur das allereinfachste Beispiel: zwei Holzstücke, die aneinander gerieben werden. Die Reibung beeinflußt eben das Holz und verändert seine Eigenschaften, und zwar höchstwahrscheinlich so, daß sich bei gleichbleibender Wärmemenge eine höhere Temperatur entwickelt. Schließlich konstatieren wir ja lediglich den Temperaturanstieg. Es ist daher möglich, daß die Reibung zwar die spezifische Wärme des Holzes, nicht aber die Gesamtwärmemenge darin verändert."

In dieser Diskussionsphase noch weiter mit dem Verfechter der Substanztheorie zu debattieren, wäre zwecklos; denn die Frage kann nur durch das Experiment entschieden werden. Denken wir uns zwei vollkommen gleiche Holzstücke, und nehmen wir an, daß bei diesen mit verschiedenen Methoden gleiche Temperaturänderungen hervorgerufen werden – zum Beispiel in dem einen Falle durch Reibung und im anderen durch Berührung mit einem Heizkörper. Wenn beide Stücke bei der neuen Temperatur immer noch die gleiche spezifische Wärme haben, so muß die ganze Substanztheorie zusammenbrechen. Es gibt nun sehr einfache Methoden zur Bestimmung der spezifischen Wärme. Die Theorie steht und fällt also mit den Ergebnissen solcher Messungen. Versuche, deren Ausgang über Sein oder Nichtsein einer Theorie entscheidet, hat es in der Geschichte der Physik schon viele gegeben; man nennt sie *Experimenta crucis*, entscheidende Experimente. Ob ein Versuch grundlegenden Charakter hat oder nicht, läßt sich einzig und allein aus der Fragestellung ersehen, und es kann damit immer nur eine Theorie über das jeweilige Phänomen auf die Probe gestellt werden. Die Bestimmung der spezifischen Wärme zweier gleichartiger Körper mit gleicher Temperatur, die in dem einen Falle durch Reibung, im anderen dagegen durch Wärmeströmung erzielt wurde, ist ein typisches Experimentum crucis. Es wurde vor etwa hundertfünfzig Jahren von Rumford durchgeführt und bedeutete das Ende der substantiellen Wärmetheorie.

Es folgt ein Auszug aus Rumfords eigenem Bericht mit einer Schilderung des Hergangs:

Es kommt häufig vor, daß sich im normalen Alltagsleben die Gelegenheit ergibt, die seltsamsten Naturerscheinungen näher in Augenschein zu nehmen, und mit Hilfe von Maschinen, die an sich nur für die rein mechanischen Zwecke des Handwerks gedacht sind, können zuweilen, fast ohne Mühe und Aufwand, sehr interessante Versuche von philosophischer Bedeutung gemacht werden.

Ich habe diese Beobachtung jedenfalls schon häufig gemacht und bin zudem überzeugt, daß die Gepflogenheit, mit offenen Augen durch die Welt zu gehen, sei es nun durch Zufall oder durch das spielerische Schweifen der Phantasie, das durch die Betrachtung der alltäglichsten Erscheinungen ausgelöst wird, öfter zu nutzbringenden Zweifeln und vernünftigen Untersuchungs- und Verbesserungsplänen geführt hat als alle die intensiven Meditationen der Philosophen, die für ihre Studien bestimmte Stunden des Tages ansetzen ...

Während ich kürzlich das Bohren von Geschützrohren in den Werkstätten des militärischen Arsenals in München zu überwachen hatte, stellte ich mit Erstaunen fest, welche beträchtliche Wärme ein messingnes Kanonenrohr beim Ausbohren in kurzer Zeit entwickelt, und bemerkte, daß die Metallspäne, die der Bohrer davon loslöste, noch heißer wurden (viel heißer als kochendes Wasser, wie ich experimentell feststellte) ...

Woher stammt die Wärme, die ja bei dem obenerwähnten mechanischen Vorgang effektiv erzeugt wird?

Wird sie von den Metallspänen geliefert, die der Bohrer von der festen Metallmasse ablöst?

Wenn das der Fall wäre, so müßte die Kapazität nach den modernen Lehren von der latenten Wärme und vom Wärmestoff nicht nur verändert werden, sondern die Veränderung müßte sogar so groß sein, daß sich alle erzeugte Wärme darauf zurückführen ließe.

Eine derartige Veränderung war jedoch nicht eingetreten; denn als ich gleiche Gewichtsmengen dieser Späne einerseits und dünne Streifchen vom gleichen Metallblock andererseits, die ich mit einer feinen Säge ablöste, bei gleicher Temperatur (bei der von kochendem Wasser) in gleiche Mengen kalten Wassers (die Wassertemperatur betrug 15,3° Celsius) legte, wurde das Wasser, worin die Späne lagen, allem Anschein nach nicht mehr und nicht weniger erwärmt als das andere, in das ich die Streifchen getan hatte.

Und so kommen wir zu seiner Schlußfolgerung:

Schließlich dürfen wir bei einer Erörterung dieser Frage keinesfalls den äußerst bemerkenswerten Umstand übersehen, daß die Quelle der durch Reibung erzeugten Wärme sich bei diesen Versuchen offensichtlich als *unerschöpflich* erwiesen hat.

Es erübrigt sich fast, hinzuzufügen, daß ein Etwas, welches ein isolierter Körper oder ein ebensolches System von Körpern *unbegrenzt* weiter zu liefern vermag, niemals *materieller Natur* sein kann, und es scheint mir äußerst schwierig, wenn nicht gänzlich unmöglich, sich eine klare Vorstellung von etwas zurechtzulegen, das sich in der Weise hervorrufen und übertragen läßt wie die Wärme bei diesen Versuchen, es sei denn, es handelte sich um *Bewegung*.

Da haben wir den Zusammenbruch der alten Theorie oder, um es präziser auszudrücken: wir sehen, daß die Substanzlehre auf Probleme der Wärmeströmung beschränkt bleiben muß. Wieder müssen wir, wie Rumford schon andeutet, nach einer neuen Spur suchen. Zu diesem Zweck wollen wir das Wärmeproblem einstweilen auf sich beruhen lassen und noch einmal zur Mechanik zurückkehren.

Die Berg-und-Tal-Bahn

Wir wollen uns jetzt einmal die Bewegung der Berg-und-Tal-Bahn ansehen, dieser beliebten Volksbelustigung, die fast in jedem Vergnügungspark zu finden ist. Ein kleiner Wagen wird bis zum höchsten Punkt der Bahn emporgezogen oder -getrieben. Sobald er sich selbst überlassen bleibt, rollt er zufolge der Schwerkraft abwärts und beschreibt dann eine wildbewegte Bahn – auf und ab, rechts herum und links herum –, so daß die Insassen den Nervenkitzel plötzlicher Geschwindigkeitsänderungen nach Herzenslust auskosten können. Jeder Waggon hat den Gipfelpunkt seiner Bahn dort, wo er losgelassen wird. Während der ganzen weiteren Bewegung erreicht er niemals wieder die alte Höhe. Eine vollständige Beschreibung dieser Bewegung wäre eine sehr komplizierte Angelegenheit. Einmal ist die mechanische Seite des Problems zu beachten, und dazu gehören die laufenden Geschwindigkeits- und Positionsänderungen in der Zeit, auf der anderen Seite darf aber auch die Reibung und somit die Erzeugung von Wärme an Schienen und Rädern nicht vergessen werden. Der einzige triftige Grund für die Zerlegung des physikalischen Vorganges in diese beiden Aspekte ist der, daß wir dann die zuvor behandelten Begriffe wieder heranziehen können. Die Aufteilung führt wiederum zu einem idealisierten Experiment; denn einen physikalischen Vorgang, bei dem nur der mechanische Aspekt zutage tritt, kann man sich nur ausdenken; realisieren läßt er sich nicht.

Wir können uns diesen idealisierten Versuch so vorstellen, daß es jemandem gelungen sei, die Reibung, die ja stets mit der Bewegung einhergeht, vollkommen auszuschalten. Dieser Mann beschließt nun, seine Erfindung für den Bau einer Berg-und-Tal-Bahn auszuwerten. Er muß sich natürlich zuerst darüber klarwerden, wie er das Ganze anlegen soll. Der Wagen, dessen Bahn in einer Höhe von, sagen wir, 30 m über dem Erdboden beginnt, soll sich ständig auf und ab bewegen. Unser Erfinder kommt nach einigem Herumprobieren bald darauf, daß er sich an eine sehr einfache Regel halten kann. Er kann die Bahn bauen, wie er will, nur darf sie nirgends den Ausgangspunkt übersteigen. Wenn der Wagen ungehindert das Ende seiner Bahn erreichen soll, darf er beliebig oft auf 30 m kommen, doch niemals höher. Auf einer wirklichen Berg-und-Tal-Bahn dagegen wird der Waggon infolge der Reibung niemals die ursprüngliche Höhe wieder erreichen. Unser hypothetischer Ingenieur braucht sich darum jedoch nicht zu kümmern.

Verfolgen wir nun die Bewegung des idealisierten Waggons auf der idealisierten Berg-und-Tal-Bahn von dem Moment an, wo er vom Ausgangspunkt hinabzurollen beginnt. Je weiter er kommt, um so geringer wird seine Entfernung

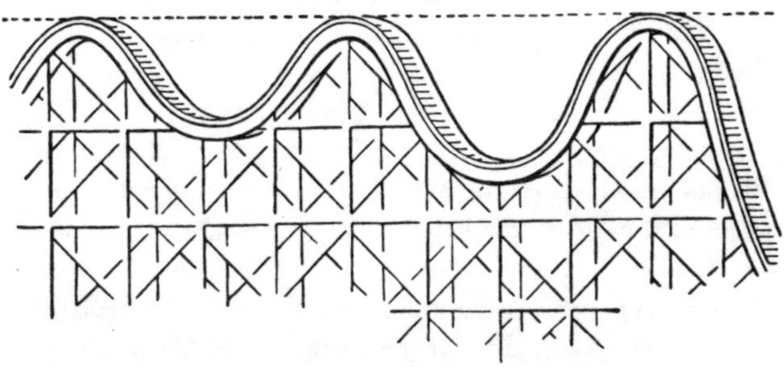

Fig. 18

vom Erdboden, während die Geschwindigkeit gleichzeitig zunimmt. Das erinnert uns auf den ersten Blick etwas an Sätze wie: „Ich habe keinen Bleistift, aber du hast sechs Orangen", die wir aus dem Sprachunterricht kennen. Allerdings ist unser Satz nicht ganz so sinnlos. Zwischen dem Umstand, daß ich keinen Bleistift habe, und dem, daß ein anderer sechs Orangen besitzt, besteht keinerlei Zusammenhang, aber zwischen der Entfernung des Waggons vom Erdboden und seiner Geschwindigkeit läßt sich durchaus eine greifbare Wechselbeziehung nachweisen. Wir können die Schnelligkeit des Wagens nämlich für jeden beliebigen Moment berechnen, wenn wir wissen, wie hoch er sich jeweils über dem Erdboden befindet, doch lassen wir das jetzt auf sich beruhen, weil es sich dabei um quantitative Dinge handelt, die man ja am zweckmäßigsten in mathematische Formeln kleidet.

Auf dem höchsten Punkt seiner Bahn, 30 m über dem Erdboden, ist die Geschwindigkeit des Wagens gleich Null.

Am tiefsten Punkt seiner Bahn ist die Entfernung vom Erdboden gleich Null, während die Geschwindigkeit dort ihren höchsten Wert erreicht. Dieser Sachverhalt läßt sich auch folgendermaßen formulieren: Auf dem höchsten Punkt seiner Bahn hat der Waggon nur *potentielle*, aber keine *kinetische* oder *Bewegungsenergie*. Am tiefsten Punkt hat seine kinetische Energie ihren Maximalwert erreicht, während die potentielle Energie gänzlich fehlt. In allen dazwischenliegenden Positionen, wo sich eine bestimmte Geschwindigkeit mit einer gewissen Höhe paart, hat der Waggon dagegen sowohl kinetische als auch potentielle Energie. Die potentielle Energie nimmt mit wachsender Höhe zu, während die kinetische Energie in dem Maße größer wird, wie die Geschwindigkeit sich steigert. Bei der Erklärung dieser Bewegungsform kommen wir also mit den Prinzipien der Mechanik aus. In der mathematischen Formulierung scheinen zwei Ausdrücke für die Energie auf, die beide veränderlich sind, während ihre Summe konstant bleibt. Somit ist es möglich, den Begriff der potentiellen Energie einerseits, die von der Position abhängt, und den der kinetischen Energie andererseits, die sich aus der Geschwindigkeit ergibt, auf mathematischer und exakt-wissenschaftlicher Basis einzuführen. Die beiden Bezeichnungen selbst sind natürlich willkürlich gewählt. Ihre Daseinsberechtigung liegt in ihrer Zweckmäßigkeit. Die Summe beider Größen bleibt stets unverändert und wird als Bewegungskonstante bezeichnet. Die gesamte Energie, kinetische plus potentielle, ist einer Substanz, zum Beispiel einem Geldbetrag, vergleichbar, dessen Wert man stets auf gleicher Höhe hält, ihn dabei aber unter Zugrundelegung eines wohlberechneten Wechselkurses ständig von einer Währung in die andere, sagen wir von Dollars in Pfund Sterling und umgekehrt, umwechselt.

Bei der wirklichen Berg-und-Tal-Bahn, wo die Reibung den Wagen daran hindert, die anfängliche Höhe nochmals zu erreichen, findet ebenfalls eine ständige Verschiebung zwischen kinetischer und potentieller Energie statt, nur daß hier die Summe nicht konstant bleibt, sondern kleiner wird; und es bedarf jetzt eines weiteren beherzten Schrittes von großer Tragweite, um die mechanischen und kalorischen Aspekte der Bewegung zueinander in Beziehung zu setzen. Später werden wir dann sehen, welche Fülle von Folge-

Fig. 19

rungen und Verallgemeinerungen sich aus diesem Schritt ergibt.

Außer kinetischer und potentieller Energie ist also nun auch noch die Reibungswärme zu berücksichtigen. Hat diese Wärme etwas mit der Verminderung der mechanischen, das heißt der kinetischen und der potentiellen Energie zu tun? Wieder ist ein neues Postulat fällig: Wenn Wärme als Form der Energie angesehen werden kann, bleibt vielleicht die Summe von allen dreien, der Wärme, der kinetischen und der potentiellen Energie, konstant. Nicht Wärme allein, sondern Wärme und andere Energieformen zusammengenommen wären dann gleich einer Substanz unzerstörbar. Es ist genauso, als ob der Mann, der die obenerwähnten Dollars in Pfund Sterling umwechselt, sich selbst eine Provision in Franken auszahle, ohne die eingenommenen Beträge ausgeben zu wollen, so daß die Gesamtsumme von

Dollar-, Pfund- und Frankenbeträgen, nach einem bestimmten Wechselkurs gerechnet, immer gleich bliebe.

Der wissenschaftliche Fortschritt hat mit der alten Vorstellung von der substantiellen Natur der Wärme aufgeräumt. Wir wollen es statt dessen nun einmal mit einer neuen Substanz, nämlich mit der Energie, versuchen, von der die Wärme nur eine Spielart ist.

Das Umwandlungsverhältnis

Vor etwa hundert Jahren beschritt Mayer als erster einen neuen Weg. Er kam schließlich dazu, in der Wärme eine Form der Energie zu sehen – eine Auffassung, die experimentell von Joule bestätigt wurde. Es ist eine seltsame Häufung von Zufällen, daß fast die ganze grundlegende Arbeit über das Wesen der Wärme eigentlich von Nichtphysikern geleistet wurde, die dieses Fach nur als Liebhaberei betrachteten, so der vielseitige Schotte Black, der deutsche Arzt Mayer und der große amerikanische Abenteurer Graf von Rumford, der später in Europa lebte und unter anderem das Amt eines bayrischen Kriegsministers innehatte; aber auch der englische Bierbrauer Joule gehört dazu, der in seiner Freizeit einige höchst bedeutsame Versuche mit der Energieumwandlung anstellte.

Joule bestätigte durch das Experiment die Annahme, daß Wärme eine Form der Energie sei, und er bestimmte überdies das Umwandlungsverhältnis. Es lohnt sich, kurz darauf einzugehen, zu welchen Ergebnissen er gelangte.

Kinetische und potentielle Energie eines Systems machen zusammen seine *mechanische* Energie aus. Bei der Berg-und-Tal-Bahn haben wir die Annahme vertreten, daß ein Teil der mechanischen Energie in Wärme umgewandelt werden müsse. Wenn dem so ist, dann muß für diesen und alle ähnlichen physikalischen Vorgänge ein bestimmtes *Umwandlungsverhältnis* gelten, nach dem die Energie von einer

Form in die andere überführt wird. Das ist strenggenommen eine quantitative Frage, doch ist der Umstand, daß man eine bestimmte Quantität mechanischer Energie in eine bestimmte Wärmemenge verwandeln kann, von solcher Tragweite, daß wir uns einmal ansehen wollen, durch welche Zahl dieses Umwandlungsverhältnis ausgedrückt werden kann, das heißt, wieviel Wärme wir aus einer bestimmten Menge mechanischer Energie gewinnen können.

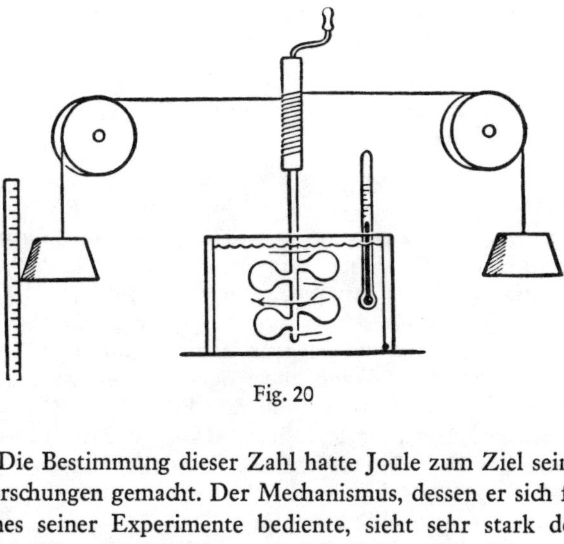

Fig. 20

Die Bestimmung dieser Zahl hatte Joule zum Ziel seiner Forschungen gemacht. Der Mechanismus, dessen er sich für eines seiner Experimente bediente, sieht sehr stark dem einer Uhr mit Gewichten ähnlich. Eine solche Uhr wird bekanntlich in der Weise aufgezogen, daß man zwei Gewichte hochzieht und dadurch die potentielle Energie des Systems vermehrt. Wenn man in den Mechanismus der Uhr sonst nicht weiter eingreift, so kann man ihn als abgeschlossenes System ansehen. Die Gewichte senken sich langsam, und die Uhr läuft. Nach einer gewissen Zeit haben die Gewichte ihre tiefste Lage erreicht, und die Uhr bleibt stehen. Was ist aus der Energie geworden? Nun, die potentielle Energie der Gewichte ist in die kinetische des Mechanismus umgewandelt worden, um sich dann als Wärme nach und nach zu verlieren.

Mit Hilfe einer sinnreichen Modifikation eines derartigen Mechanismus gelang es Joule, die verlorengegangene Wärme und damit das Umwandlungsverhältnis zu messen. Bei seinem Apparat setzten zwei Gewichte ein in Wasser getauchtes Schaufelrad in Umdrehungen. Die potentielle Energie der Gewichte wurde bei den beweglichen Teilen in kinetische Energie umgesetzt, dann aber in Wärme, wodurch die Wassertemperatur stieg. Joule maß diese Temperaturänderung und berechnete unter Zugrundelegung der bekannten spezifischen Wärme des Wassers die absorbierte Wärmemenge. Die Ergebnisse zahlreicher Versuche faßt er wie folgt zusammen:

1. Die durch die Reibung von Körpern erzeugte Wärmemenge ist, ganz gleich, ob es sich um feste oder flüssige Körper handelt, immer proportional der verausgabten Kraftmenge. [Mit Kraft meint Joule Energie.]

2. Die Erzeugung der Wärmemenge, die notwendig ist, um die Temperatur von einem englischen Pfund (0,4536 kg) Wasser (das im Vakuum abgewogen wurde und dessen Temperatur zwischen 55° und 60° Fahrenheit [13° und 16° Celsius] liegt), um 1° Fahrenheit (0,56° Celsius) zu erhöhen, erfordert eine mechanische Kraft (Energie), wie sie durch das Herabfallen von 772 englischen Pfund (etwa 350 kg) aus einer Höhe von einem Fuß (30,48 cm) repräsentiert wird.

Mit anderen Worten: Die potentielle Energie von 772 Pfund, die man einen Fuß vom Erdboden hochhebt, entspricht der Wärmemenge, die notwendig ist, um ein Pfund Wasser von 55° auf 56° Fahrenheit zu erwärmen. Spätere Experimentatoren haben diesen Wert zwar noch exakter berechnen können, doch ist das mechanische Äquivalent der Wärme, das Joule im Zuge seiner Pionierarbeit fand, an sich immer wieder bestätigt worden.

TAFEL I

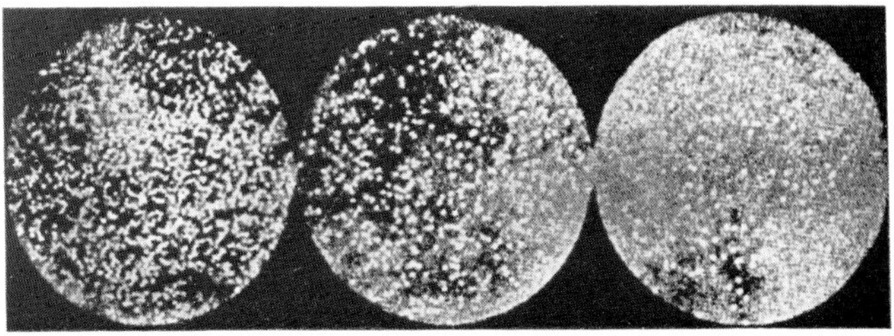

(Photo J. Perrin)

Brownsche Teilchen unter dem Mikroskop

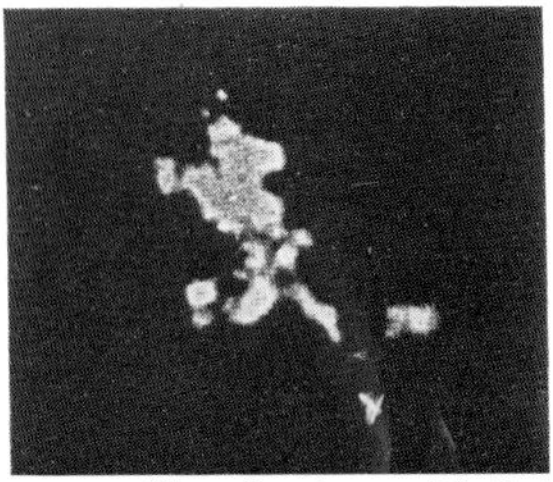

(Photo Brumberg und Vavilov)

Langbelichtete Aufnahme eines Brownschen Teilchens mit flächigem Effekt

Nacheinander beobachtete Positionen eines Brownschen Teilchens

Der aus diesen Beobachtungen abgeleitete ungefähre Weg des Teilchens

Sobald dieser wichtige Schritt getan war, vollzog sich die weitere Entwicklung recht rasch. Man erkannte bald, daß die beiden Energiearten, die mechanische und die der Wärme, nur zwei von vielen sind. Alles, was sich in eine von beiden umwandeln läßt, ist ebenfalls als Form der Energie anzusehen. So ist auch die von der Sonne ausgesandte Strahlung nichts anderes als Energie; denn ein Teil davon wird auf der Erde in Wärme umgesetzt. Auch der elektrische Strom repräsentiert Energie; denn er erwärmt den Draht oder versetzt die Räder des Elektromotors in Umdrehungen. Kohle enthält chemische Energie, die bei der Verbrennung als Wärme frei wird. Bei allen Vorgängen in der Natur wird Energie von einer Form in eine andere umgewandelt, und zwar stets nach einem ganz bestimmten Umwandlungsverhältnis. In einem geschlossenen System, das also von sämtlichen äußeren Einflüssen isoliert ist, bleibt die Energie erhalten, so daß sie sich praktisch wie eine Substanz verhält. Die Summe aller denkbaren Energieformen, die in einem solchen System vorkommen, ist immer konstant, wenn die einzelnen Energiearten sich auch mengenmäßig ständig verändern mögen. Wenn wir das ganze Universum als geschlossenes System ansehen, können wir – wie es die Physiker des neunzehnten Jahrhunderts taten – stolz verkünden, daß die Energie des Weltalls unveränderlich ist, daß kein Teil davon je erschaffen oder vernichtet werden kann.

Wir haben also jetzt zwei Substanzbegriffe, *Materie und Energie.* Für beide gibt es Erhaltungsgesetze: Ein isoliertes System kann weder seiner Masse noch seiner Gesamtenergie nach eine Veränderung erfahren. Materie besitzt Gewicht, Energie dagegen ist schwerelos. Ebendeshalb brauchen wir zwei verschiedene Begriffe und zwei Erhaltungsgesetze. Können wir uns aber heute noch zu diesen Gedankengängen bekennen, oder muß diese scheinbar so wohlfundierte Anschauung im Lichte neuerer Erkenntnisse als überholt angesehen werden? „Allerdings“, lautet die Antwort auf die letzte Frage. Die Weiterentwicklung dieser Begriffe wurde aber erst durch die Relativitätstheorie eingeleitet, und so werden wir erst später wieder hier anknüpfen können.

Der philosophische Rahmen

Die Ergebnisse der wissenschaftlichen Forschung lösen sehr oft einen Wandel in der philosophischen Auffassung auch von Problemen aus, die außerhalb des beschränkten Rahmens der eigentlichen Naturwissenschaft liegen. Worauf zielt die exakte Wissenschaft ab? Was wird von einer Theorie verlangt, wenn sie sich für die Beschreibung von Naturereignissen eignen soll? Obwohl diese Fragen nicht mehr zur Physik gehören, hängen sie doch eng damit zusammen, da die Naturwissenschaft das Material bildet, aus dem sie sich ergeben. Philosophische Verallgemeinerungen müssen auf wissenschaftliche Forschungsergebnisse gegründet werden. Sind sie allerdings einmal formuliert und genießen sie allgemeine Anerkennung, so beeinflussen sie sehr häufig ihrerseits wieder die weitere Entwicklung des wissenschaftlichen Denkens dadurch, daß sie eine der zahlreichen denkbaren Möglichkeiten des Vorgehens aufzeigen. Ein von Erfolg gekröntes Aufbegehren gegen die vorherrschende Meinung gibt in der Regel Anlaß zu einer unvorhergesehenen und absolut neuartigen Entwicklung, die dann wieder zur Quelle neuer philosophischer Gesichtspunkte wird. Diese Bemerkungen müssen natürlich reichlich vage und beziehungslos erscheinen, solange sie nicht durch Beispiele aus der Geschichte der Physik belegt werden.

Wir wollen nun einmal versuchen, die ersten philosophischen Ideen über die wissenschaftliche Zielsetzung wiederzugeben. Diese Ideen haben die Entwicklung der Physik noch bis vor fast hundert Jahren stark beeinflußt. Dann aber mußte man sie auf Grund neuer Beweise, neugefundener Gesetzmäßigkeiten und Theorien fallenlassen, die ihrerseits wieder einen neuen Rahmen für die Wissenschaft abgaben.

Von der griechischen Philosophie bis zur modernen Physik hat es in der Geschichte der Wissenschaft nie an Versuchen gefehlt, die scheinbare Vielfältigkeit des Naturgeschehens auf einige wenige einfache Grundideen und grundlegende Beziehungen zurückzuführen. Dieses Prinzip macht das Wesen jeder Naturphilosophie aus. Es kommt sogar im Denken der Atomisten zum Ausdruck. So schrieb Demokrit vor zweitausenddreihundert Jahren:

Wir bezeichnen dem Herkommen entsprechend süß als süß, bitter als bitter, heiß als heiß, kalt als kalt und farbig als farbig. In Wirklichkeit gibt es aber nur Atome und den leeren Raum; das heißt, die Objekte unserer sinnlichen Wahrnehmungen werden für wirklich gehalten, und es ist üblich, sie als wirklich anzusehen, doch sind sie es in Wahrheit gar nicht. Nur Atome und der leere Raum sind wirklich.

Dieser Gedanke kommt in der alten Philosophie nicht über den Charakter einer scharfsinnigen Spekulation hinaus. Naturgesetze für die Zusammenhänge zwischen aufeinanderfolgenden Ereignissen waren den Griechen unbekannt. Die Wissenschaft im Sinne einer Verknüpfung von Theorie und Experiment begann eigentlich erst mit Galilei. Wir haben vorhin die ersten Spuren verfolgt, die zu den Bewegungsgesetzen hinführten. Zweihundert Jahre lang waren Kraft und Materie die Grundbegriffe für alle Bestrebungen der Wissenschaft, das Naturgeschehen zu deuten. Man kann sich unmöglich das eine ohne das andere vorstellen, da Materie ihr Vorhandensein ja nur als Kraftquelle, nämlich durch ihre Einwirkung auf andere Materie, manifestiert.

Nehmen wir das einfachste Beispiel: zwei Partikeln, zwischen denen Kräfte walten. Die Kräfte, die man sich am leichtesten vorstellen kann, sind Anziehung und Abstoßung. In beiden Fällen liegen die Kraftvektoren auf einer gedachten Linie, welche die beiden Massenpunkte miteinander verbindet. Da wir uns immer an das Einfachste halten wollen, denken wir uns also Partikeln, die einander nur anziehen oder abstoßen können. Jede andere Annahme hinsichtlich der Richtung der hier waltenden Kräfte würde ein bedeutend komplizierteres Bild ergeben. Können wir bezüglich der Länge der Kraftvektoren eine ebenso einfache Annahme machen? Selbst wenn wir allzu spezialisierte Annahmen vermeiden wollen, können wir auf jeden Fall eines

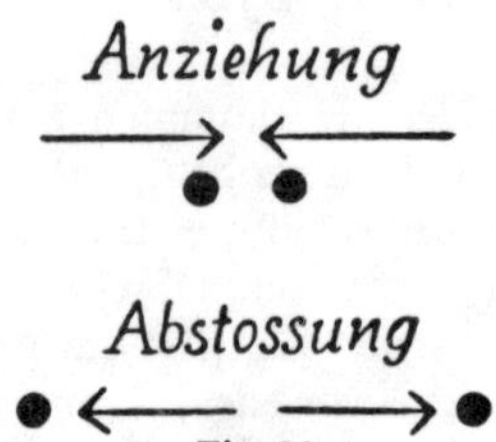

Fig. 21

sagen: Die zwischen zwei bestimmten Partikeln waltende Kraft hängt wie die Massenanziehung lediglich von ihrer gegenseitigen Entfernung ab. Das ist doch wohl einfach genug. Man könnte sich viel kompliziertere Kräfte vorstellen, darunter auch solche, die vielleicht nicht nur von dem gegenseitigen Abstand, sondern auch von der Geschwindigkeit der beiden Partikeln abhängen. Wenn wir Materie und Kraft als Grundbegriffe haben, können wir allerdings kaum etwas Einfacheres postulieren als Kräfte, die entlang einer gedachten Verbindungslinie zwischen den beiden Partikeln wirken und nur von der Entfernung abhängen. Ist es aber wirklich möglich, alle physikalischen Phänomene allein auf Kräfte dieser Art zurückzuführen?

Die großen Errungenschaften, die in allen Zweigen der Mechanik erzielt wurden, der erstaunliche Erfolg, den die mechanistische Auffassung in der Astronomie gehabt hat, die Anwendung mechanistischer Ideen auf scheinbar andersartige und ihrem Wesen nach nichtmechanische Probleme –

alles das hat den Glauben genährt, daß man durchaus alle Erscheinungen auf einfache Kräfte müsse zurückführen können, die zwischen unveränderlichen Objekten walten. Während der ganzen zwei Jahrhunderte, die dem Zeitalter Galileis folgten, läßt sich an fast allen naturwissenschaftlichen Arbeiten nachweisen, daß man teils bewußt, teils unbewußt immer wieder eine derartige Vereinfachung anstrebte. Um die Mitte des neunzehnten Jahrhunderts formulierte Helmholtz das ganz klar:

Letzten Endes müssen wir die Aufgabe der physikalischen Wissenschaft von der Materie somit darin sehen, die Naturerscheinungen auf unveränderliche Anziehungs- und Abstoßungskräfte zurückzuführen, deren Intensität ausschließlich von der Entfernung abhängt. Die vollständige Lösung dieses Problems kommt einer lückenlosen Deutung der Natur gleich.

Demnach ist der Naturwissenschaft ihre Entwicklungslinie unverrückbar vorgezeichnet. Sie muß sich in festen Bahnen bewegen ...

... und ihre Aufgabe ist erfüllt, sobald die Zurückführung der Naturerscheinungen auf einfache Kräfte abgeschlossen und der Beweis erbracht ist, daß diese Vereinfachung die einzig mögliche ist.

Einem Physiker des zwanzigsten Jahrhunderts erscheint diese Ansicht trocken und naiv. Es würde ihn mit Entsetzen erfüllen, wenn er glauben müßte, der kühne Flug der Gedanken, von dem die Forschung getragen wird, könnte schon so bald sein Ende finden und durch ein wenn auch fehlerloses, so doch trostloses Weltbild abgelöst werden, das für alle Zeiten feststeht.

Wenn man mit diesen Lehren auch alles Geschehen auf einfache Kräfte zurückführen zu können vermeinte, so ließ man doch die Frage offen, wie diese Kräfte eigentlich mit der Entfernung zusammenhängen sollten. Es wäre ja denkbar, daß dieses Abhängigkeitsverhältnis für verschiedene Phänomene verschieden sein könnte. Ist man aber genötigt, für verschiedene Vorgänge verschiedene Arten von Kräften einzuführen, so ist das vom Standpunkt des Philosophen aus gesehen sicherlich unbefriedigend. Nichtsdestoweniger spielte dieses sogenannte mechanistische Denken, das von Helmholtz auf die prägnanteste Formel gebracht wurde, seinerzeit eine bedeutende Rolle. Eine der größten Leistungen, die unter dem unmittelbaren Einfluß des mechanistischen Denkens vollbracht wurden, ist die Aufstellung der kinetischen Theorie der Materie.

Bevor wir uns dann später dem Niedergang des mechanistischen Denkens zuwenden, wollen wir aber noch einmal versuchsweise den Standpunkt des Physikers des vergangenen Jahrhunderts einnehmen und zusehen, welche Schlüsse wir aus seiner Vorstellung von der Außenwelt ziehen können.

Die kinetische Theorie der Materie

Ist es möglich, die mit der Wärme zusammenhängenden Erscheinungen aus Bewegungen von Partikeln zu erklären, die mit einfachen Kräften aufeinander einwirken? – Ein geschlossenes Gefäß soll eine gewisse Menge eines Gases, zum Beispiel Luft, mit einer bestimmten Temperatur enthalten. Durch Erwärmung erhöhen wir die Temperatur und vermehren somit die Energie. Was hat diese Wärme aber mit Bewegung zu tun? Der Gedanke an einen solchen Zusammenhang kommt uns sowohl wenn wir uns unseres versuchsweise eingenommenen philosophischen Standpunktes bewußt werden als auch in Anbetracht der Tatsache, daß man Wärme durch Bewegung erzeugen kann. Wärme muß einfach mechanische Energie sein, wenn alle Probleme mechanischer Natur sind. Nun auch den Materiebegriff in diesem Sinne zu fassen, ist der Zweck der kinetischen Theorie, nach der ein Gas eine Ansammlung von ungeheuer vielen Partikeln oder *Molekülen* ist, die sich nach allen Richtungen hin bewegen, fortwährend zusammenstoßen und ihre Bewegungsrichtung bei jeder Kollision ändern. Es muß eine Durchschnittsgeschwindigkeit für Moleküle geben, genauso wie man in einer großen menschlichen Lebensgemeinschaft ein Durchschnittsalter oder ein Durchschnittsvermögen bestimmen kann, und folglich muß es auch eine durchschnittliche kinetische Energie pro Partikel geben. Je mehr Wärme in dem Gefäß vorhanden ist, um so größer ist die durchschnittliche kinetische Energie darin. Nach dieser Vorstellung ist Wärme also keine Spezialform der Energie im Gegensatz zur mechanischen, sondern nichts weiter als die kinetische Energie der Molekularbewegung. Jeder Temperatur entspricht sonach eine bestimmte durchschnittliche kinetische Energie pro Molekül. Das ist absolut keine willkürliche Annahme. Wenn wir unsere Vorstellung von der Materie nämlich konsequent von der Mechanik her aufbauen wollen, sind wir einfach gezwungen, die kinetische Energie der Moleküle als Maßstab für die Temperatur eines Gases anzusehen.

Diese Theorie ist mehr als bloßes Spiel der Gedanken. Es läßt sich nämlich nachweisen, daß die kinetische Gastheorie nicht nur mit dem Experiment vereinbar ist, sondern darüber hinaus zu einem tieferen Verständnis der Gesetzmäßigkeiten führt. Das soll jetzt an Hand weniger Beispiele illustriert werden.

Ein Gefäß, das mit einem frei beweglichen, mit Gewichten beschwerten Kolben verschlossen ist, soll eine bestimmte Menge eines Gases enthalten, dessen Temperatur auf gleicher Höhe gehalten wird. Wenn der Kolben sich anfänglich in einer bestimmten Stellung in der Ruhelage befindet, kann er durch Wegnehmen von Gewichten aufwärts und durch Beschweren abwärts bewegt werden. Will man den Kolben nach unten pressen, muß man sich dazu einer Kraft bedienen, die dem Druck, der dem Gas innewohnt, entgegenwirkt. Wie kommt dieser Druck nach der kinetischen Theorie zustande? Nun, eine Unzahl von Partikeln, aus denen sich das Gas ja zusammensetzt, bewegt sich nach allen Richtungen. Die Teilchen bombardieren die Wände und den Kolben und prallen ab wie Bälle, die man gegen die Mauer schleudert. Dieses ständige Bombardement durch eine Unmenge von Partikeln sorgt dafür, daß die Schwerkraft, die den Kolben mit den Gewichten nach unten ziehen möchte, ausgeglichen wird, so daß er sich in einer bestimm-

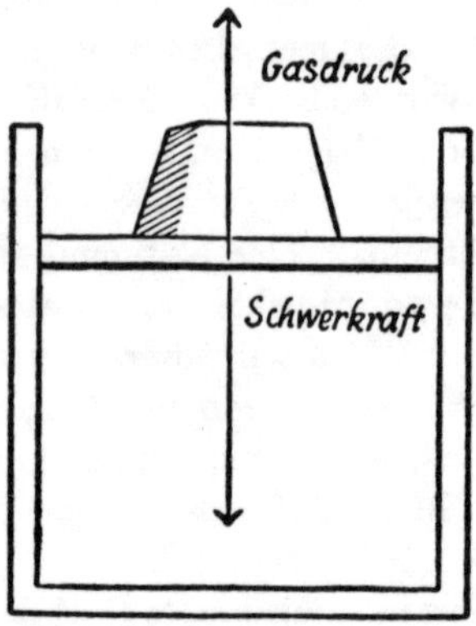

Fig. 22

ten Höhe hält. Nach der einen Richtung zieht die immer gleichbleibende Schwerkraft, in der anderen wirken zahllose unregelmäßige, von den Molekülen herrührende Stöße. Wenn das Gleichgewicht erhalten bleiben soll, muß die Gesamtwirkung aller dieser kleinen ungleichmäßigen Kräfte auf den Kolben gleich dem von der Schwerkraft ausgeübten Einfluß sein.

Nehmen wir an, der Kolben würde nun nach unten gestoßen, so daß er das Gas auf einen Bruchteil seines früheren Volumens, sagen wir, auf die Hälfte, komprimiert, wobei die Temperatur jedoch nach wie vor unverändert bleiben soll. Was wird jetzt, nach der kinetischen Theorie, geschehen? Tritt die durch das Bombardement erzeugte Kraft stärker oder schwächer in Erscheinung als vorher? Nun, die Partikeln sind ja fester zusammengeballt, und wenn die durchschnittliche kinetische Energie auch noch immer die gleiche ist, so ereignen sich jetzt doch häufiger als zuvor Zusammenstöße von Partikeln mit dem Kolben, wodurch die Kraft in ihrer Gesamtheit wachsen wird. Aus dieser Darstellung erhellt, daß nach der kinetischen Theorie mehr Gewicht gebraucht wird, um den Kolben in der neuen, tieferen Stellung zu halten. Daß diese Vermutung den Tatsachen entspricht, ist allgemein bekannt. Sie ergibt sich aber auch ohnedies als logische Folge aus unserer Theorie, mit der wir den Aufbau der Materie kinetisch erklären wollen.

Ändern wir unsere Versuchsanordnung ein wenig ab! Denken wir uns zwei Gefäße, die gleiche Volumina verschiedener Gase, sagen wir Wasserstoff und Stickstoff, von gleicher Temperatur enthalten! Beide Gefäße sollen mit gleichartigen, gleichmäßig beschwerten Kolben verschlossen sein, kurz, beide Gase haben gleiches Volumen sowie gleiche Temperatur und stehen unter gleichem Druck. Da die Temperatur gleich ist, muß nach unserer Theorie für die durchschnittliche kinetische Energie pro Partikel dasselbe gelten. Da auch der Druck in beiden Fällen gleich ist, werden die beiden Kolben mit der gleichen Gesamtkraft bombardiert. Im Durchschnitt haben also alle Partikeln die gleiche Energie, und da beide Gefäße überdies das gleiche Volumen haben, *muß die Zahl der Moleküle in beiden die gleiche sein*, wenn die Gase auch chemisch verschieden sind. Diese Erkenntnis ist für das Verständnis vieler chemischer Vorgänge überaus wichtig. Sie besagt nämlich, daß die Anzahl der Moleküle, die bei einer bestimmten Temperatur und einem bestimmten Druck einen bestimmten Rauminhalt erfüllen, nicht nur für ein bestimmtes Gas, sondern für alle Gase die gleiche sein muß. Es ist höchst beachtlich, daß die kinetische Theorie nicht nur die Existenz einer solchen Universalzahl voraussagt, sondern sogar ihre genaue Berechnung ermöglicht. Wir werden gleich darauf zurückkommen.

Die kinetische Theorie der Materie erklärt die für Gase geltenden, experimentell gefundenen Gesetze sowohl *quanti-*

tativ als auch *qualitativ.* Überdies bleibt sie durchaus nicht auf die Gase beschränkt, wenn auch auf diesem Gebiet ihre größten Erfolge liegen.

Gase kann man durch eine Senkung der Temperatur verflüssigen. Eine Abkühlung von Materie kommt einer Verminderung der durchschnittlichen kinetischen Energie ihrer Partikeln gleich. Es ist somit klar, daß die durchschnittliche kinetische Energie einer Flüssigkeitspartikel geringer ist als die einer entsprechenden Gaspartikel.

Die erste Manifestation der Bewegung von Flüssigkeitspartikeln, die der Wissenschaft bekannt wurde, war die sogenannte *Brownsche Bewegung*, ein erstaunliches Phänomen, das ohne die kinetische Theorie der Materie völlig mysteriös und unbegreiflich bleiben müßte. Diese Bewegung wurde von dem Botaniker Brown beobachtet und acht Jahre später, zu Beginn unseres Jahrhunderts, gedeutet. Das einzige, für die Beobachtung der Brownschen Bewegung erforderliche Gerät ist ein Mikroskop; es braucht nicht einmal ein besonders gutes zu sein.

Brown arbeitete mit den Pollen bestimmter Pflanzen, also mit ...

... an sich ungewöhnlich großen Partikeln oder Körnchen, deren Durchmesser zwischen einem Viertausendstel und etwa einem Fünftausendstel eines Zolls (fünf bis sechs tausendstel Millimeter) schwankt.

Er fährt dann fort:

Während ich die Form dieser Partikeln, die ich in Wasser untergetaucht hatte, untersuchte, nahm ich wahr, daß viele von ihnen sich unzweifelhaft bewegten ... Diese Bewegungen waren von der Art, daß ich nach wiederholten weiteren Beobachtungen die feste Überzeugung gewann, daß sie weder auf Strömungen innerhalb der Flüssigkeit noch auf deren allmähliche Verdunstung zurückzuführen sein konnten; daß sie vielmehr den Partikeln selbst eigentümlich waren.

Was Brown beobachtete, das war eine unaufhörliche

Rüttelbewegung, von der die Körnchen erfaßt werden, wenn sie im Wasser frei schweben – eine Bewegung, die sich durch das Mikroskop beobachten läßt. Ein überaus imposanter Anblick!

Spielt es eine Rolle, von welcher Pflanzengattung der Blütenstaub stammt? Brown löste diese Frage dadurch, daß er das Experiment mit den Produkten von vielen verschiedenen Pflanzen wiederholte. Er fand, daß Körnchen aller Art, sofern sie nur klein genug sind, eine derartige Bewegung ausführen, sobald sie ins Wasser kommen. Darüber hinaus wies er die gleiche rastlose, unregelmäßige Bewegung auch bei sehr kleinen Partikeln von anorganischen und organischen Substanzen nach. Auch als er das pulverisierte Fragment von einem Nachtfalter nahm, machte er die gleiche Beobachtung!

Wie läßt sich diese Bewegung erklären? Sie scheint in Widerspruch zu allen früheren Erfahrungen zu stehen. Wenn wir die Position einer frei schwebenden Partikel einmal, sagen wir, alle 30 Sekunden registrieren, so sehen wir erst, welch seltsame Bahn sie beschreibt. Das Erstaunlichste ist der scheinbar ewige Charakter der Bewegung. Wenn man ein hin und her schwingendes Pendel ins Wasser steckt, so kommt es bald zum Stehen, wenn es nicht durch irgendeine äußere Kraft neuen Antrieb erhält. Die Existenz einer niemals nachlassenden Bewegung steht offensichtlich in Widerspruch zu jeder Erfahrung. Diese Schwierigkeit wurde jedoch mit Hilfe der kinetischen Theorie der Materie blendend gemeistert.

Selbst wenn wir dem Wasser mit den stärksten Mikroskopen zu Leibe gehen, können wir keine Moleküle oder eine Bewegung derselben wahrnehmen, die es ja nach der kinetischen Theorie der Materie geben soll. Daraus müssen wir schließen, daß die Partikeln von einer Größenordnung sind, der das Auflösungsvermögen selbst der besten Mikroskope nicht gewachsen ist, sofern es überhaupt stimmt, daß Wasser eine Ansammlung von Partikeln ist. Bleiben wir aber ruhig weiterhin bei unserer Theorie, und nehmen wir an, daß sie eine lückenlose Deutung der tatsächlichen Verhältnisse ermögliche. Die im Mikroskop sichtbaren Brownschen Partikeln werden von den noch kleineren Partikeln, aus denen sich das Wasser selbst zusammensetzt, bombardiert. Die Brownsche Bewegung tritt immer dann auf, wenn die bombardierten Partikeln nur klein genug sind, und sie wird dadurch hervorgerufen, daß dieses Bombardement nicht von allen Seiten gleichmäßig erfolgt und somit auf Grund seines unregelmäßigen und vom Zufall regierten Charakters nicht ausgewogen sein kann. Die beobachtete Bewegung ist also nur das Ergebnis einer nicht wahrnehmbaren. Das Verhalten der großen Partikeln spiegelt in gewisser Beziehung das der Moleküle wider und stellt sozusagen eine Vergrößerung dar, die so stark ist, daß die Bewegung durch das Mikroskop gesehen werden kann. Die Unregelmäßigkeit und Unberechenbarkeit der Bahnen, welche die Brownschen Partikeln beschreiben, läßt darauf schließen, daß die Bahnen der kleineren Partikeln, aus denen sich die Materie zusammensetzt, genauso unregelmäßig sind. Man begreift, daß eine quantitative Untersuchung der Brownschen Bewegung uns einen tieferen Einblick in die kinetische Theorie der Materie vermitteln müßte. Es liegt auf der Hand, daß die sichtbare Brownsche Bewegung mit der Größe der unsichtbaren Moleküle zusammenhängt, die das Bombardement ausführen. Die Brownsche Bewegung wäre undenkbar, wenn die bombardierenden Moleküle nicht eine gewisse Energie oder, um es anders auszudrücken, eine bestimmte Masse und eine bestimmte Geschwindigkeit hätten. Es nimmt daher nicht wunder, daß die Untersuchung der Brownschen Bewegung eine Bestimmung der Molekularmasse ermöglicht.

In mühsamer Forschungsarbeit theoretischer und experimenteller Art wurden die quantitativen Aspekte der kinetischen Theorie geklärt. Die Spur, auf die uns das Phänomen der Brownschen Bewegung gebracht hat, war eine von denen, die zu quantitativen Daten führten. Man kann diese Daten auf verschiedene Art und Weise und von ganz verschiedenen Seiten her erhalten. Es ist von größter Bedeutung, daß mit allen diesbezüglichen Methoden eine Bestätigung ein und derselben Theorie erbracht werden kann; denn das ist ein Beweis für die innere Logik der kinetischen Theorie der Materie.

Hier soll nur eines der vielen quantitativen Resultate angeführt werden, zu denen man in experimenteller und theoretischer Arbeit gelangt ist. Nehmen wir an, wir haben ein Gramm des leichtesten aller Elemente, des Wasserstoffes, und wollen wissen, wie viele Partikeln in diesem einen Gramm enthalten sind. Das Ergebnis gilt dann nicht nur für Wasserstoff, sondern auch für alle anderen Gase; denn wir wissen ja bereits, unter welchen Umständen zwei Gasquantitäten die gleiche Zahl von Partikeln enthalten.

Die Theorie setzt uns in die Lage, diese Aufgabe mit Hilfe gewisser Messungen der an frei schwebenden Partikeln beobachteten Brownschen Bewegung zu lösen. Das Ergebnis ist eine unglaublich große Zahl: eine Drei mit 23 Stellen! In einem Gramm Wasserstoff sind 303 000 000 000 000 000 000 000 Moleküle enthalten.

Denken wir uns die Moleküle eines Gramms Wasserstoff einmal so sehr vergrößert, daß sie mikroskopisch sichtbar wären, will sagen, daß sie einen Durchmesser von fünf tausendstel Millimeter bekämen, wie ihn die Brownschen Partikeln haben. Wir würden dann eine Kiste mit einer Seitenlänge von etwa 400 m brauchen, wenn wir sie dicht an dicht verpacken wollten!

Die Masse einer solchen Wasserstoffpartikel können wir unschwer berechnen, wenn wir die Zahl Eins durch die eben angeführte Zahl dividieren. Das Ergebnis ist die unvorstellbar kleine Zahl

$$0{,}000\,000\,000\,000\,000\,000\,000\,0033;$$

und das ist also die Masse eines Wasserstoffmoleküls in Gramm.

Die Experimente mit der Brownschen Bewegung sind nur ein paar von den vielen voneinander unabhängigen Versuchen, die alle eine Bestimmung dieser für die Physik so wichtigen Zahl ermöglichen.

In der kinetischen Theorie der Materie sehen wir, wie auch in allen den bedeutenden Errungenschaften, die wir ihr verdanken, die Realisierung eines bestimmten allgemeinen philosophischen Programms, das darauf abzielt, alle Erscheinungen auf eine zwischen Materieteilchen existierende Wechselwirkung zurückzuführen.

Wir fassen zusammen:

In der Mechanik läßt sich der Weg, den ein in Bewegung befindlicher Körper beschreibt, vorausberechnen, und auch seine Vergangenheit kann man bestimmen, wenn sein gegenwärtiger Zustand samt den Kräften bekannt ist, die auf ihn einwirken. So kann man zum Beispiel alle Planetenbahnen vorausberechnen. Die hierbei mitspielenden Kräfte sind durch die Newtonsche Massenanziehung gegeben, die einzig und allein von der Entfernung abhängt. Die großartigen Erfolge der klassischen Mechanik legen den Gedanken nahe, das mechanistische Denken müsse sich folgerichtig auf alle Zweige der Physik ausdehnen lassen, und alle Erscheinungen müßten aus dem Walten von Kräften erklärt werden können, die sich entweder als Anziehung oder als Abstoßung äußern, ausschließlich von der Entfernung abhängen und zwischen unveränderlichen Partikeln wirksam sind.

An der kinetischen Theorie der Materie sehen wir, wie diese Gedankengänge, ausgehend von mechanischen Problemen, später auf die Wärmephänomene übergreifen und letzten Endes eine brauchbare Vorstellung von der Struktur der Materie liefern.

DER NIEDERGANG
DES MECHANISTISCHEN DENKENS

Die beiden elektrischen Fluida

Die nächsten Seiten bringen eine mehr oder weniger eintönige Schilderung einiger sehr einfacher Experimente, die schon einmal deshalb langweilig ist, weil die bloße Beschreibung von Versuchen niemals so interessant sein kann wie

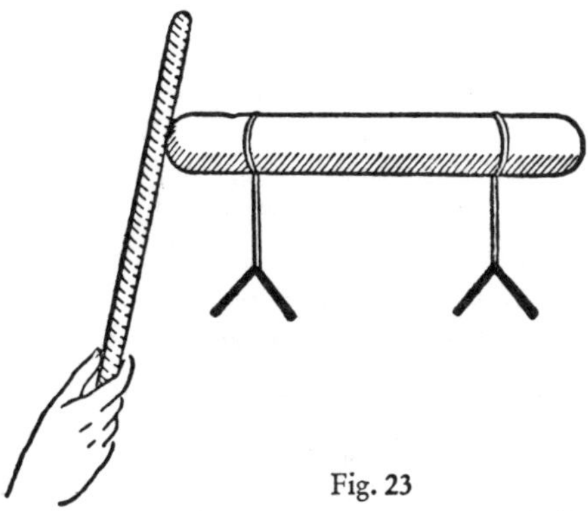

Fig. 23

ihre praktische Durchführung, dann aber auch, weil ihr Sinn erst klar wird, wenn man von der Theorie her an sie herangeht. Wir wollen damit gleichzeitig ein besonders augenfälliges Beispiel für den Wert der Theorie in der Physik geben.

1. Ein Metallstab ruht auf einem Glasfuß, und seine beiden Enden sind mit Drähten an je ein Elektroskop angeschlossen. Was ist ein Elektroskop? Nun, ein einfacher Apparat, der im wesentlichen aus zwei Blattgoldstreifen besteht, die am unteren Ende eines kurzen Metallstumpfes angehängt sind. Das Ganze steckt in einer Glasflasche, und das darin befindliche Metall kommt nur mit nichtmetallischen Körpern, sogenannten Isolatoren, in Berührung.

Außer Elektroskop und Metallstab haben wir noch einen Hartgummistab und einen Flanellappen.

Das Experiment wird folgendermaßen ausgeführt: Zunächst sehen wir nach, ob die Streifen im zusammengelegten Zustand herunterhängen; denn das sollen sie normalerweise. Ist das zufällig nicht der Fall, so können wir es sofort in Ordnung bringen, indem wir den Metallstab mit dem Finger berühren. Sind diese Vorbereitungen erledigt, reiben wir den Hartgummistab kräftig mit dem Flanelltuch und halten ihn dann an das Metall. Sofort klaffen die Streifen auseinander! Sie bleiben sogar auch dann noch gespreizt, wenn wir den Stab schon wieder weggenommen haben.

2. Nun kommt ein anderes Experiment, zu dem wir den gleichen Apparat verwenden wie vorher. Wieder hängen die Streifen zu Anfang zusammengelegt herab. Dieses Mal bringen wir den Gummistab aber nicht direkt mit dem Metall in Berührung, sondern halten ihn nur in die Nähe. Wieder klaffen die Streifen auseinander, nur sinken sie augenblicklich in ihre Ausgangsstellung zurück, wenn der Stab wieder weggenommen wird, ohne das Metall berührt zu haben, während sie bei dem vorigen Versuch ja gespreizt blieben.

3. Für das dritte Experiment wollen wir unseren Apparat etwas umändern. Nehmen wir an, der Metallstab bestünde aus zwei Teilen, die lose aneinandergefügt sind. Wir reiben nun wieder den Gummistab mit dem Tuch und nähern ihn dem Metall. Es geschieht das gleiche: die Streifen klaffen auseinander. Jetzt wollen wir aber den Metallstab erst in seine beiden Teile zerlegen und dann erst den Gummistab wegnehmen. Ergebnis: die Streifen bleiben gespreizt, statt wie beim zweiten Experiment in die Ausgangsstellung zurückzukehren.

Für diese einfachen und naiven Experimente wird kaum jemand ein brennendes Interesse aufbringen. Im Mittelalter hätte man dem Experimentator wahrscheinlich noch den Prozeß gemacht, uns kommen die Versuche aber langweilig und außerdem unlogisch vor. Es wäre jedoch schwierig, sie nach einmaligem Durchlesen obiger Schilderung fehlerlos nachzumachen. Mit ein wenig Theorie können wir sie aber ganz gut verstehen, ja, man kann sogar sagen, daß eine planlose, rein zufällige Durchführung solcher Experimente, ohne daß bereits mehr oder weniger fest umrissene Ideen über ihren Sinn und Zweck existieren, kaum denkbar ist.

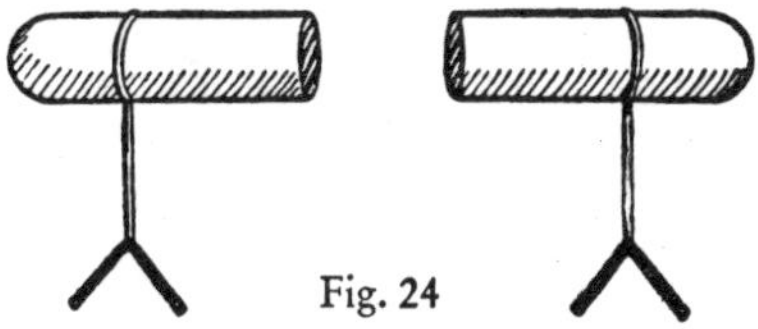

Fig. 24

Wir wollen nun einmal die Grundideen einer sehr einfachen und naiven Theorie umreißen, mit der man alle die geschilderten Erscheinungen deuten könnte:

Es gibt zwei *elektrische Fluida*, ein sogenanntes *positives* Fluidum (+) und ein *negatives* (–). In dem weiter oben besprochenen Sinne, nämlich insofern, als sie mengenmäßig vermehrt oder vermindert werden können, haben diese Fluida in gewisser Weise substantiellen Charakter, doch bleibt ihr Gesamtbetrag in jedem isolierten System immer gleich. Dennoch besteht ein wesentlicher Unterschied zwischen der Elektrizität und den Erscheinungen, bei denen es sich um Wärme, Materie oder Energie handelt; denn wir haben zweierlei elektrische Substanz. Mit dem Geldvergleich von vorhin können wir hier nur dann arbeiten, wenn wir ihn etwas verallgemeinern: Ein Körper ist elektrisch neutral, wenn die positiven und negativen elektrischen Fluida einander genau aufheben. Wenn ein Mensch kein Geld hat, so entweder deshalb, weil er tatsächlich gar nichts besitzt, oder aber, weil der Geldbetrag, den er in seinem Tresor aufbewahrt, genau gleich der Summe seiner Schulden ist. So könnte man die Eintragungen in den Rubriken Soll und Haben seines Hauptbuches mit den beiden elektrischen Fluida vergleichen.

Die nächste Annahme unserer Theorie ist die, daß zwei gleichnamige elektrische Fluida einander abstoßen, während zwei ungleichnamige sich anziehen. Das kann man graphisch auf folgende Art und Weise darstellen:

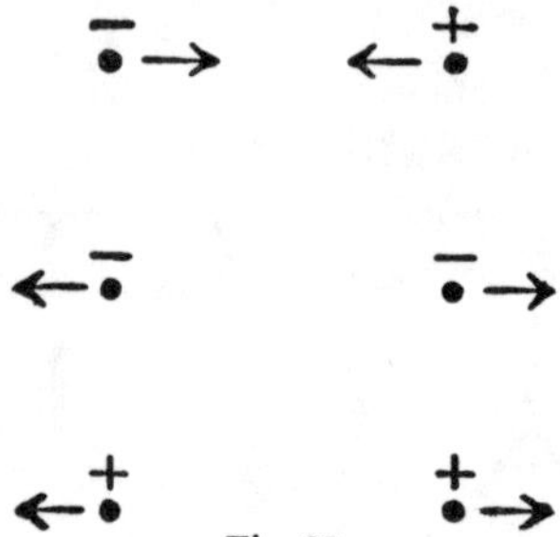

Fig. 25

Wir müssen aber noch ein letztes Postulat in unsere Theorie aufnehmen: Es gibt zwei Arten von Körpern, solche, in denen die Fluida sich ungehindert bewegen können, sogenannte *Leiter*, und solche, in denen das nicht der Fall ist, sogenannte *Nichtleiter* oder *Isolatoren*. Wie immer in derartigen Fällen, dürfen wir es mit dieser Klassierung nicht allzu genau nehmen. Ideale Leiter bzw. Isolatoren gibt es in Wirklichkeit nicht. Metalle, Erde, menschlicher Körper – das sind Leiter, deren Qualität allerdings verschieden ist. Glas, Gummi, Porzellan und dergleichen zählen zu den Isolatoren. Die Luft kann nur teilweise als Isolator angesehen werden, wie jedermann weiß, der schon einmal bei Experimenten wie den oben geschilderten zugesehen hat. Es gilt immer als gute Ausrede, wenn man das Mißlingen elektrostatischer Experimente der Luftfeuchtigkeit zuschreibt, die ja die Leitfähigkeit erhöht.

Die genannten theoretischen Annahmen reichen zur Erklärung der drei beschriebenen Experimente aus. Wir wollen sie nun noch einmal in der gleichen Reihenfolge durchsprechen, und zwar im Lichte der Theorie von den elektrischen Fluida:

1. Der Gummistab ist, wie andere Körper unter normalen

Verhältnissen auch, elektrisch neutral. Er enthält zweierlei Fluida, nämlich positive und negative Elektrizität, zu gleichen Teilen. Wenn wir ihn mit Flanell reiben, scheiden wir diese beiden Fluida. Das ist eine rein konventionelle Vorstellung, eine Anwendung der aus der Theorie entwickelten Terminologie auf die Beschreibung dessen, was beim Reiben des Stabes geschieht. Die Elektrizitätsart, die nachher in dem Stab überwiegt, nennen wir die negative, und auch das ist natürlich reine Formsache. Wenn wir zu den Versuchen einen Glasstab verwendet und diesen mit einem Katzenfell gerieben hätten, würden wir auf Grund der geltenden Regeln genötigt gewesen sein, den Elektrizitätsüberschuß positiv zu nennen. Im weiteren Verlauf des Experimentes übertragen wir dadurch elektrisches Fluidum auf den metallenen Leiter, daß wir ihn mit dem Gummistab berühren. Hier kann es sich ungehindert bewegen und über das ganze Metall einschließlich der Blattgoldstreifen ausbreiten. Da zwei negative Ladungen einander abstoßen, zeigen die beiden Streifen das Bestreben, sich möglichst weit voneinander zu entfernen. Das Ergebnis ist die beobachtete Spreizung. Da das Metall in Glas oder einen anderen Isolator gebettet ist, verharrt das Fluidum auf dem Leiter, solange die Leitfähigkeit der Luft das zuläßt. Wir verstehen jetzt auch, warum wir vor Beginn des Experimentes das Metall berühren müssen. Tun wir das, so bilden Metall, Körper und Erde nämlich einen einzigen riesigen Leiter, über den das elektrische Fluidum sich so fein verteilt, daß auf dem Elektroskop praktisch nichts mehr zurückbleibt.

2. Dieses Experiment beginnt genauso wie das vorhergehende, nur daß der Gummistab, statt das Metall zu berühren, diesem lediglich angenähert werden darf. Die beiden in dem Leiter vorhandenen Fluida werden geschieden, da sie sich ja frei bewegen können; das eine wird angezogen, das andere abgestoßen. Wird der Gummistab entfernt, vermischen sie sich wieder, da ungleichnamige Fluida einander, wie wir wissen, anziehen.

3. Der Gummistab wird erst dann weggenommen, wenn der Metallstab in seine beiden Hälften zerlegt ist. In diesem Falle können die beiden Fluida sich nicht wieder miteinander vermischen, so daß die Blattgoldstreifen gespreizt bleiben, weil sie ja jeweils überwiegend mit einem der beiden elektrischen Fluida geladen sind.

Im Lichte dieser einfachen Theorie erscheinen alle bisher besprochenen Gesetzmäßigkeiten durchaus verständlich, ja,

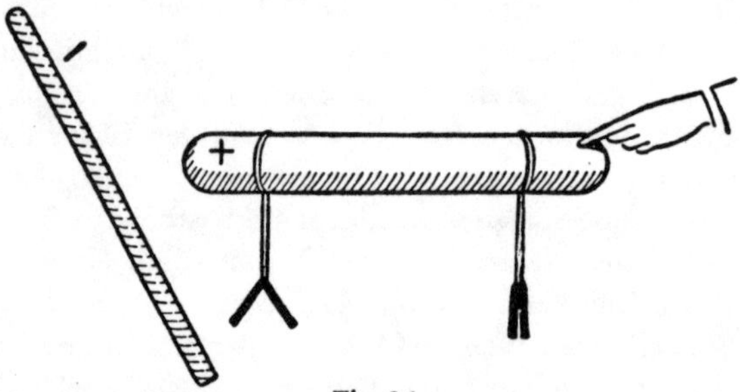

Fig. 26

wir können damit sogar noch viele andere Tatsachen aus dem Reiche der Elektrostatik – wie dieses Gebiet genannt wird – erklären. Theorien haben den Zweck, uns auf neue Gesetzmäßigkeiten aufmerksam zu machen, zu neuen Experimenten anzuregen und die Wege zur Entdeckung neuer Phänomene und Gesetze zu ebnen. Ein Beispiel möge das verdeutlichen. Stellen wir uns den zweiten Versuch in etwas veränderter Form vor: Ich halte den Gummistab in die Nähe des Metalls und berühre den Leiter gleichzeitig mit dem Finger. Was geschieht? Nun, nach der Theorie wird das abgestoßene Fluidum (–) durch meinen Körper entweichen, so daß nur das andere, das positive, zurückbleibt. Nur die Streifen des Elektroskops, das dem Gummistab am nächsten ist, bleiben gespreizt. Führen wir diesen Versuch praktisch durch, so finden wir unsere Voraussage bestätigt.

Die Theorie, mit der wir hier arbeiten, ist, vom Standpunkt der modernen Physik aus betrachtet, zweifellos naiv und unzulänglich, doch ist sie insofern typisch, als sie die charakteristischen Merkmale der physikalischen Theorie schlechthin besitzt.

In der Naturwissenschaft gibt es keine Theorien von ewiger Gültigkeit. Es kommt immer wieder vor, daß der eine oder andere Umstand, der nach der Theorie eintreten müßte, bei experimenteller Nachprüfung ausbleibt. Jede Theorie unterliegt einem allmählichen Entwicklungsprozeß, und jede hat ein Stadium der Triumphe, um danach womöglich sehr rasch in der Versenkung zu verschwinden. Aufstieg und Niedergang der substantiellen Wärmetheorie, die wir schon besprochen haben, bilden nur eines von vielen Beispielen. Weitere, und zwar solche mit noch größerer Tragweite und Bedeutung, wollen wir später behandeln. Fast jeder große wissenschaftliche Fortschritt ergibt sich aus der Krise einer überalterten Theorie. Zunächst bemüht man sich in solchen Fällen immer, aus den Schwierigkeiten, die sich im Laufe der Zeit aufgetürmt haben, einen Ausweg zu finden. So müssen wir uns in altes Gedankengut, alte Theorien versenken, auch wenn sie längst der Vergangenheit angehören; denn sonst können wir Bedeutung und Geltungsbereich neuer Ideen niemals richtig einschätzen.

Auf den ersten Seiten dieses Buches haben wir die Rolle des Wissenschaftlers mit der eines Detektivs verglichen, der, nachdem er das erforderliche Tatsachenmaterial gesammelt hat, die richtige Lösung durch bloßes Nachdenken finden muß. In einem wesentlichen Punkte muß dieser Vergleich als äußerst oberflächlich bezeichnet werden. Sowohl im wirklichen Leben als auch im Kriminalroman ist das Verbrechen selbst nämlich gegeben. Der Detektiv muß sich nach Briefen, Fingerabdrücken, Projektilen, Schußwaffen und dergleichen umsehen, doch weiß er jedenfalls gewöhnlich, daß ein Mordfall vorliegt. Beim Wissenschaftler liegt der Fall nicht so einfach. Es ist gar nicht so schwer, sich einen Menschen vorzustellen, der absolut keine Ahnung von der Elektrizität hat; schließlich lebten ja die Alten auch vergnügt und munter, ohne sie zu kennen. Wenn man einem solchen Menschen nun ein Stück Metall, ferner Blattgold, Flaschen, Hartgummistab und Flanelltuch in die Hand gibt, kurz, das ganze Material, das für die Durchführung unserer drei Experimente notwendig ist, so wird er am Ende, selbst wenn es sich um eine sehr gebildete Person handelt, die Flaschen mit Wein füllen und den Lappen zum Putzen verwenden, niemals aber auf den Gedanken kommen, die oben geschilderten Prozeduren auszuführen. Für den Detektiv ist das Verbrechen gegeben, das Problem gestellt: Wer hat Cock Robin ermordet? oder so etwas; der Wissenschaftler aber muß, wenn man so sagen darf, sein Verbrechen, zumindest teilweise, selbst begehen. Dann erst kann er mit der Untersuchung beginnen. Überdies besteht seine Aufgabe nicht nur darin, einen bestimmten Einzelfall zu klären, sondern vielmehr alle Vorgänge zu deuten, die sich abgespielt haben bzw. noch abspielen können.

Die Einführung des Fluidumbegriffes geht auf den Einfluß der mechanistischen Ideen zurück, die auf eine Erklärung allen Geschehens mit Substanzen und einfachen, zwischen diesen Substanzen waltenden Kräften ausgerichtet sind. Wenn wir feststellen wollen, ob sich die mechanistische Methode wirklich für die Beschreibung elektrischer Phänomene eignet, müssen wir uns mit dem folgenden Problem befassen:

Wir denken uns zwei kleine Kugeln, die beide elektrisch geladen sind, die also beide einen Überschuß an einem der elektrischen Fluida haben. Wir wissen, daß diese Kugeln einander entweder anziehen oder abstoßen. Hängt diese Kraft aber nur mit ihrem gegenseitigen Abstand zusammen, und wenn ja, dann wie? Nun, die einfachste Annahme scheint die zu sein, daß zwischen dieser Kraft und der Entfernung der gleiche Zusammenhang besteht wie im Falle der Massenanziehung, die ja zum Beispiel auf ein Neuntel ihrer Intensität absinkt, wenn die Entfernung verdreifacht wird. Die von Coulomb angestellten Versuche zeigten nun, daß dieses Gesetz tatsächlich auch hier gilt. Hundert Jahre nachdem Newton das Gravitationsgesetz gefunden hatte, entdeckte Coulomb ein ganz ähnliches Abhängigkeitsverhältnis der elektrischen Kräfte von der Entfernung. Die beiden bedeutendsten Unterschiede zwischen Newtons Gesetz und dem von Coulomb sind die folgenden: Die Anziehungskraft der Gravitation ist immer wirksam, während elektrische Kräfte nur dann gegeben sind, wenn die betreffenden Körper elektrische Ladungen besitzen. Ferner gibt es im Falle der Gravitation nur Anziehung, während elektrische Kräfte sowohl anzuziehen als auch abzustoßen vermögen.

Hier erhebt sich wieder die gleiche Frage, mit der wir uns schon bei der Behandlung der Wärme auseinanderzusetzen hatten: Sind die elektrischen Fluida schwerelose Substanzen oder nicht? Mit anderen Worten: Ist das Gewicht eines Stückes Metall im neutralen und im geladenen Zustand immer gleich? Unsere Waagen zeigen keinerlei Unterschied an. Daraus schließen wir, daß die elektrischen Fluida gleichfalls zur Gruppe der schwerelosen Substanzen zählen.

Die weitere Entwicklung der Elektrizitätslehre bringt wieder zwei neue Begriffe mit sich. Strenge Definitionen wollen wir wie bisher vermeiden und uns statt dessen einer Gegenüberstellung der neuen mit bereits bekannten Begriffen bedienen. Wir entsinnen uns, wie wesentlich es für das Verständnis der Wärmephänomene war, die Wärme selbst von der Temperatur zu unterscheiden. Hier müssen wir nun in derselben Weise zwischen elektrischem Potential und elektrischer Ladung unterscheiden, was sich am besten durch folgende Gegenüberstellung verdeutlichen läßt:

elektrisches Potential	–	Temperatur,
elektrische Ladung	–	Wärme.

Zwei Leiter, zum Beispiel zwei verschieden große Kugeln, die gleiche elektrische Ladungen, das heißt, einen gleichen Überschuß an einem der beiden elektrischen Fluida haben, werden ihrem Potential nach dennoch verschieden sein, und zwar wird die kleinere Kugel ein höheres und die größere ein niedrigeres Potential aufweisen. In dem kleinen Leiter hat das elektrische Fluidum eine größere Dichte, so daß es stärker zusammengedrängt ist als in dem anderen. Da die abstoßenden Kräfte naturgemäß mit zunehmender Dichte größer werden müssen, ist die Ladung der kleineren Kugel intensiver als die der großen bestrebt, sich „loszureißen“. Das Bestreben, vom Leiter zu entweichen, ist ein direkter Maßstab für das Potential einer Ladung. Um den Unterschied zwischen Ladung und Potential noch klarer herauszuarbeiten, wollen wir ein paar Sätze aufstellen, die das Verhalten erwärmter Körper beschreiben, und diesen dann die entsprechenden, für geladene Leiter geltenden Aussagen gegenüberstellen.

WÄRME	ELEKTRIZITÄT
Zwei Körper, die ursprünglich verschiedene Temperaturen haben, erreichen nach einiger Zeit die gleiche Temperatur, wenn sie miteinander in Berührung gebracht werden.	Zwei isolierte Leiter, die ursprünglich verschiedenes elektrisches Potential haben, erreichen sehr rasch das gleiche Potential, wenn der Kontakt zwischen ihnen hergestellt wird.
Gleiche Wärmemengen rufen bei zwei Körpern, deren Wärmekapazität verschieden ist, verschiedene Temperaturänderungen hervor.	Gleich große elektrische Ladungen rufen bei zwei Körpern, deren elektrische Kapazität verschieden ist, verschiedene Veränderungen des elektrischen Potentials hervor.
Ein Thermometer, das mit einem Körper in Berührung kommt, zeigt – durch die Länge seiner Quecksilbersäule – seine Eigentemperatur und somit die Temperatur des Körpers an.	Ein Elektroskop, das mit einem Leiter Kontakt hat, zeigt – durch die Spreizung der Blattgoldstreifen – sein eigenes elektrisches Potential und somit das des Leiters an.

Diese Analogie darf man nun freilich nicht zu weit treiben. Wir wollen ein Beispiel anführen, das sowohl die Unterschiede als auch die Parallelen zwischen Wärme und Elektrizität verdeutlicht. Wenn man einen heißen Körper mit einem kalten in Berührung bringt, so strömt die Wärme vom heißeren zum kälteren hinüber. Nehmen wir auf der anderen Seite zwei isolierte Leiter mit gleichen, aber ungleichnamigen Ladungen, einer positiven und einer negativen, so ist das Potential dennoch bei beiden verschieden. Der Gepflogenheit gemäß betrachten wir das Potential einer negativen Ladung als das niedrigere, während das einer positiven Ladung als das höhere gilt. Wenn die beiden Leiter miteinander in Berührung gebracht oder mit einem Draht verbunden werden, dürfen sie nach der Theorie von den elektrischen Fluida keine Ladung und somit auch keinerlei elektrische Potentialdifferenz mehr zeigen. Wir können uns nur denken, daß die elektrische Ladung während der kurzen Zeit, in der sich der Ausgleich der Potentialdifferenz vollzieht, von einem Leiter zum anderen „fließt". Wie aber soll das vor sich gehen? Fließt das positive Fluidum zum negativen Körper oder strömt das negative Fluidum zum positiven hinüber?

Die bisher besprochenen Gesetzmäßigkeiten bieten keinerlei Handhabe für eine Wahl zwischen diesen beiden Alternativen. Wir können es damit nach Belieben halten oder auch annehmen, daß die Strömungsvorgänge sich in beiden Richtungen gleichzeitig vollziehen. Das Ganze ist eben reine Formsache, und wofür wir uns auch entscheiden, dürfen wir unserer Wahl doch keinerlei sonstige Bedeutung beimessen; denn es ist uns kein Verfahren bekannt, das eine experimentelle Lösung dieser Frage erlaubte. Erst die weitere Entwicklung, die eine viel tiefgründigere Elektrizitätslehre brachte, ermöglichte auch eine Lösung dieses Problems – eine Lösung, die vollkommen sinnlos erschiene, wenn man sie mit den Mitteln der simplen und primitiven Theorie von den elektrischen Fluida formulieren wollte.

Hier wollen wir uns darum der Einfachheit halber vorläufig mit folgender Feststellung begnügen: Das elektrische Fluidum fließt von dem Leiter mit dem höheren Potential zu dem mit dem niedrigeren Potential. Bei unseren beiden Leitern von vorhin fließt die Elektrizität also vom positiven zum negativen. Diese Feststellung ist rein formeller Natur und im übrigen absolut willkürlich. Aus dieser Schwierig-

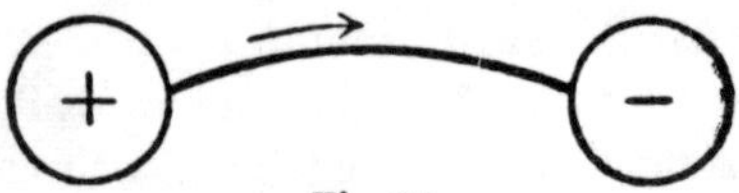

Fig. 27

keit läßt sich ersehen, daß die Parallelität von Wärme und Elektrizität keineswegs vollkommen ist.

Wir wissen jetzt, daß es durchaus möglich ist, die elementaren Gesetzmäßigkeiten der Elektrostatik im Sinne der mechanistischen Auffassung zu deuten. Das gleiche läßt sich nun, wie wir sehen werden, bei den magnetischen Erscheinungen machen.

Die magnetischen Fluida

Auch hier wollen wir in der gleichen Weise zu Werke gehen wie vorhin, also mit ganz einfachen Tatsachen beginnen und dann eine theoretische Erklärung dafür suchen.

1. Wir haben zwei lange Stabmagnete, von denen der eine in der Mitte frei beweglich aufgehängt ist. Den anderen halten wir in der Hand. Die Enden beider werden einander genähert, bis sich eine starke Anziehung zwischen ihnen bemerkbar macht. Bleibt dieser Effekt aus, müssen wir den Magneten umdrehen und es mit dem anderen Ende probieren. Dann geht es bestimmt. Sofern die Stäbe überhaupt magnetisch sind, muß sich eine Wirkung einstellen. Die Enden der Magnete bezeichnen wir als *Pole*. Wir be-

wegen nun den Pol des Magneten, den wir in der Hand halten, an dem anderen Magneten entlang. Zunächst bemerken wir eine Abnahme der Anziehungskraft, und wenn der Pol die Mitte des schwebenden Magneten erreicht hat, sind überhaupt keine Anzeichen für das Vorhandensein irgendeiner Kraft mehr feststellbar. Wird der Pol in der gleichen Richtung weiterbewegt, läßt sich schließlich eine

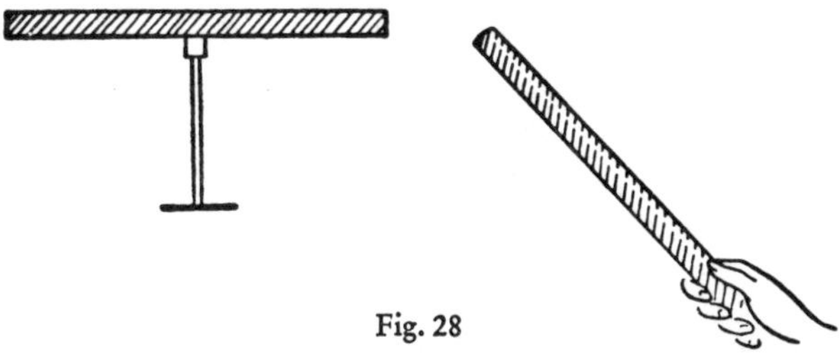

Fig. 28

Abstoßung beobachten, die am anderen Pol des aufgehängten Magneten ihre größte Intensität erreicht.

2. Das geschilderte Experiment bringt uns gleich auf ein weiteres. Können wir nicht, da jeder Magnet zwei Pole hat, einen davon isolieren? Man müßte einen Magneten kurzerhand in zwei gleiche Teile zerbrechen. Nun haben wir zwar gesehen, daß zwischen dem Pol eines Magneten und dem Mittelstück eines anderen keine Kraft waltet, doch wenn wir einen Magneten wirklich durchbrechen, so gewahren wir etwas überaus Verblüffendes und Unvorhergesehenes. Wiederholen wir nämlich das unter eins beschriebene Experiment an einem halben, frei aufgehängten Magneten, so beobachten wir genau das gleiche wie zuvor! Dort, wo ursprünglich keine Spur von Magnetismus zu bemerken war, befindet sich jetzt ein kräftiger Pol.

Wie sollen wir uns das erklären? Man könnte versuchen, eine Theorie des Magnetismus nach dem Muster der Lehre von den elektrischen Fluida auszuarbeiten. Der Gedanke daran liegt deshalb nahe, weil wir es hier genauso wie bei den elektrostatischen Phänomenen mit Anziehung und Abstoßung zu tun haben. Denken wir uns einmal zwei kugelförmige Leiter mit gleicher Ladung, nur soll die eine positiv und die andere negativ sein. „Gleich" heißt hier: mit gleichem absolutem Wert, so wie $+5$ und -5 gleich sind. Nehmen wir nun an, diese Kugeln seien mit einem Isolator, also etwa einem Glasstab, verbunden. Schematisch kann man diese Anordnung durch einen Pfeil darstellen, der von dem negativ geladenen Leiter zum positiven zeigt. Das Ganze

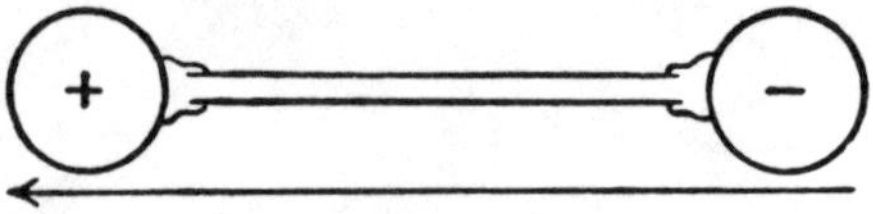

Fig. 29

wollen wir als elektrischen *Dipol* bezeichnen. Es ist klar, daß zwei solche Dipole sich bei Experiment 1 genauso verhalten würden wie die Stabmagnete. Wenn wir in unserer Konstruktion das Modell eines richtigen Magneten sehen wollten, so könnten wir unter der Voraussetzung, daß es wirklich magnetische Fluida gibt, sagen, ein Magnet sei nichts weiter als ein *magnetischer Dipol,* der an seinen beiden Enden zwei verschiedenartige Fluida enthält. Diese eng an die Elektrizitätslehre angelehnte einfache Theorie kann für eine Erklärung des ersten Experiments als ausreichend angesehen werden. Die Anziehung am einen, die Abstoßung am anderen Ende und die Ausgewogenheit von gleichnamigen und ungleichnamigen Kräften in der Mitte – alles hat seine Richtigkeit. Wie steht es aber mit dem zweiten Versuch? Wenn wir den Glasstab des elektrischen Dipols durchbrechen, so bleiben uns zwei isolierte Pole. Mit dem Eisenstab des magnetischen Dipols müßte es aber nun, entgegen den Resultaten des zweiten Experiments, genauso sein. Dieser Widerspruch nötigt uns, eine etwas subtilere Theorie zu entwickeln. Anders als bei dem letzten Modell wollen wir uns jetzt vielleicht einmal vorstellen, daß der Magnet aus sehr kleinen magnetischen *Elementardipolen* besteht, die sich nicht mehr in separate Pole zerlegen lassen. In dem Magneten herrscht mustergültige Ordnung; denn alle Elementardipole weisen in die gleiche Richtung. Wir sehen sofort, warum zwei neue Pole entstehen müssen, wenn man einen Magneten teilt, und daß man mit dieser verbesserten Theorie den Verlauf der Experimente 1 und 2 erklären kann.

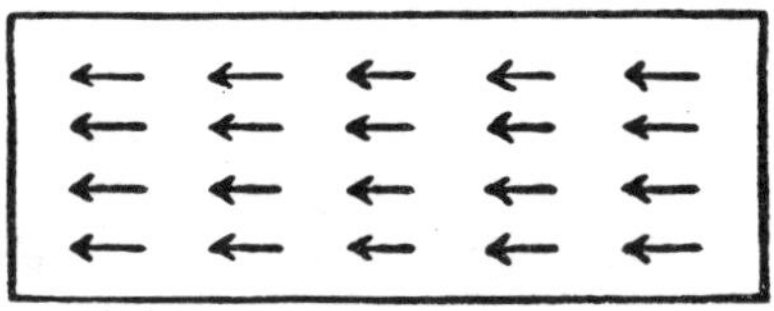

Fig. 30

Viele Gesetzmäßigkeiten kann man aber auch mit der einfacheren Theorie erklären, ohne die verbesserte Form heranzuziehen. Ein Beispiel: Wir wissen, daß ein Magnet Eisenstücke anzieht. Warum tut er das? Nun, in einem normalen Stück Eisen sind die beiden magnetischen Fluida vermengt, so daß sich keine einseitige Wirkung zeigt. Wird diesem Eisenstück nun ein positiver Pol genähert, so wirkt dieser auf die Fluida wie ein „Teilungsbefehl"; er zieht das negative Fluidum des Eisens an und weist das positive ab. So kommt die Anziehung zwischen Eisen und Magnet zustande. Wird der Magnet weggenommen, kehren die Fluida mehr oder weniger vollständig zu ihrem ursprünglichen Zustand zurück, je nachdem, wie stark das „Kommandowort" der äußeren Kraft bei ihnen nachwirkt.

Über die quantitative Seite des Problems ist nicht viel zu sagen. Wir könnten an zwei sehr langen Stabmagneten den Grad der Anziehung (oder Abstoßung) ihrer Pole bei gegenseitiger Annäherung genau zu bestimmen suchen. Sind die Stäbe nur lang genug, kann man den Einfluß der abgewandten Enden vernachlässigen. Wir haben zu fragen, wie sich die Anziehung bzw. Abstoßung zu dem Abstand zwischen den beteiligten Polen verhält. Nun, nach Coulombs Versuch liegt hier die gleiche Beziehung zwischen Kraft und Entfernung vor, wie wir sie schon bei Newtons Gravitationsgesetz und Coulombs elektrostatischem Gesetz kennengelernt haben.

Auch an dieser Theorie können wir wieder sehen, wie man nach Möglichkeit immer zu verallgemeinern sucht und bestrebt ist, alle Erscheinungen auf Anziehungs- und Abstoßungskräfte zurückzuführen, die nur von der Entfernung abhängen und zwischen unveränderlichen Partikeln wirksam sind.

Noch eine wohlbekannte Tatsache sei hier erwähnt, auf die wir später wieder zurückkommen werden: auch die Erde ist ein gewaltiger magnetischer Dipol. Es gibt nicht die geringste Spur einer Erklärung dafür. Der geographische Nordpol fällt etwa mit dem magnetischen Minuspol und der Südpol mit dem magnetischen Pluspol zusammen. Auch in diesem Falle wurde die Benennung der Pole mit Plus und Minus vollkommen willkürlich vorgenommen, doch haben wir das einmal geregelt, können wir wenigstens auch in allen sonst vorkommenden Fällen von Magnetismus die Pole benennen. Eine auf einer vertikalen Achse schwebende Magnetnadel gehorcht dem Befehl der magnetischen Erdkräfte. Sie zeigt mit ihrem Pluspol nach dem geographischen Nordpol, das heißt nach dem magnetischen Minuspol der Erde.

Wenn wir nun auch im Bereich der bisher besprochenen elektrischen und magnetischen Erscheinungen im Sinne der mechanistischen Auffassung schalten und walten können, ohne uns in Widersprüche zu verwickeln, so haben wir doch gar keinen Grund, uns darauf etwas einzubilden oder in Jubelrufe auszubrechen. Schließlich ist die Theorie ja doch in manchen Punkten mangelhaft, wenn nicht sogar entmutigend. Es mußten immerhin Substanzen erfunden werden — zwei elektrische Fluida und magnetische Elementardipole —, und so haben wir es allmählich schon mit einer erdrückenden Fülle von Stoffen zu tun.

Die Kräfte sind einfacher Natur. Sie lassen sich immer auf ähnliche Weise ausdrücken, ganz gleich, ob es sich um die Massenanziehung oder um elektrische und magnetische Kräfte handelt. Der Preis, der für diese Vereinfachung gezahlt werden muß, ist allerdings hoch; es ist die Einführung neuer schwereloser Substanzen, recht krampfhafter Begriffe, die zu der Grundsubstanz, der Masse, kaum in Beziehung zu setzen sind.

Die erste große Schwierigkeit

Jetzt sind wir so weit gekommen, daß wir die erste bedeutende Schwierigkeit behandeln können, die sich aus der praktischen Anwendung unseres philosophischen Grundprinzips ergibt. Später wird noch zu zeigen sein, daß diese Schwierigkeit zusammen mit einer anderen, noch ernsteren, zu einem vollständigen Schiffbruch der Auffassung führte, daß man alle Erscheinungen auf mechanistische Weise erklären könne.

Die kolossale Entfaltung der Elektrizität im Rahmen von Wissenschaft und Technik nahm mit der Entdeckung des elektrischen Stromes ihren Anfang. Wir haben es hier mit einem der wenigen Beispiele aus der Geschichte der Naturwissenschaft zu tun, wo der Zufall offenbar eine entscheidende Rolle gespielt haben muß. Die Geschichte von dem zuckenden Froschschenkel erzählt man sich in einer ganzen Reihe verschiedener Versionen. Mögen diese Berichte nun im einzelnen stimmen oder nicht, jedenfalls kann doch nicht daran gezweifelt werden, daß Galvanis zufällige Entdeckung Ende des achtzehnten Jahrhunderts den Forscher Volta zum Bau des sogenannten *Voltaschen Elements* bewog, dem heute zwar keine praktische Bedeutung mehr zukommt, das aber noch immer wegen seiner Einfachheit und leichten Verständlichkeit im Schulunterricht und in Lehrbüchern als Musterbeispiel für eine Stromquelle herangezogen wird.

Die Voltasche Batterie ist nach einem ganz einfachen Prinzip gebaut. Sie besteht aus mehreren Gläsern mit Wasser, dem ein wenig Schwefelsäure beigemengt ist. In jedes Glas werden zwei Metallplatten, eine kupferne und eine aus Zink, getaucht. Die Kupferplatte des ersten Glases wird nun an die Zinkplatte des nächsten angeschlossen und so weiter, bis nur noch die Zinkplatte des ersten und die Kupferplatte des letzten Glases ohne Anschluß sind. Zwischen der Kupferplatte des ersten und der Zinkplatte des letzten Glases können wir mittels eines einigermaßen empfindlichen Elektroskops eine Differenz des elektrischen Potentials nachweisen, sofern die Anzahl der einzelnen Elemente, also der mit Platten versehenen Gläser, aus denen die Batterie sich zusammensetzt, nur groß genug ist.

Nur wenn wir einen Strom erhalten wollen, der sich mit einem Meßgerät nachweisen läßt, wie wir es schon kennen, brauchen wir eine aus mehreren Elementen bestehende Batterie wie die eben geschilderte. Im übrigen kommen wir aber bei den nun folgenden Betrachtungen durchaus mit einem Einzelelement aus. Es zeigt sich, daß die Kupferplatte ein höheres Potential hat als die aus Zink, und zwar ist das Potential in dem Sinne höher, wie + 2 größer ist als – 2. Wenn ein Leiter an die freie Kupferplatte und ein anderer an die aus Zink angeschlossen wird, so sind beide geladen, der erstgenannte positiv und der andere negativ. Das alles ist weder neu noch aufsehenerregend, und so können wir ja hier wieder versuchen, mit dem früher schon entwickelten Begriff der Potentialdifferenz zu arbeiten. Wir haben damals gesehen, daß eine Potentialdifferenz zwischen zwei Leitern sich rasch dadurch aufheben läßt, daß man beide mit einem Draht verbindet, so daß elektrisches Fluidum von einem Leiter zum anderen fließen kann. Dieser Vorgang ähnelt, wie wir feststellten, dem der Temperaturangleichung durch Wärmeströmung. Trifft das nun aber auch auf das

Voltasche Element zu? Volta schreibt in seiner Abhandlung über dieses Thema, daß die Platten sich wie Leiter verhalten, ...

... die schwach geladen sind und diese Ladung unaufhörlich beibehalten. Es mag auch sein, daß ihre Ladung sich nach jeder Entladung wieder erneuert. Jedenfalls ist das Ergebnis eine unerschöpfliche Ladung bzw. ein fortwährendes Wirken, ein unaufhörlicher Erregungszustand des elektrischen Fluidums.

Das Ergebnis des Voltaschen Versuches ist insofern erstaunlich, als die Potentialdifferenz zwischen der Kupferplatte und der aus Zink hier nach Herstellung einer Drahtverbindung nicht verschwindet, wie das bei den beiden geladenen Leitern in unserem früheren Beispiel der Fall war. Die Differenz bleibt bestehen und muß nach der Lehre von den Fluida einen ständigen Strom elektrischen Fluidums vom höheren Potentialniveau (Kupferplatte) zum niedrigeren (Zinkplatte) bewirken. Wenn wir die Lehre von den Fluida dennoch retten wollen, müssen wir annehmen, daß eine stets gegenwärtige Kraft die Potentialdifferenz fortlaufend erneuert und auf diese Weise einen Strom elektrischen Fluidums hervorruft, doch ist das Ganze dann immer noch im Hinblick auf die Energie merkwürdig. In dem stromdurchflossenen Draht entsteht nämlich eine beachtliche Wärmemenge, die sogar ausreicht, ihn zum Schmelzen zu bringen, wenn er recht dünn ist. Es wird also in dem Draht Wärmeenergie erzeugt. Da dem Voltaschen Element nun aber von außen keine Energie zugeführt wird, bildet es ein isoliertes System. Wenn wir das Gesetz von der Erhaltung der Energie retten wollen, müssen wir also herausfinden, wo die Umwandlungen stattfinden und auf Kosten welcher anderen Energieform die Wärme entsteht. Man kann nun unschwer feststellen, daß sich in dem Element verwickelte chemische Vorgänge abspielen, an denen die untergetauchten Kupfer- und Zinkplatten wie auch die

Flüssigkeit selbst aktiv beteiligt sind. Energiemäßig vollziehen sich nacheinander folgende Umwandlungen: chemische Energie → Energie des strömenden elektrischen Fluidums, das ist elektrischer Strom → Wärme. Ein Voltasches Element hält allerdings nicht ewig; auf Grund der mit der Stromerzeugung zusammenhängenden chemischen Umsetzungen wird es nämlich mit der Zeit aufgebraucht.

Das Experiment, aus dem sich nun aber die eigentlichen großen Schwierigkeiten in der Anwendung mechanistischer Prinzipien ergaben, muß jedem, der zum erstenmal davon hört, zunächst seltsam vorkommen. Es wurde ungefähr vor hundertzwanzig Jahren von Örsted durchgeführt, der darüber folgendes schreibt:

Diese Experimente zeigen unverkennbar, daß die Magnetnadel unter der Einwirkung des galvanischen Apparates aus ihrer normalen Lage gebracht wird, und zwar dann, wenn der galvanische Kreis geschlossen ist. Bei unterbrochenem Kreis stellt sich diese Erscheinung jedoch nicht ein, wie die vergeblichen Versuche gewisser hochberühmter Physiker schon vor ein paar Jahren erwiesen haben.

Nehmen wir an, wir haben ein Voltasches Element und einen Leitungsdraht. Wenn der Draht nur an die Kupferplatte, nicht aber an die aus Zink angeschlossen ist, existiert zwar eine Potentialdifferenz, doch kann kein Strom fließen. Denken wir uns den Draht nun zu einem Kreis gebogen, in dessen Mitte eine Magnetnadel so placiert ist, daß Draht und Nadel in derselben Ebene liegen. Solange der Draht nicht an die Zinkplatte kommt, erfolgt gar nichts. Es sind keine Kräfte im Spiel, und die vorhandene Potentialdifferenz hat keinerlei Einfluß auf die Stellung der Nadel. Es ist nicht leicht einzusehen, wieso die „hochberühmten Physiker“, wie Örsted sie nennt, mit einem solchen Einfluß überhaupt rechnen konnten.

Wenn wir den Draht nun aber auch an die Zinkplatte anschließen, so ereignet sich im gleichen Augenblick etwas

Merkwürdiges: die Magnetnadel bewegt sich nämlich und stellt sich so ein, daß einer ihrer Pole zum Leser zeigt, wenn die Buchseite als Ebene des Kreises gedacht wird. Dieser Effekt muß von einer Kraft hervorgerufen werden, die *senkrecht* zur Kreisebene auf den Magnetpol einwirkt.

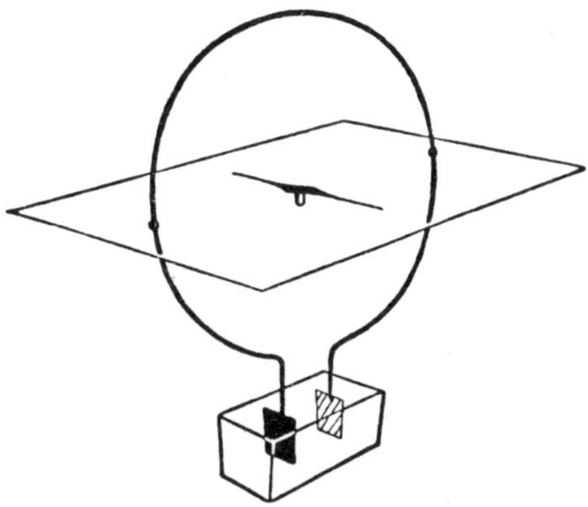

Fig. 31

Nur so und nicht anders können wir uns angesichts dieses Experiments die Kraft vorstellen, die hier waltet.

Das Experiment ist zunächst deshalb interessant, weil es eine Beziehung zwischen zwei scheinbar ganz verschiedenartigen Phänomenen, dem Magnetismus und dem elektrischen Strom, aufzeigt, doch ist auch noch ein anderer, sogar noch wichtigerer Punkt zu beachten. Die Kraft, die zwischen den Magnetpolen und den ihnen gegenüberliegenden kleinen Abschnitten des stromdurchflossenen Drahtes waltet, kann nicht die Richtung von gedachten Verbindungslinien zwischen Draht und Nadel bzw. zwischen den Partikeln des strömenden elektrischen Fluidums und den magnetischen Elementardipolen haben; denn sie wirkt ja senkrecht zu diesen Linien. Zum erstenmal taucht also eine Kraft auf, die von ganz anderer Art ist als die, mit der wir im Rahmen unserer mechanistischen Theorie alle Vorgänge in der Außenwelt zu deuten gedachten. Wir entsinnen uns ja noch, daß die Kräfte von Gravitation, Elektrostatik und Magnetismus, den Gesetzen Newtons und Coulombs zufolge, entlang der gedachten Verbindungslinie zwischen den beiden einander anziehenden bzw. abstoßenden Körpern wirken.

Dieses Dilemma trat durch ein Experiment, das Rowland

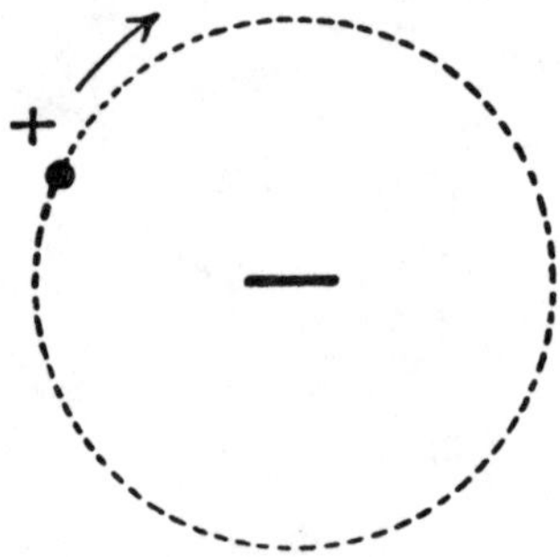

Fig. 32

vor sechzig Jahren mit großem Geschick ausführte, noch krasser in Erscheinung. Wenn man von technischen Details absieht, läßt sich dieser Versuch wie folgt beschreiben: Eine kleine geladene Kugel bewegt sich sehr schnell im Kreise herum. In der Mitte des Kreises ist eine Magnetnadel aufgestellt. Im Prinzip handelt es sich dabei um das gleiche Experiment wie das Örstedsche, nur daß wir es hier statt mit einem normalen elektrischen Strom mit einer auf mechanischem Wege zustande gekommenen Bewegung einer elektrischen Ladung zu tun haben. Rowland fand, daß sein Versuch auch tatsächlich zu einem ganz ähnlichen Ergebnis führt wie der mit dem stromdurchflossenen Drahtkreis. Der Magnet wird von einer senkrecht zur Bahnebene wirkenden Kraft abgelenkt.

Jetzt wollen wir die Ladung schneller bewegen. Die Folge davon ist eine Verstärkung der auf den Magnetpol einwirkenden Kraft, und so wird die Ablenkung der Nadel von ihrer ursprünglichen Stellung noch deutlicher. Diese Beobachtung bringt uns eine weitere schwerwiegende Komplikation. Nicht genug damit, daß die Kraft nicht entlang einer gedachten Verbindungslinie zwischen Ladung und Magnet wirkt, wird jetzt auch noch klar, daß ihre Intensität mit der Geschwindigkeit der Ladung zusammenhängt. Das ganze mechanistische Denken basierte aber auf der Überzeugung, alle Erscheinungen müßten sich auf Kräfte zurückführen lassen, die einzig und allein von der Entfernung, nicht aber von der Geschwindigkeit bestimmt werden. Mit dieser Auffassung läßt sich das Ergebnis von Rowlands Versuch nun allerdings nicht recht vereinbaren. Trotzdem können wir natürlich auch versuchen, daran festzuhalten, und uns um eine Lösung im Rahmen alter Ideen bemühen.

Schwierigkeiten dieser Art, Hindernisse, die mitten im Siegeslauf einer Lehre plötzlich und unerwartet auftreten, sind in der Naturwissenschaft keine Seltenheit. Manchmal scheint eine einfache Verallgemeinerung der alten Vorstellungen, zumindest zeitweilig, einen brauchbaren Ausweg zu bieten. So könnte es in dem vorliegenden Falle zum Beispiel eventuell genügen, den alten Begriff weiter zu fassen und zwischen den Elementarpartikeln Kräfte allgemeinerer Art anzunehmen. Sehr oft erweist es sich allerdings als unmöglich, eine alte Theorie zurechtzuflicken, und dann führen derartige Kalamitäten ihren Sturz und das Aufkommen einer neuen herbei. Hier nun war es nicht allein das Verhalten einer winzigen Magnetnadel, das die scheinbar so wohlfundierten und bewährten mechanistischen Lehren zu Fall brachte, sondern es erfolgte auch noch von einer ganz anderen Seite her eine sogar noch heftigere Attacke. Das steht aber auf einem anderen Blatt, und so wollen wir erst später darauf zu sprechen kommen.

Die Lichtgeschwindigkeit

Bei der Lektüre von Galileis „Zwei neue Wissenschaften" werden wir Zeugen eines Gespräches zwischen einem Lehrer und seinen Schülern über die Lichtgeschwindigkeit. Es heißt dort:

SAGREDO: Von welcher Art und wie groß wird diese Lichtgeschwindigkeit nun aber sein? Vollzieht sich die Ausbreitung des Lichtes augenblicklich oder erfordert sie Zeit, wie andere Bewegungsarten? Können wir das nicht experimentell feststellen?

SIMPLICIO: Die Praxis lehrt, daß die Fortpflanzung des Lichtes augenblicklichen Charakter hat; denn wenn wir aus großer Entfernung zusehen, wie ein Geschütz abgefeuert wird, so erreicht der Feuerschein unser Auge ohne Zeitverlust, während der Schall das Ohr erst nach einer deutlich wahrnehmbaren Pause trifft.

SAGREDO: Nun ja, Simplicio, doch das einzige, was ich aus dieser uns allen geläufigen Erfahrung wirklich schließen kann, ist doch wohl der Umstand, daß der Schall länger als das Licht braucht, um zu mir zu gelangen. Ich erfahre aber nichts darüber, ob das Licht augenblicklich bei mir ist oder ob es nicht doch ein wenig Zeit braucht, mag es sich auch äußerst schnell ausbreiten. ...

SALVIATI: Die geringe Beweiskraft dieser und anderer, ähnlicher Beobachtungen veranlaßte mich einmal, über ein Verfahren nachzudenken, mit dem man genau feststellen könnte, ob die Beleuchtung, das heißt die Fortpflanzung des Lichtes, wirklich augenblicklichen Charakter hat. ...

Salviati erläutert dann seine Versuchsanordnung, und damit wir seinen Gedankengang richtig verstehen, wollen wir einmal annehmen, daß die Lichtgeschwindigkeit endlich und außerdem so gering sei, daß die Fortpflanzung des Lichtes wie in einem Zeitlupenfilm verlangsamt ist. Zwei Personen, A und B, stellen sich mit Blendlaternen in der Hand in einem Abstand von, sagen wir, einem Kilometer auf. Die beiden haben verabredet, daß B in dem Moment seine Laterne öffnen soll, wo er bei A ein Licht sieht. Das Licht soll bei unserem Zeitlupenversuch nur einen Kilometer pro Sekunde zurücklegen. Wenn nun A die Blende seiner Laterne öffnet, sieht B dieses Signal eine Sekunde später, und er sendet prompt ein Antwortsignal, das von A zwei Sekunden nach Abgabe des eigenen Signals aufgenommen wird. Das heißt also, zwischen Sendung und Empfang eines Signals durch A verstreichen zwei Sekunden, sofern das Licht einen Kilometer in der Sekunde zurücklegt und B einen Kilometer weit weg ist. Umgekehrt läßt sich sagen: Wenn A die Lichtgeschwindigkeit nicht kennt und sich darauf verläßt, daß sein Kollege sich an die Verabredung hält; wenn er ferner zwei Sekunden nach Öffnung seiner Blende bei B ein Licht sieht, so kann er daraus schließen, daß die Lichtgeschwindigkeit einen Kilometer pro Sekunde beträgt.

Galilei hatte mit den technischen Experimentierbehelfen, auf die er noch angewiesen war, wenig Aussicht, die Lichtgeschwindigkeit tatsächlich auf die geschilderte Art zu finden. Hätte er auch mit einem Abstand von nur einem Kilometer arbeiten wollen, so hätte er Zeitintervalle von der Größenordnung einer hunderttausendstel Sekunde messen müssen!

Galilei hat das Problem der Lichtgeschwindigkeitsbestimmung zwar formuliert, doch vermochte er es nicht zu lösen. Allerdings kommt es auf die Problemstellung häufig mehr an als auf die eigentliche Lösung, die manchmal nur Sache der mathematischen und experimentellen Routine ist. Das Anschneiden neuer Fragen, die Erschließung neuer Möglichkeiten, das Aufrollen alter Probleme von einer anderen Seite her – das sind Aufgaben für einen schöpferischen Geist, das ist der wahre wissenschaftliche Fortschritt. Das Trägheitsprinzip und das Gesetz von der Erhaltung der Energie haben wir einzig und allein neuen, originellen Gedanken zu an sich längst bekannten Experimenten und Phänomenen zu verdanken. Im folgenden werden uns noch zahlreiche Fälle dieser Art begegnen, Fälle, bei denen wir immer wieder darauf hinweisen werden, wie wichtig es ist, bekannte Gesetzmäßigkeiten neu zu beleuchten, wenn wir neue Theorien entwickeln wollen.

Kehren wir zu der noch verhältnismäßig einfachen Frage der Lichtgeschwindigkeitsbestimmung zurück, so müssen wir uns eigentlich fragen, warum Galilei nicht darauf gekommen ist, daß sich sein Experiment von einem Mann allein viel einfacher und exakter durchführen läßt. Statt in einer gewissen Entfernung einen Kollegen zu postieren, hätte er dort einfach einen Spiegel aufstellen können, der das Signal ja automatisch zurücksendet, sowie er es aufgenommen hat.

Dieses so überaus einfachen Prinzips bediente sich etwa zweihundertfünfzig Jahre später Fizeau, der die Lichtgeschwindigkeit als erster mit terrestrischen Behelfen erarbeitete, wenn Römer sie auch schon viel früher, allerdings weniger genau, nach astronomischen Beobachtungen bestimmt hatte.

Es leuchtet durchaus ein, daß sich die Lichtgeschwindigkeit in Anbetracht ihrer enormen Größe nur unter Zugrundelegung von Entfernungen, wie sie etwa durch die Abstände zwischen der Erde und anderen Planeten des Sonnensystems gegeben sind, oder aber mit einer äußerst raffinierten Experimentiertechnik messen läßt. Des ersten Verfahrens bediente sich Römer, das zweite wandte Fizeau an. Seither ist der so überaus wichtige Wert der Lichtgeschwindigkeit des öfteren, und jedesmal mit größerer Exaktheit, bestimmt worden. In unserem Jahrhundert ersann Michelson hierfür ein hochgradig verfeinertes Verfahren. Das Ergebnis aller dieser Versuche läßt sich in wenige einfache Worte und Zahlen fassen: Die Lichtgeschwindigkeit beträgt *im Vakuum* annäherungsweise 300 000 Kilometer pro Sekunde.

Licht als Substanz

Wieder beginnen wir mit ein paar Erfahrungstatsachen. Die eben genannte Zahl bezieht sich auf die Lichtgeschwindigkeit im Vakuum. Wird das Licht in keiner Weise beeinträchtigt, pflanzt es sich im leeren Raum mit der angegebenen Geschwindigkeit fort. Wir können durch ein

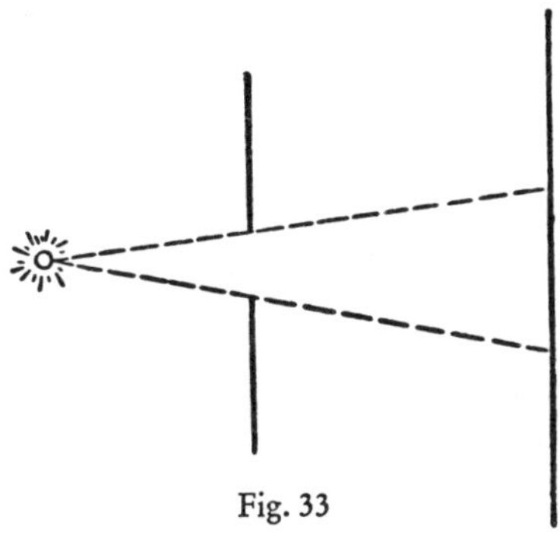

Fig. 33

leeres Glasgefäß hindurchsehen, wenn wir die Luft herauspumpen; und wir sehen Planeten, Fixsterne und kosmische Nebel, obwohl ihr Licht auf dem Wege zu uns den leeren Raum durchqueren muß. Die einfache Tatsache, daß wir durch ein Gefäß hindurchsehen können, ob Luft darin ist oder nicht, ist ein Beweis dafür, daß die Luft keine große Rolle spielen kann. Aus diesem Grunde können wir unsere optischen Experimente auch seelenruhig in einem normalen Zimmer durchführen. Das Resultat fällt genauso aus, als ob keine Luft vorhanden wäre.

Eines der einfachsten optischen Gesetze besagt, daß das Licht sich geradlinig fortpflanzt. Ein primitives und naives Experiment soll uns das beweisen. Vor einer punktförmigen Lichtquelle ist ein durchbohrter Schirm aufgestellt. Unter einer punktförmigen Lichtquelle verstehen wir eine sehr kleine Lichtquelle, also etwa eine feine Öffnung in einer

Blendlaterne. Auf einer ein paar Meter entfernten Wand erscheint das Loch im Schirm als Lichtfleck auf dunklem Hintergrund. Figur 33 zeigt, inwiefern dieses Phänomen für die geradlinige Fortpflanzung des Lichtes spricht. Alle derartigen Erscheinungen, sogar die komplizierteren, bei denen wir Licht, Schatten und Halbschatten unterscheiden können, lassen sich unter der Voraussetzung erklären, daß

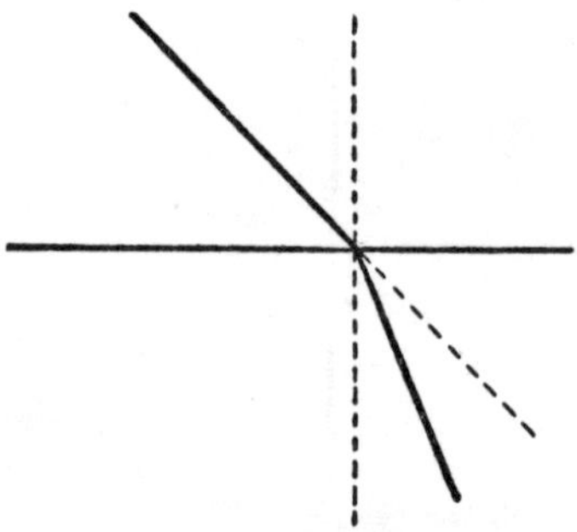

Fig. 34

sich das Licht im Vakuum und in der Luft geradlinig fortpflanzt.

Nehmen wir ein anderes Beispiel: Licht, das Materie durchdringt. Ein Lichtstrahl durchquert ein Vakuum und fällt dann auf eine Glasplatte. Was geschieht? Wenn das Gesetz von der geradlinigen Bewegung auch hier Geltung besäße, müßte der Lichtstrahl der gestrichelten Linie folgen. Das tut er aber in Wirklichkeit nicht; vielmehr erscheint er geknickt, wie aus Figur 34 ersichtlich ist. Das ist die *Strahlenbrechung*. Eine der bekanntesten Erscheinungsformen der Brechung ist die scheinbare Knickung eines zur Hälfte in Wasser getauchten Stockes.

Diese Gesetzmäßigkeiten genügen uns für die Aufstellung einer einfachen mechanischen Theorie des Lichtes. Wir wollen nun zeigen, wie die auf Substanzen, Partikeln und Kräften aufgebauten Gedankengänge in die Optik eingedrungen sind und wie dadurch schließlich das alte philosophische System in sich zusammenbrach.

Die Theorie bietet sich hier in ihrer einfachsten und primitivsten Form gewissermaßen von selbst an. Nehmen wir einmal an, daß alle leuchtenden Körper Lichtpartikeln oder *Korpuskeln* aussenden, welche die Lichtempfindung auslösen, wenn sie unser Auge treffen. Wir sind bereits so

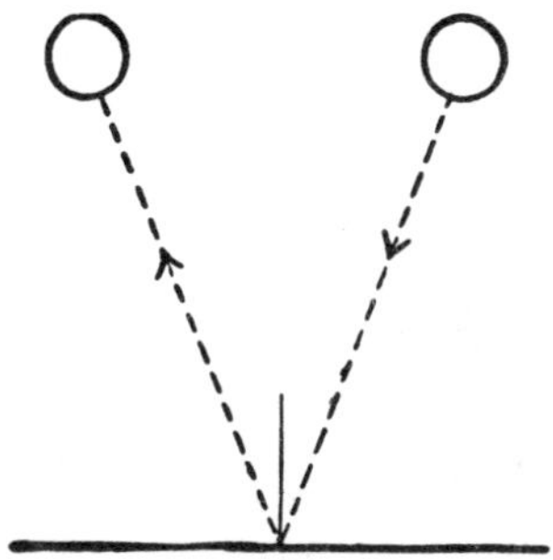

Fig. 35

daran gewöhnt, immer wieder neue Substanzen einzuführen, um unsere mechanistische Erklärung weiterführen zu können, daß es auf eine mehr oder weniger schon nicht mehr ankommt. Diese Korpuskeln müssen geradlinig und mit einer bekannten Geschwindigkeit den leeren Raum durchmessen, und sie bringen unserem Auge Kunde von den Körpern, die das Licht ausstrahlen. Alle Erscheinungen, bei denen die geradlinige Fortpflanzung des Lichtes zutage tritt, können als Erhärtung der Korpuskulartheorie gewertet werden; denn diese Bewegungsform haben wir ja für die Korpuskeln vorgeschrieben. Mit dieser Theorie kann man auch die Reflexion des Lichtes im Spiegel, wie aus Figur 35 ersichtlich ist, ganz einfach erklären. Es handelt sich dabei um die gleiche Art Reflexion, wie wir sie schon von dem mechanischen Experiment mit den gegen die Wand geworfenen Gummibällen her kennen.

Die Brechung läßt sich nicht ganz so leicht erklären. Ohne ins Detail zu gehen, können wir aber schon sehen, daß es durchaus möglich ist, eine mechanische Erklärung dafür zu finden. Wenn die Korpuskeln auf eine Glasfläche auftreffen – könnten wir zum Beispiel sagen –, dann mag es sein, daß eine von den Materieteilchen ausgehende Kraft, allerdings eigentümlicherweise nur in der unmittelbaren Nachbarschaft von Materie, auf sie einwirkt. Jede Kraft aber, die auf eine bewegte Partikel einwirkt, führt, wie wir schon wissen, eine Geschwindigkeitsänderung herbei. Wenn der Endeffekt der auf die Lichtkorpuskeln einwirkenden Kraft eine senkrecht zur Glasoberfläche waltende Anziehung ist, so wird die neue Bewegungsrichtung irgendwo zwischen der Verlängerung der ursprünglichen Bahn und der Senkrechten dazu liegen. Diese einfache Erklärung nimmt sich wie ein gutes Omen für die fernere Brauchbarkeit der Korpuskulartheorie des Lichtes aus. Wollen wir jedoch den Grad ihrer Brauchbarkeit und ihren Geltungsbereich bestimmen, müssen wir auch noch andere, kompliziertere Gesetzmäßigkeiten besprechen.

Das Rätsel der Farbe

Auch die erste Erklärung für die Farbenpracht, die unsere Welt belebt, verdanken wir Newtons Genius. Wir wollen hier darum eine von Newton selbst stammende Beschreibung eines seiner Experimente einschalten:

Im Jahre 1666 (da ich gerade mit dem Schleifen optischer Gläser von anderer als sphärischer Gestalt beschäftigt war) versah ich mich mit einem dreikantigen Glasprisma, um damit das berühmte Farbphänomen hervorzurufen. Zu diesem Zweck verdunkelte ich mein Zimmer und bohrte ein kleines Loch in die Jalousien, um eine hinreichende Menge Sonnenlicht hereinzulassen. Dann hielt ich mein Prisma in den hereinfallenden Lichtstrahl, so daß er gebrochen und an die gegenüberliegende Wand geworfen wurde. Ich fand es überaus ergötzlich, die dabei entstehenden lebhaften und kräftigen Farben eine Weile zu betrachten.

Das Licht der Sonne ist „weiß". Wenn es aber durch ein Prisma fällt, sieht man alle Farben, die es in der Welt der optischen Erscheinungen gibt. Die Natur bringt ja in der prachtvollen Farbenzusammenstellung des Regenbogens den gleichen Effekt hervor. Man hat dieses Phänomen schon in uralten Zeiten zu erklären versucht. Auch die biblische Legende, der Regenbogen sei Gottes Unterschrift unter einen Vertrag mit dem Menschen, ist in ihrer Art eine „Theorie", nur enthält sie keine hinreichende Erklärung dafür, daß der Regenbogen von Zeit zu Zeit immer wieder erscheint und warum das stets im Zusammenhang mit Regenfällen geschieht. Der ganze Fragenkomplex der Farbenphänomene wurde erstmalig von Newton wissenschaftlich untersucht, und in seinem umfangreichen Werk finden sich auch zum erstenmal Ansätze zu einer Lösung.

Der eine Rand des Regenbogens ist immer rot und der andere violett. Dazwischen liegen in einer bestimmten Reihenfolge alle anderen Farben. Newton erklärt dieses Phänomen wie folgt: Im weißen Licht sind alle Farben von vornherein enthalten. Einträchtig durchqueren sie den interplanetarischen Raum und die Atmosphäre, wobei sie wie weißes Licht wirken, das aber in Wirklichkeit eine Mischung der verschiedenen, den einzelnen Farben zugeordneten Korpuskelarten ist, die bei Newtons Experiment durch das Prisma räumlich aussortiert werden. Nach der mechanistischen Theorie ist die Brechung, wie wir gesehen haben, Kräften zuzuschreiben, die auf die Lichtkorpuskeln einwirken und von den Glaspartikeln hervorgerufen werden. Diese Kräfte wirken sich je nachdem, welcher Farbe die Korpuskeln angehören, verschieden stark aus, am stärksten bei Violett und am schwächsten bei Rot. Infolgedessen wird jede Farbe anders gebrochen, so daß sie von den anderen geschieden ist, wenn das Licht aus dem Prisma heraustritt. Beim Regenbogen wird die Funktion des Prismas von den Wassertröpfchen ausgeübt.

Die substantielle Theorie des Lichts ist nun aber noch komplizierter geworden als zuvor. Wir haben nämlich jetzt nicht nur eine Lichtsubstanz, sondern viele, von denen jede einer anderen Farbe zugeordnet ist. Soll an der Theorie jedoch etwas Wahres sein, müssen die Konsequenzen, die sich daraus ergeben, mit der Beobachtung übereinstimmen.

Die im Sonnenlicht enthaltene Farbengruppierung, die wir bei Newtons Experiment kennengelernt haben, nennen wir das *Spektrum* der Sonne, genauer gesagt, das *sichtbare Spektrum.* Die Zerlegung des weißen Lichtes in seine Bestandteile auf die hier beschriebene Art wird als *Dispersion* oder *Farbenzerstreuung* des Lichtes bezeichnet. Die auseinandergelegten Farben des Spektrums muß man nun mit einem entsprechend eingestellten zweiten Prisma wieder zusammenfassen und vermischen können; sonst ist unsere Erklärung falsch. Dieser Vorgang, eine Umkehrung des ersten Versuches, muß mit einer Wiedervereinigung der getrennten Farben zu weißem Licht enden. Newton wies experimentell nach, daß es tatsächlich möglich ist, beliebig oft das Spektrum in weißes Licht und weißes Licht in sein Spektrum zu verwandeln. Diese Versuche sprachen sehr für die Theorie, nach der die Korpuskeln der verschiedenen Farben sich wie unveränderliche Substanzen verhalten müssen. Newton schreibt zu diesem Thema folgendes:

... doch entstehen diese Farben nicht etwa erst, vielmehr treten sie lediglich, durch die Zerlegung, in Erscheinung; denn wenn man sie aufs neue vollkommen miteinander vermengt, so vereinigen sie sich wieder zu der Farbe, die wir vor der Zerlegung beobachtet haben. Aus dem gleichen Grunde sind Verwandlungen, die durch die Vereinigung verschiedener Farben entstehen, nicht echt; denn wenn die verschiedenartigen Strahlen wiederum geschieden werden, so erscheinen sie in genau den gleichen Farben, die vor der

Zusammenfassung zu sehen waren. Es ist dasselbe wie bei der Vermischung von blauem und gelbem Pulver, das, wenn es gut durcheinandergemengt wird, dem unbewaffneten Auge grün erscheint, obwohl die Farben der Korpuskeln, aus denen sich das Pulver zusammensetzt, dadurch keineswegs wirklich verändert, sondern lediglich vermischt worden sind. Wenn man sie nämlich unter einem guten Mikroskop betrachtet, sieht man nach wie vor blaue und gelbe Körnchen, nur sind sie mehr oder weniger gleichmäßig verteilt.

Wir wollen uns jetzt einmal einen ganz schmalen Streifen aus dem Spektrum herausgreifen. Zu diesem Zweck lassen wir von all den Farben nur eine so durch den Schlitz eines Schirmes fallen, daß die anderen abgefangen werden. Der aus dem Spalt herausfallende Lichtstrahl verkörpert *homogenes* Licht, das heißt Licht, das in keine weiteren Farbelemente mehr zerlegt werden kann. Das ergibt sich aus der Theorie, kann aber auch experimentell unschwer bestätigt werden. Ein solcher einfarbiger Lichtstrahl läßt sich auf keinen Fall mehr weiter zerlegen. Es gibt ganz einfache Mittel zur Erzeugung homogenen Lichtes, so zum Beispiel glühendes Natrium, das gelbes Licht dieser Art ausstrahlt. Bei optischen Experimenten empfiehlt es sich sehr oft, mit homogenem Licht zu arbeiten, da das Ergebnis dann, wie leicht einzusehen ist, einfacher ausfällt.

Stellen wir uns vor, es würde sich plötzlich der merkwürdige Fall ereignen, daß unsere Sonne ausschließlich nur noch homogenes Licht von bestimmter, sagen wir gelber, Farbe ausstrahlte. Im gleichen Augenblick wäre es um die Farbenpracht auf unserem Erdball geschehen, und es gäbe nur noch Gelb und Schwarz! Diese Prophezeiung ist einmal eine logische Folgerung aus der substantiellen Theorie des Lichts, nach der in einem solchen Falle keine neuen Farben mehr entstehen können, zum anderen kann man sie aber auch experimentell auf ihre Richtigkeit prüfen, wenn man einen verdunkelten Raum nur mit glühendem Natrium beleuchtet. Die Farbenpracht in unserer Welt haben wir also nur der Fülle von Farben zu verdanken, aus denen sich das weiße Licht zusammensetzt.

In allen diesen Fällen scheint sich die substantielle Theorie des Lichts glänzend zu bewähren, wenn es uns auch nicht ganz geheuer vorkommt, daß wir so viele Substanzen einführen müssen, wie es Farben gibt. Auch die Annahme, daß sämtliche Lichtkorpuskeln sich im leeren Raum mit genau der gleichen Geschwindigkeit fortpflanzen, ist alles andere als plausibel.

Es wäre denkbar, daß sich ein anderes System von Annahmen, eine vollkommen andersartige Theorie, genauso gut bewähren und ebenfalls alle erforderlichen Erklärungen liefern könnte. Wir werden auch tatsächlich gleich Zeugen des Aufkommens einer solchen absolut neuen Theorie werden, die auf ganz neuartigen Begriffen basiert, trotzdem aber eine Erklärung der Phänomene des gleichen optischen Gebietes gestattet. Bevor wir allerdings die Annahmen formulieren, auf denen sich diese neue Theorie aufbaut, müssen wir noch eine Frage beantworten, die, wie man zunächst glauben könnte, in keiner Beziehung mit diesen optischen Dingen zusammenhängt und uns wiederum in die Mechanik zurückführt.

Was ist eine Welle?

Irgendein Klatsch, der, sagen wir, in Washington aufgebracht wird, gelangt sehr rasch nach New York, wenn auch nicht eine einzige von den an der Weitergabe beteiligten Personen tatsächlich von der einen Stadt in die andere reist. Wir haben es vielmehr gewissermaßen mit zwei ganz verschiedenen Bewegungen zu tun, der des Gerüchtes selbst, das von Washington nach New York dringt, und der jener Personen, die das Gerücht verbreiten. Ein anderes Beispiel: Wenn der Wind über ein Kornfeld hinstreicht, so erzeugt er eine Wellenbewegung, die sich über das ganze Feld ausbreitet. Auch hier wieder müssen wir zwischen der Fortpflanzung der Welle und den Bewegungen der einzelnen Halme unterscheiden, bei denen es sich ja um geringfügige Schwingungen handelt. Jeder kennt die ringförmigen Wellen, die immer weitere und weitere Kreise ziehen, wenn man einen Stein ins Wasser wirft. Wiederum müssen wir die eigentliche Wellenbewegung von der Bewegung der Wasserteilchen unterscheiden. Letztere gehen nur auf und ab, und die beobachtete Ausbreitung der Welle ist eigentlich bloß ein Wandern eines Zustandes der Materie, jedoch keine Bewegung von Materie im eigentlichen Sinne. Man sieht das deutlich, wenn man einen Korken ins Wasser wirft; er hüpft, der wirklichen Bewegung des Wassers folgend, auf und ab, wird aber nicht von der Welle mit fortgetragen.

Damit uns der Mechanismus der Wellenbewegung noch deutlicher wird, wollen wir wieder ein idealisiertes Experiment zu Hilfe nehmen. Ein großes Gefäß ist ganz gleichmäßig mit Wasser, Luft oder irgendeinem anderen Medium angefüllt. In der Mitte etwa befindet sich eine Kugel. Zunächst ist gar keine Bewegung vorhanden, plötzlich aber beginnt die Kugel zu „atmen", das heißt, sie vergrößert und verringert ihr Volumen in einem gewissen Rhythmus, behält jedoch ihre Kugelgestalt immer bei. Was geschieht dann mit dem Medium? Überlegen wir uns zunächst einmal, was sich in dem Moment ereignet, wo die Kugel sich auszudehnen beginnt. Nun, die in der unmittelbaren Nähe der Kugel befindlichen Partikeln des Mediums werden fortgestoßen, so daß eine kugelförmige, man könnte sagen, Wasser- oder Lufthülle – je nachdem, welches Medium wir gewählt haben – abnorm verdichtet wird. Wenn die Kugel sich wieder zusammenzieht, nimmt die Dichte in den Regionen des Mediums, welche die Kugel unmittelbar umgeben, wieder ab. Diese Dichteschwankungen breiten sich nun durch das ganze Medium aus. Zwar führen die einzelnen Partikeln, aus denen sich das Medium zusammensetzt, nur kleine

Schwingungen aus, doch läuft das Ganze im Endeffekt auf eine fortschreitende Wellenbewegung hinaus. Das Neue an dieser Erscheinung liegt darin, daß wir es zum erstenmal mit der Bewegung von etwas anderem als Materie, nämlich von Energie, zu tun haben – Energie, die sich durch Materie fortpflanzt.

Auf Grund des Versuches mit der pulsierenden Kugel können wir zwei neue physikalische Begriffe einführen, die wir für die Charakterisierung von Wellen brauchen. Da ist zunächst die Geschwindigkeit, mit der die Welle sich ausbreitet und die vom Medium abhängt, also zum Beispiel für Wasser eine andere ist als für Luft. Das zweite ist die *Wellenlänge*, und die entspricht bei Wellen, wie wir sie von der See oder von Flüssen her kennen, der Entfernung von einem Wellental zum nächsten bzw. von einem Wellenberg zum anderen. Meereswellen haben zum Beispiel eine größere Wellenlänge als Wasserwellen auf Flüssen. Bei den Wellen in unserem Experiment, die durch eine pulsierende Kugel erzeugt werden, ist die Wellenlänge gleich dem Abstand zwischen zwei benachbarten kugelförmigen Hüllen mit maximaler bzw. minimaler Dichte in einem bestimmten Zeitpunkt. Es liegt auf der Hand, daß dieser Abstand sich nicht nur nach dem jeweiligen Medium richtet; vielmehr wird er sicherlich auch sehr stark vom Pulsationstempo der Kugel mitbestimmt: je schneller der Rhythmus, um so kürzer die Wellenlänge, und umgekehrt.

Diese absolut mechanistische Vorstellung von der Wellenbewegung hat sich in der Physik sehr gut bewährt. Das Phänomen wird einfach auf die Bewegung von Partikeln zurückgeführt, aus denen sich die Materie nach der kinetischen Theorie ja zusammensetzt. Jede Lehre, die mit dem Begriff „Welle“ arbeitet, kann somit ganz allgemein als mechanistisch angesehen werden. Ein Beispiel hierfür ist die Akustik, bei der durchweg alle Erscheinungen als Wellenbewegungen aufgefaßt werden können. Vibrierende Körper, wie Stimmband und Geigensaite, erzeugen Schallwellen, die sich in der Luft genauso ausbreiten, wie wir es bei der pulsierenden Kugel gesehen haben. So lassen sich alle akustischen Erscheinungen unter Zuhilfenahme des Wellenbegriffs auf mechanische Vorgänge zurückführen.

Es wurde bereits betont, daß wir zwischen der Bewegung der Partikeln und der der Welle selbst, also der Bewegung eines Zustandes des Mediums, unterscheiden müssen. Beide Bewegungsformen sind zwar an sich grundverschieden, doch

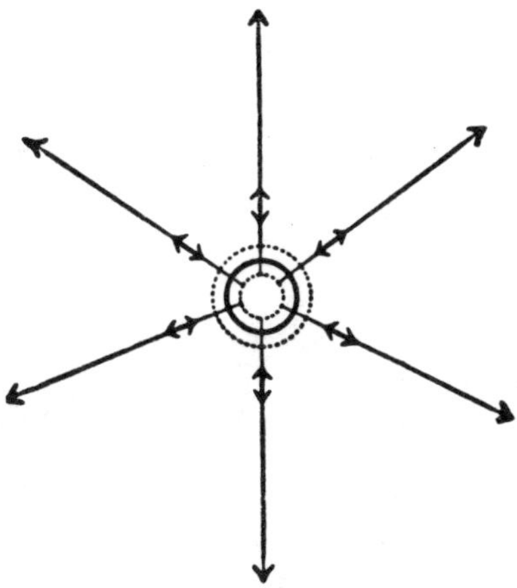

Fig. 36

leuchtet es ein, daß sich in unserem Beispiel mit der pulsierenden Kugel Partikeln und Wellen entlang der gleichen Geraden bewegen. Die Partikeln des Mediums schwingen innerhalb kurzer Strecken, wodurch die Dichte dementsprechend periodisch zu- und abnimmt, und die Richtung, in der die Welle sich ausbreitet, deckt sich mit der Linie, in der die Schwingungen liegen. Wellen dieser Art nennt man *Longitudinal- oder Längswellen.* Gibt es denn auch noch andere Wellen? Nun, wir werden gleich sehen, daß es allerdings noch eine zweite Wellenart gibt, und gerade diese ist für unsere weiteren Betrachtungen von größter Bedeutung. Es sind die sogenannten *Transversal- oder Querwellen.*

Wandeln wir unser Beispiel von vorhin etwas ab. Die Kugel soll jetzt, statt von Luft oder Wasser, von einem andersartigen Medium, einer Art Gallerte, umgeben sein. Außerdem pulsiert sie nicht mehr, sondern sie dreht sich immer ein wenig und kehrt dann gleich wieder in ihre Ausgangslage zurück. Diese Bewegung erfolgt stets im gleichen Takt und um eine bestimmte, gleichbleibende Achse. Da die Gallerte an der Kugel haftet, werden die Teile der Masse,

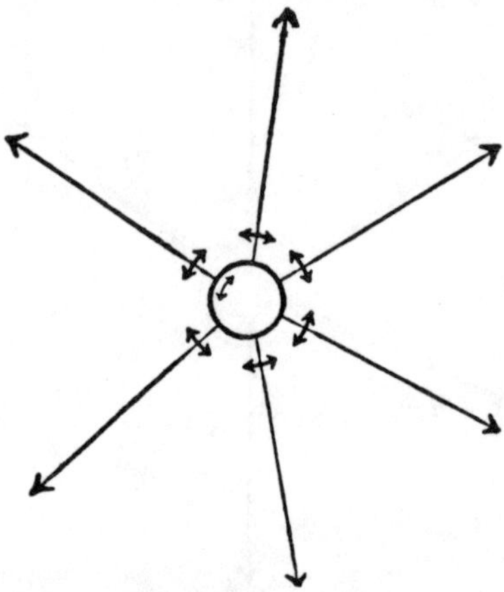

Fig. 37

die unmittelbar mit der Kugel in Berührung kommen, bei jeder Drehung mitgerissen, und diese Teile wiederum veranlassen die etwas weiter entfernten, die Bewegung gleichfalls mitzumachen, und so fort. Das Ergebnis ist eine Welle. Wenn wir uns wiederum den Unterschied zwischen Bewegung des Mediums und Wellenbewegung vor Augen halten, so erkennen wir, daß in diesem Falle nicht beide auf der gleichen Linie liegen. Die Welle pflanzt sich in radialer Richtung fort, während die Bestandteile des Mediums senkrecht dazu schwingen. Das ist dann eine Querwelle.

Die Bewegungen in der Wasseroberfläche zum Beispiel werden von solchen Querwellen hervorgerufen. Ein schwimmender Korken hüpft nur auf und ab, während die Welle sich in einer horizontalen Ebene fortpflanzt. Schallwellen dagegen sind das bekannteste Beispiel für Längswellen.

Noch etwas wollen wir hier gleich besprechen: Eine Welle, die in einem homogenen Medium von einer pulsierenden oder oszillierenden Kugel erzeugt wird, ist eine *Kugelwelle*. Sie heißt deshalb so, weil alle Punkte irgendeiner gedachten Kugelfläche mit der Schwingungsquelle als Mittelpunkt jeweils im gleichen Moment die gleiche Schwingungsphase durchmachen. Wenn wir uns aus einer solchen Kugelfläche

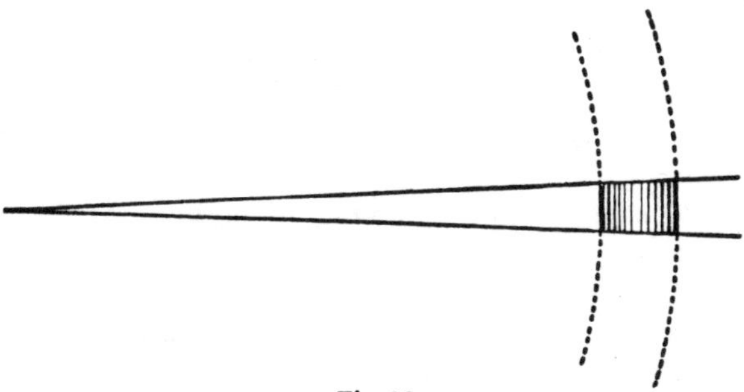

Fig. 38

einen Abschnitt herausgreifen, so wird er einer Ebene um so ähnlicher sehen, je weiter wir von der Quelle weggehen und je kleiner wir ihn wählen. Ohne Anspruch auf übermäßige Exaktheit erheben zu wollen, können wir sagen, daß zwischen einer Ebene und dem Ausschnitt aus einer Kugelfläche mit entsprechend großem Radius kein wesentlicher Unterschied besteht. Sehr oft reden wir von *ebenen Wellen*, wenn es sich in Wirklichkeit eigentlich um kleine Ausschnitte aus Kugelwellen handelt, die weit von ihrer Quelle entfernt sind. Je weiter wir mit dem schraffierten Teil in unserer Skizze von dem gemeinsamen Mittelpunkt der Kugeln weggehen und je kleiner der von den beiden Radien gebildete Winkel ist, um so besser gelingt uns die Darstellung einer ebenen Welle. Im Grunde genommen ist eine ebene Welle natürlich wie vieles in der Physik etwas rein Fiktives. Vollkommen eben wird sie in der Praxis niemals sein. Dennoch kann man mit diesem Begriff sehr viel anfangen, wie wir später noch sehen werden.

Die Wellentheorie des Lichts

Erinnern wir uns, warum wir die Beschreibung der optischen Erscheinungen abgebrochen hatten. Wir wollten eine Theorie des Lichts aufstellen, die sich auf anderen Voraussetzungen aufbaut als die Korpuskulartheorie, trotzdem aber eine Erklärung der Gesetzmäßigkeiten des gleichen Gebietes ermöglicht. Dazu mußten wir unsere Betrachtungen unterbrechen und zunächst den Begriff „Welle" klarstellen, doch können wir jetzt zu unserem eigentlichen Thema zurückkehren.

Huygens, ein Zeitgenosse Newtons, war es, der diese gänzlich neuartige Theorie entwickelte. Er schreibt in seiner Abhandlung über das Licht:

> Wenn das Licht überdies Zeit für seine Fortpflanzung braucht – was wir jetzt näher untersuchen wollen –, so folgt daraus, daß diese Bewegung von der Materie sukzessive weitergeleitet wird und sich deshalb wie beim Schall in Form sphärischer Flächen und Wellen ausbreiten muß. Ich spreche von Wellen, weil dieser Vorgang demjenigen ähnelt, den man beobachten kann, wenn man einen Stein ins Wasser wirft. Die entstehenden Wellen breiten sich sukzessive kreisförmig aus. Allerdings sind sie auf eine andere Ursache zurückzuführen als die des Lichtes, und außerdem bleiben sie auf eine ebene Fläche beschränkt.

Nach Huygens hat das Licht Wellennatur, und es entsteht durch eine Weitergabe von Energie und nicht von Substanz. Wir haben oben gesehen, daß die Korpuskulartheorie für viele Erfahrungstatsachen eine Erklärung bietet. Läßt sich von der Wellentheorie das gleiche sagen? Wieder müssen wir die gleichen Fragen stellen, die wir schon einmal von der Korpuskulartheorie her beantwortet haben, damit wir sehen, wie die Wellentheorie sich bewährt. Wir wollen dieser Erörterung die Form eines Dialoges zwischen zwei Personen, N und H, geben. N ist Newton-Anhänger, das heißt, er glaubt an dessen Korpuskulartheorie, H dagegen schwört auf Huygens' Lehre. Keiner darf Argumente ins Treffen führen, die erst nach Abschluß des Lebenswerkes dieser beiden Großen formuliert worden sind.

N: In der Korpuskulartheorie ist mit der Lichtgeschwindigkeit etwas ganz Bestimmtes gemeint, nämlich die Geschwindigkeit, mit der die Korpuskeln den leeren Raum durchmessen. Wie steht es damit bei der Wellentheorie?

H: Sie ist hier natürlich gleich der Geschwindigkeit der Lichtwellen. Alle Wellen, die wir kennen, breiten sich mit einer bestimmten Geschwindigkeit aus; so eben auch die Lichtwellen.

N: Das ist nicht so einfach, wie es aussieht. Schallwellen breiten sich in der Luft aus, Meereswellen im Wasser. So braucht jede Welle ein materielles Medium für ihre Fortpflanzung. Das Licht durchquert aber den leeren Raum, was der Schall nicht kann. Wenn man aber von einer Welle im leeren Raum spricht, so ist das doch eigentlich paradox.

H: Da liegt allerdings eine Schwierigkeit, doch ist sie mir keineswegs neu. Mein Lehrmeister hat diese Frage sehr sorgfältig durchdacht und ist zu dem Schluß gekommen, daß der einzige Ausweg aus diesem Dilemma darin besteht, eine hypothetische Substanz, einen *Äther*, ein transparentes Medium anzunehmen, das den ganzen Weltraum erfüllt. Das Universum schwimmt sozusagen in Äther. Bringen wir den Mut auf, diesen Begriff einzuführen, so wird auch alles andere gleich klar und einleuchtend.

N: Ich erhebe aber Einspruch gegen eine solche Annahme. Zunächst habe ich nichts für eine neue hypothetische Substanz übrig, wo wir in der Physik ohnedies schon mit viel zu vielen Stoffen arbeiten, und außerdem spricht auch noch etwas anderes dagegen. Sie sind doch zweifellos gleich mir überzeugt, daß wir für alles und jedes eine mechanistische Erklärung finden müssen. Wie steht es nun in dieser Beziehung mit dem Äther? Können Sie mir die einfache Frage beantworten, wie dieser Äther aus seinen Elementarpartikeln aufgebaut ist und wie er sich bei anderen Phänomenen manifestiert?

H: Ihr erster Einwand ist gewiß gerechtfertigt, doch wenn wir uns des allerdings etwas weit hergeholten schwerelosen Äthers bedienen, so werden wir dafür mit einem Schlage die noch viel unnatürlicheren Lichtkorpuskeln los. Wir haben dann nur noch eine „mysteriöse" Substanz statt einer unbegrenzten Menge derartiger Stoffe, wie wir sie für die zahllosen Spektralfarben brauchen. Halten Sie das nicht doch für einen beträchtlichen Fortschritt? Zumindest haben wir damit alle Schwierigkeiten auf eine reduziert, und wir brauchen nicht mehr an der unglaubhaften Annahme festzuhalten, daß die Partikeln der verschiedenen Farben mit gleicher Geschwindigkeit den leeren Raum durchqueren. Auch Ihr zweites Argument ist an sich durchaus stichhaltig. Wir können den Äther tatsächlich nicht mechanistisch erklären, doch wird die weitere Untersuchung optischer und vielleicht auch anderer Erscheinungen uns zweifellos eines Tages über seine Struktur Aufschluß geben. Vorläufig müssen wir erst einmal auf neue Experimente und theoretische Erkenntnisse warten, doch hoffe ich, daß wir schließlich einmal in der Lage sind, das Problem der mechanischen Struktur des Äthers aufzuhellen.

N: Lassen wir die Frage einstweilen auf sich beruhen, da wir sie jetzt noch nicht bereinigen können. Nur möchte ich wissen, wie Ihre Theorie, selbst wenn wir von den geschilderten Schwierigkeiten absehen, die Phänomene deutet, die nach der Korpuskulartheorie so klar und einleuchtend erscheinen. Nehmen wir zum Beispiel die Tatsache, daß

Lichtstrahlen sich im Vakuum und in der Luft geradlinig fortpflanzen. Wenn man ein Stück Pappe vor eine Kerze hält, so wirft es einen deutlich abgegrenzten Schatten an die Wand. Scharf umrandete Schatten könnte es aber gar nicht geben, wenn die Wellentheorie des Lichts richtig wäre; denn Wellen müßten am Rande der Pappe eine Beugung erfahren und auf diese Weise den Schattenumriß verwischen, wie ja auch ein kleines Boot kein Hindernis für die Meereswellen bildet, wie Sie wissen werden. Sie beugen sich einfach und schlängeln sich um das Fahrzeug herum, so daß kein Wellenschatten entsteht.

H: Das ist kein überzeugendes Argument. Denken Sie nur einmal an die kurzen Wellen, wie sie auf Flüssen entstehen. Wenn diese gegen die Bordwand eines großen Schiffes schlagen, so wird man sie auf der anderen Seite nicht weiterverfolgen können. Sind die Wellen nur entsprechend klein und ist das Schiff groß genug, so zeigt sich ein sehr deutlicher Schatten. Wahrscheinlich pflanzt das Licht sich nur deshalb geradlinig fort, weil es im Verhältnis zur Größenordnung normaler Objekte und Öffnungen, wie sie bei Experimenten Verwendung finden, eine sehr kleine Wellenlänge hat. Hätten wir ein entsprechend kleines Objekt zur Verfügung, so würde ja auch womöglich gar kein Schatten entstehen. Der Bau eines Apparates, mit dem sich nachweisen läßt, ob das Licht der Beugung unterliegt, mag vielleicht mit großen experimentiertechnischen Schwierigkeiten verbunden sein; bewältigen wir diese Aufgabe jedoch, so bringt das Versuchsergebnis eine unanfechtbare Entscheidung darüber, ob der Wellentheorie oder der Korpuskulartheorie der Vorzug zu geben ist.

N: Mag sein, daß die Wellentheorie späterhin neue Aufschlüsse bringt, doch ist mir vorläufig noch kein Experiment bekannt, das eine überzeugende Bestätigung dieser Lehre erbracht hätte. Solange es nicht experimentell eindeutig bewiesen ist, daß das Licht der Beugung unterliegt, sehe ich nicht ein, warum ich nicht an der Korpuskulartheorie festhalten soll, die mir einfacher und somit besser zu sein scheint als die Wellentheorie.

Hier wollen wir den Dialog abbrechen, obwohl das Thema noch keineswegs erschöpfend behandelt worden ist.

Es bleibt noch zu zeigen, wie die Wellentheorie die Strahlenbrechung und die Vielfalt der Farben erklärt. Die Korpuskulartheorie bietet ja eine Deutung dieser Phänomene, wie wir gesehen haben. Zunächst wollen wir auf die

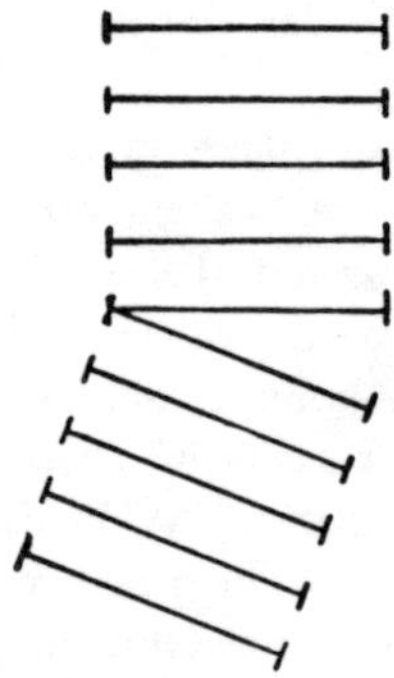

Fig. 39

Brechung eingehen und deren Wesen an einem Beispiel erläutern, das an sich gar nichts mit der Optik zu tun hat.

Denken wir uns eine weite Fläche, auf der zwei Männer einhergehen, die je ein Ende einer festen Stange in der Hand halten. Anfangs marschieren sie mit gleicher Geschwindigkeit geradeaus. Mögen sie nun schnell oder langsam gehen, solange sie gleiches Tempo halten, erleidet die Stange eine Parallelverschiebung, das heißt, sie macht keine Schwenkung und ändert somit ihre Fortbewegungsrichtung nicht. Alle Positionen, welche die Stange nacheinander einnimmt, sind einander parallel. Nehmen wir aber jetzt einmal an, daß die beiden Männer einen Moment – es braucht nur der Bruchteil einer Sekunde zu sein – nicht gleich schnell gehen.

Was geschieht dann? Natürlich macht die Stange während dieses kurzen Zeitraumes eine Schwenkung, so daß sie sich fortan nicht mehr parallel zu ihrer Ausgangsstellung verschiebt. Sobald das Tempo aber auf beiden Seiten wieder gleich wird, ist auch die Parallelverschiebung wieder da, nur daß sie jetzt in einer anderen Richtung liegt als vorher, wie unserer Skizze deutlich zu entnehmen ist. Die Richtungsänderung erfolgte in der Zeitspanne, in der die Männer verschieden schnell gegangen sind.

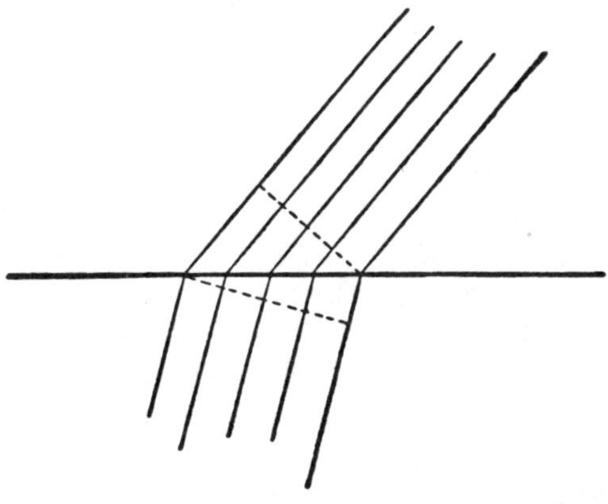

Fig. 40

An Hand dieses Beispiels werden wir jetzt auch die Brechung einer Welle verstehen. Denken wir uns eine den Äther durchmessende ebene Welle, die auf eine Glasplatte trifft. In Figur 40 sehen wir eine Welle, die sich auf verhältnismäßig breiter Front fortpflanzt. Unter einer Wellenfront verstehen wir eine gedachte Ebene aus lauter Ätherteilchen, die jeweils im gleichen Moment genau dieselbe Schwingungsphase durchmachen. Da die Geschwindigkeit dieser Welle von dem betreffenden Medium abhängt, wird sie für Glas eine andere sein als für den leeren Raum. Während des überaus kurzen Zeitraums, da die Wellenfront in das Glas eindringt, muß die Geschwindigkeit also für verschiedene Teile der Welle verschieden groß sein; denn natürlich bewegt sich der Teil, der das Glas schon erreicht hat, bereits mit der für Glas geltenden Lichtgeschwindigkeit, während die anderen vorläufig noch die Geschwindigkeit beibehalten, mit der das Licht den Äther durchdringt. Auf Grund dieser Geschwindigkeitsdifferenzen innerhalb der Wellenfront während des „Eintauchens" in das Glas muß sich die Richtung der Welle ändern.

Wir sehen somit, daß nicht nur die Korpuskulartheorie, sondern auch die Wellentheorie eine Deutung der Brechung ermöglicht. Wenn man sich näher damit befaßt und noch ein wenig Mathematik zu Hilfe nimmt, so erkennt man, daß die Erklärung nach der Wellentheorie zudem die einfachere und bessere ist und daß die Folgerungen daraus absolut mit der Beobachtung übereinstimmen. Wir können mit quantitativen Methoden sogar die Lichtgeschwindigkeit für ein lichtbrechendes Medium berechnen, sofern wir wissen, wie stark dieses den Lichtstrahl beim Eindringen bricht.

So bleibt uns nur mehr das Farbenproblem.

Wir wollen uns vergegenwärtigen, daß eine Welle durch zwei Zahlen charakterisiert wird: Geschwindigkeit und Wellenlänge. Die Grundvoraussetzung der Wellentheorie des Lichts ist nun die, daß die *verschiedenen Farben auf Unterschiede in der Wellenlänge zurückgehen.* Die Wellenlänge von homogenem gelbem Licht ist eine andere als die von rotem oder violettem. Dadurch ersetzen wir die recht weit hergeholte buntfarbige Korpuskelsammlung durch die viel einleuchtendere Variabilität der Wellenlänge.

Aus diesem allem ergibt sich, daß man Newtons Versuche mit der Farbenzerstreuung des Lichts sozusagen durch zwei verschiedene Brillen sehen kann, durch die der Korpuskulartheorie und durch die der Wellentheorie. Wir können also zum Beispiel sagen:

KORPUSKULARBRILLE	WELLENBRILLE
Die Korpuskeln der verschiedenen Farben haben im Vakuum die gleiche Geschwindigkeit, doch pflanzen sie sich in Glas verschieden schnell fort.	Strahlen mit verschiedenen Wellenlängen, wie sie den verschiedenen Farben zugeordnet sind, haben im Äther die gleiche Geschwindigkeit, doch pflanzen sie sich in Glas verschieden schnell fort.
Weißes Licht setzt sich aus den Korpuskeln verschiedener Farben zusammen, während diese Korpuskelgattungen im Spektrum getrennt sind.	Weißes Licht setzt sich aus Wellen aller Längen zusammen, die im Spektrum jedoch getrennt sind.

Es wäre nun natürlich das gescheiteste, den Zwiespältigkeiten, die sich aus der Existenz zweier in sich abgeschlossener Theorien über das gleiche Phänomen ergeben, dadurch aus dem Wege zu gehen, daß man sich nach eingehender Prüfung des Für und Wider für eine entscheidet. Aus dem Dialog zwischen N und H ergibt sich, daß das nun aber gar nicht so leicht ist. In der jetzigen Phase unserer Überlegungen sieht es fast so aus, als ob eine solche Entscheidung mehr Geschmacksache sei und nicht sosehr von wissenschaftlichen Gesichtspunkten bestimmt werde. Zur Zeit Newtons und in dem Jahrhundert danach zogen die meisten Physiker jedenfalls die Korpuskulartheorie vor.

Das Urteil der Geschichte ist aber ungeachtet dessen zugunsten der Wellentheorie des Lichts ausgefallen. Die Korpuskulartheorie wurde, wenn auch erst viel später, Mitte des neunzehnten Jahrhunderts, schließlich doch zum alten Eisen geworfen. Während seiner Debatte mit H hat N vorhin erklärt, daß eine Entscheidung darüber, welche von den beiden Theorien die richtige ist, grundsätzlich auf experimentellem Wege möglich sei. Nach der Korpuskulartheorie darf es keine Beugung des Lichts geben; denn sie verlangt scharf begrenzte Schatten. Nach der Wellentheorie jedoch soll ein entsprechend kleines Objekt keinen Schatten werfen. Young und Fresnel konnten diese Annahme tatsächlich experimentell bestätigen und die theoretischen Schlüsse ziehen.

Wir haben bereits einen überaus einfachen Versuch geschildert, bei dem ein Schirm mit einem Loch so vor einer punktförmigen Lichtquelle aufgestellt wird, daß an der Wand ein Schattenbild entsteht. Dieses Experiment wollen wir jetzt noch mehr vereinfachen und annehmen, daß die Lichtquelle homogenes Licht ausstrahlt. Je stärker die Lichtquelle, um so besser das Resultat. Nun soll das Loch im Schirm nach und nach immer mehr verkleinert werden. Haben wir eine starke Lichtquelle und gelingt es uns, das Loch entsprechend zu verengern, so zeigt sich ein neues, verblüffendes Phänomen, das von der Korpuskulartheorie her absolut unbegreiflich bleiben muß. Helle und dunkle Bereiche sind nämlich mit einemmal nicht mehr deutlich gegeneinander abgegrenzt. Das Licht verliert sich in Form einer Reihe abwechselnd heller und dunkler Ringe allmählich immer mehr, bis es ganz in der dunklen Umgebung untergeht. Das Auftreten von Ringen ist etwas für eine Wellentheorie sehr Charakteristisches, und wenn wir die Versuchsanordnung ein wenig abändern, werden wir auch eine Erklärung für die abwechselnd hellen und dunklen Zonen finden. Lassen wir das Licht einmal auf ein dunkles Stück Pappe fallen, das wir zuvor an zwei Stellen mit einer Stecknadel durchbohrt haben. Wenn die Löcher dicht nebeneinander liegen und sehr klein sind, und wenn die Lampe, die das homogene Licht ausstrahlt, stark genug ist, so erscheinen an der Wand zahlreiche helle und dunkle Streifen, die sich zu beiden Seiten nach und nach im Dunkel verlieren. Diese Erscheinung läßt sich ganz einfach erklären. Dort, wo ein Wellental des Lichtstrahls aus dem einen Loch mit einem Wellenberg aus dem anderen zusammentrifft, entsteht ein dunkler Streifen, da sich beide aufheben. Wo aber zwei Wellentäler oder zwei Wellenberge von verschiedenen

TAFEL II

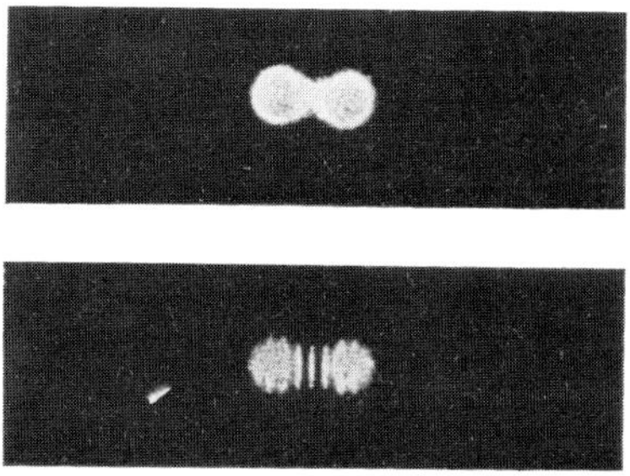

(Photo V. Arkadiev)

Oben: *Zwei Lichtflecken, die dadurch entstanden sind, daß man zwei Lichtstrahlen nacheinander durch zwei feine Öffnungen leitete (es wurde immer nur eine Öffnung zur Zeit aufgeblendet).* Unten: *Streifenmuster bei gleichzeitigem Durchgang des Lichtes durch beide Öffnungen*

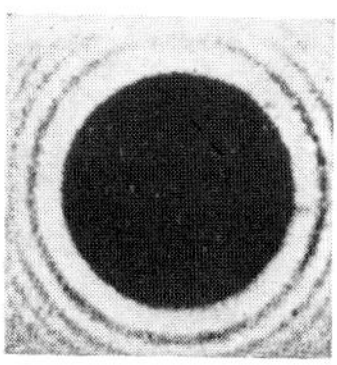

Beugung des Lichtes an einem kleinen Objekt

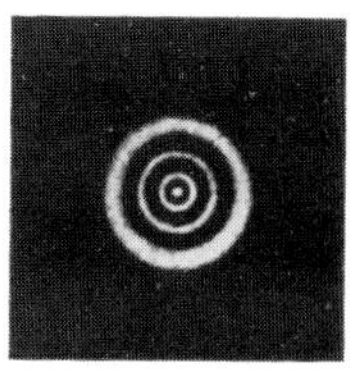

(Photo V. Arkadiev)

Beugung des Lichtes beim Durchgang durch eine feine Öffnung

Strahlen zusammenkommen, zeigt sich ein heller Streifen, weil zwei Wellentäler bzw. -berge einander verstärken. Die dunklen und hellen Ringe in unserem vorigen Beispiel mit einer Öffnung im Schirm sind nicht so einfach zu erklären, doch handelt es sich auch dabei eigentlich im Prinzip um die gleiche Erscheinung. Dieses Phänomen, das Auftauchen dunkler und heller Streifen bei zwei Löchern, heller und dunkler Ringe hingegen bei einem Loch, wollen wir uns merken; denn wir werden später wieder darauf zurückkommen und die beiden verschiedenen Effekte noch näher besprechen. Bei allen diesen Experimenten haben wir es mit der *Diffraktion* oder *Beugung* des Lichts zu tun, das heißt mit der Ablenkung der Strahlen von der geradlinigen Fortpflanzungsrichtung beim Passieren kleiner Öffnungen oder beim Auftreffen auf kleine Objekte.

Mit ein wenig Mathematik kommen wir sogar noch bedeutend weiter. Man kann nämlich berechnen, wie groß oder vielmehr klein die Wellenlänge sein muß, damit ein bestimmtes Beugungsmuster entsteht. So können wir auf Grund der geschilderten Experimente die Wellenlänge des homogenen Lichts messen, das wir als Lichtquelle verwendet haben. Damit man sich ein Bild machen kann, mit wie kleinen Zahlen wir es bei den Wellenlängen des Lichts zu tun haben, sollen hier zwei Werte angegeben werden, und zwar die der beiden äußersten Extreme des Sonnenspektrums, also des roten bzw. des violetten Lichts.

Die Wellenlänge des roten Lichts beträgt 0,0008 mm.

Die Wellenlänge des violetten Lichts beträgt 0,0004 mm.

Wir dürfen uns nicht darüber wundern, daß diese Zahlen so klein sind. Scharf abgegrenzte Schatten, das heißt die geradlinige Fortpflanzung des Lichts, können wir in der Natur nur deshalb beobachten, weil alle normalerweise vorkommenden Öffnungen und Objekte im Vergleich zur Wellenlänge des Lichts äußerst groß sind. Nur wenn wir es mit sehr kleinen Objekten oder Öffnungen zu tun haben, verrät das Licht seine Wellennatur.

Damit ist die Suche nach einer brauchbaren Theorie des Lichts aber noch keineswegs endgültig abgeschlossen. Das Urteil des neunzehnten Jahrhunderts war kein abschließendes und endgültiges; denn der moderne Physiker sieht sich wiederum vor die Frage gestellt, ob es sich beim Licht um Korpuskeln oder um Wellen handelt, nur wird das Für und Wider dieses Mal auf einer höheren Ebene diskutiert, wodurch das ganze Problem allerdings nur noch erheblich komplizierter geworden ist. Wir wollen aber zunächst einmal die Niederlage der Korpuskulartheorie des Lichts als gegeben hinnehmen, bis wir selbst sehen, wie problematisch der Sieg der Wellentheorie eigentlich ist.

Hat das Licht Längs- oder Querwellen?

Alle bisher besprochenen optischen Phänomene sprechen für die Wellentheorie. Die durchschlagendsten Argumente sind: die Beugung des Lichts an kleinen Objekten und unsere Erklärung der Brechung. Wenn wir uns weiterhin an die mechanistische Auffassung halten wollen, so müssen wir feststellen, daß noch immer ein Problem ungelöst geblieben ist, nämlich die Bestimmung der mechanischen Eigenschaften des Äthers. Soll das nachgeholt werden, dann haben wir vor allem einmal festzustellen, ob die Lichtwellen sich im Äther als Längs- oder Querwellen ausbreiten, oder, um es anders auszudrücken: pflanzt sich das Licht so wie der Schall fort? Wird die Welle durch Dichteveränderungen im Medium hervorgerufen, so daß die Partikeln in der gleichen Richtung schwingen, in der die Welle sich fortpflanzt, oder läßt sich der Äther eher mit einer gallertartigen Masse vergleichen, einem Medium, in dem nur Querwellen entstehen können und dessen Teilchen senkrecht zur Fortbewegungsrichtung der Welle schwingen?

Bevor wir diese Frage entscheiden, wollen wir uns erst einmal darüber klarzuwerden suchen, welche Lösung uns am willkommensten wäre. Nun, es wäre doch wohl sehr zu begrüßen, wenn wir in den Lichtwellen Längsschwingungen sehen dürften. Dann ließe sich das mechanische Modell des Äthers nämlich viel einfacher konstruieren. Höchstwahrscheinlich würde unsere Vorstellung vom Äther dann in gewisser Weise dem mechanischen Schema für Gase ähneln, mit dem wir die Fortpflanzung der Schallwellen erklären. Viel schwieriger wäre es dagegen, wollten wir uns einen Äther ausdenken, dessen Teilchen so angeordnet sind, daß er Querwellen übertragen könnte, also sozusagen einen gallertartigen Äther. Huygens glaubte, es müsse sich irgendwie herausstellen, daß der Äther eher „luftähnlich" als „gallertartig" sei, doch kümmert sich die Natur nur sehr wenig um die Vorschriften, die ihr der Mensch machen möchte. Ist die Natur den Physikern, die es darauf angelegt hatten, alle Vorgänge vom Mechanischen her verständlich zu machen, nun in diesem Punkte entgegengekommen? Bevor wir diese Frage beantworten können, müssen wir zunächst noch ein paar weitere Experimente besprechen.

Näher wollen wir allerdings nur auf einen von vielen Versuchen eingehen, die geeignet wären, uns Klarheit über diesen Punkt zu verschaffen. Wir brauchen dazu eine sehr dünne Scheibe aus Turmalinkristall, die in einer Weise geschliffen ist, auf die wir hier nicht näher eingehen wollen. Die Kristallscheibe muß so dünn sein, daß wir eine Lichtquelle, unser zweites Requisit, einwandfrei sehen können, wenn wir den Turmalin zwischen Auge und Lampe halten. Jetzt nehmen wir noch eine zweite Platte hinzu und halten auch diese zwischen Auge und Lichtquelle. Was werden wir dann sehen? Nun, wenn die Platten dünn genug sind, natürlich nach wie vor einen hellen Fleck, sagen wir uns, und wir haben auch tatsächlich große Chancen, diese unsere Vermutung bestätigt zu finden. Ohne uns den Kopf über den damit ausgesprochenen Vorbehalt zu zerbrechen, aus dem hervorgeht, daß es offenbar auch anders kommen könne, wollen wir annehmen, daß der helle Fleck wirklich noch sichtbar ist, wenn wir durch beide Kristalle hindurchblicken. Nun soll die Lage einer der Kristallscheiben aber durch Drehen verändert werden. Diese Anweisung hat nur dann einen Sinn, wenn für diese Drehung eine Achse festgelegt wird, und so wollen wir die durch den einfallenden Lichtstrahl

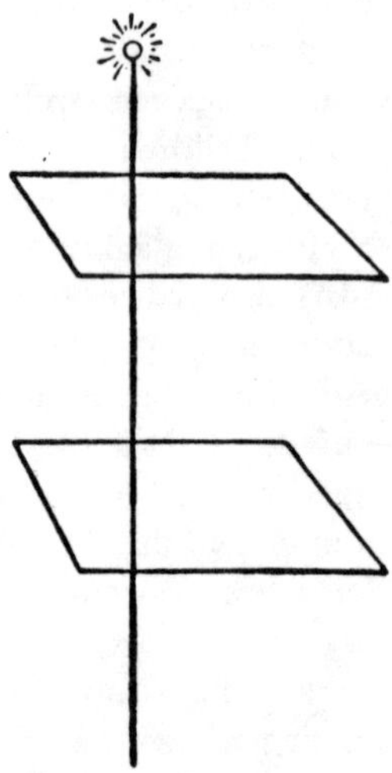

Fig. 41

gegebene Linie dazu machen, das heißt, wir verschieben bei der Drehung alle Punkte der einen Kristallscheibe mit Ausnahme derjenigen, durch welche die Achse hindurchgeht. Dabei beobachten wir eine merkwürdige Erscheinung. Das Licht wird nämlich allmählich schwächer und schwächer, bis es schließlich vollständig erlischt. Drehen wir die Scheibe dann noch weiter, taucht es wieder auf, und wenn sie in die Ausgangsstellung zurückkehrt, sehen wir es genauso gut wie zuvor.

Ohne auf dieses und ähnliche Experimente näher eingehen zu müssen, können wir schon folgende Frage stellen: Lassen sich derartige Erscheinungen erklären, wenn die Lichtwellen longitudinal sind? Bei Längswellen müßten die Ätherpartikeln in der Richtung der Achse schwingen, in der sich ja auch der Strahl fortpflanzt. Wenn der Kristall rotiert, verändert sich jedoch entlang der Achse gar nichts. Die Punkte, durch die sie hindurchgeht, verändern ihre Lage nicht, und auch in ihrer unmittelbaren Nähe geht nur eine sehr geringe Verschiebung vor sich. Wenn es sich um Längswellen handelte, könnte sich eine so radikale Veränderung wie das Verschwinden einer Lichterscheinung bzw. das Auftauchen einer neuen keinesfalls ereignen. Dieses Phänomen läßt sich also gleich anderen, ähnlichen Vorgängen nur unter der Voraussetzung deuten, daß die Lichtwellen transversal und nicht longitudinal schwingen, oder, um es anders zu formulieren: wir müssen annehmen, daß der Äther gallertartig ist.

Das ist sehr betrüblich; den nun werden wir mit der mechanistischen Erklärung unseres Äthers die größten Schwierigkeiten haben.

Äther und mechanistisches Denken

Mit einer Besprechung all der mannigfaltigen Versuche, die schon unternommen worden sind, um die mechanische Natur des Äthers als eines Mediums für die Fortpflanzung des Lichts zu bestimmen, könnte man Bände füllen. Wenn eine Substanz mechanisch aufgebaut sein soll, dann müssen ihre Partikeln, wie wir schon wissen, von Kräften zusammengehalten werden, die entlang gedachter Verbindungslinien zwischen ihnen walten und ausschließlich von der Entfernung abhängen. In ihrem Bemühen, dem Äther den Charakter einer gallertartigen Substanz zu unterschieben, mußten die Physiker mit einigen sehr weit hergeholten und widersinnigen Annahmen arbeiten, die wir hier nicht nennen wollen, da sie schon nahezu völlig in Vergessenheit geraten sind. Dennoch führten alle diese Bestrebungen zu einem überaus bedeutenden Resultat; denn die Widersinnigkeit aller dieser Postulate gab schließlich zusammen mit der Notwendigkeit, sich auf so viele völlig unzusammenhängende Annahmen stützen zu müssen, den Anstoß zur Überwindung der mechanistischen Lehre.

Abgesehen davon, daß es so schwierig ist, den Äther überhaupt zu konstruieren, sprechen aber auch noch andere, einfachere Einwände gegen ihn. Sollen nämlich alle optischen Erscheinungen vom Mechanischen her gedeutet werden, so muß der ganze Weltenraum von dem Äther erfüllt sein; denn wenn das Licht für seine Fortpflanzung tatsächlich ein Medium braucht, kann es keinen leeren Raum geben.

Wir wissen nun aber aus der Mechanik, daß der interstellare Raum die Bewegung materieller Körper nicht hemmt. Die Planeten wandern zum Beispiel durch die „Äther-Gallerte", ohne je auf einen Widerstand zu stoßen, wie er ihnen von einem materiellen Medium zweifellos entgegengesetzt werden müßte. Wenn der Äther aber die Materie in ihrer Bewegung nicht beeinträchtigt, so kann es keine Wechselwirkung zwischen Äther- und Materieteilchen geben. Licht geht nun zwar durch Glas und Wasser genauso hindurch wie durch den Äther, doch ändert sich seine Geschwindigkeit in den erstgenannten Substanzen. Wie läßt sich das mechanistisch erklären? Doch wohl nur so, daß wir eine Wechselwirkung zwischen Äther und Materieteilchen postulieren. Gerade haben wir aber gesehen, daß es bei frei bewegten Körpern keine derartigen Wechselwirkungen geben kann. Eine Wechselwirkung zwischen Äther und Materie sollte es also womöglich nur bei optischen, nicht aber bei mechanischen Vorgängen geben!? Das wäre doch wohl eine sehr paradoxe Schlußfolgerung.

Aus diesem Dilemma gibt es anscheinend nur einen Ausweg. In dem Bemühen, die Naturerscheinungen im mechanistischen Sinne zu deuten, wie es für die ganze Entwicklung der Naturwissenschaft bis ins zwanzigste Jahrhundert charakteristisch ist, sah man sich genötigt, hypothetische

Substanzen, wie elektrische und magnetische Fluida, Lichtkorpuskeln und Äther, einzuführen und erreichte damit nichts weiter als eine Zurückführung aller Schwierigkeiten auf ein paar Grundprobleme. Ein Beispiel hierfür ist eben die Einführung des Lichtäthers in die Optik. Hier scheinen nun aber all die fruchtlosen Bemühungen, den Äther auf einfache Art zu konstruieren, im Verein mit anderen Widersprüchen darauf hinzudeuten, daß der Fehler eben schon in der allen anderen Überlegungen zugrunde liegenden Annahme beschlossen liegt, es sei möglich, alle Vorgänge in der Natur vom Mechanischen her zu erklären. Der Naturwissenschaft ist es nicht gelungen, das mechanistische Programm restlos und überzeugend durchzuführen, und heute glaubt kein Physiker mehr, daß es sich überhaupt konsequent zu Ende führen läßt.

Bei unserer kurzen Besprechung der physikalischen Leitgedanken sind wir auf manch ungelöstes Problem gestoßen und haben die Schwierigkeiten und Hindernisse kennengelernt, welche immer wieder alle Versuche vereitelt haben, sämtliche Erscheinungen der Außenwelt in ein einheitliches Gedankengebäude mit logischer Struktur einzuordnen. So haben wir gesehen, wie in der klassischen Mechanik die Tatsache der Identität von schwerer und träger Masse so lange unbemerkt geblieben ist, wir sprachen über das Unnatürliche der Vorstellung von den elektrischen und magnetischen Fluida und stießen im Zusammenhang mit der Wechselwirkung zwischen elektrischem Strom und Magnetnadel noch auf ein mechanistisch unlösbares Problem. Wir erinnern uns, daß die Kraft dort nicht entlang der Verbindungslinie von Draht und Magnetpol wirkt und überdies mit der Geschwindigkeit der bewegten Ladung zusammenhängt. Das Gesetz für Richtung und Ausmaß dieser Kraft erwies sich als äußerst kompliziert. Schließlich aber kamen wir auf das große Ätherproblem zu sprechen.

Die moderne Physik hat alle diese Fragen von neuem aufgerollt und auch gelöst. Allerdings sind uns aus dem Ringen um diese Lösungen wieder neue, noch tiefgründigere Probleme erwachsen. Unser Wissen erscheint im Vergleich zu dem der Physiker des neunzehnten Jahrhunderts beträchtlich erweitert und vertieft, doch gilt für unsere Zweifel und Schwierigkeiten das gleiche.

Wir fassen zusammen:

Wir sehen, wie man sich mit den alten Lehren von den elektrischen Fluida, mit der Korpuskular- und Wellentheorie des Lichts weiterhin bemüht, alles vom Mechanischen her zu deuten. Im Reiche der elektrischen und optischen Erscheinungen stoßen wir dabei jedoch auf ernste Schwierigkeiten.

Die Magnetnadel wird von einer bewegten Ladung beeinflußt, doch hängt die dabei beteiligte Kraft nicht allein von der Entfernung, sondern auch von der Geschwindigkeit der Ladung ab. Sie äußert sich nicht als Abstoßung oder Anziehung, sie wirkt vielmehr senkrecht zu der gedachten Verbindungslinie zwischen Nadel und Ladung.

In der Optik haben wir uns für die Wellentheorie und gegen die Korpuskulartheorie des Lichts entscheiden müssen. Wellen, die sich in einem Medium ausbreiten, zwischen dessen Partikeln mechanische Kräfte walten, haben zweifellos mechanischen Charakter. Wie sieht nun aber das Medium aus, worin sich das Licht ausbreitet? Es besteht gar keine Hoffnung, die optischen Phänomene auf mechanische zurückzuführen, bevor diese Frage nicht geklärt ist, doch sind die mit der Lösung dieses Problems verbundenen Schwierigkeiten so groß, daß wir ein solches Vorhaben ganz aufgeben müssen, womit wir allerdings auch das ganze mechanistische Denken als überwunden anzusehen haben.

KRAFTFELD
UND RELATIVITÄTSTHEORIE

Das Feld als Darstellungsform

In der zweiten Hälfte des neunzehnten Jahrhunderts wurde die Physik durch neue, bahnbrechende Ideen reformiert. Diese Ideen wiesen den Weg zu neuen philosophischen Anschauungen, die das mechanistische Denken ablösen sollten. Faraday, Maxwell und Hertz schufen die Grundlagen für die moderne Physik mit ihren neuen Begriffen, die sich zu einem neuen Weltbild fügten.

Uns fällt jetzt die Aufgabe zu, den Umschwung zu schildern, den diese neuen Begriffe in der Naturwissenschaft herbeigeführt haben, und zu zeigen, wie sie sich nach und nach immer deutlicher herauskristallisiert und konsolidiert haben. Wir wollen uns bemühen, die Dinge nach Möglichkeit so darzustellen, daß man sieht, wie sich jeder neue Fortschritt aus dem vorhergehenden logisch ergeben hat, ohne uns allzuviel um die chronologische Reihenfolge zu kümmern.

Die neuen Begriffe sind an und für sich im Zusammenhang mit elektrischen Vorgängen entstanden, doch ist es für uns einfacher, zunächst von der Mechanik her an sie heranzugehen. Daß zwei Partikeln einander anziehen und daß diese Anziehungskraft mit dem Quadrate der Entfernung abnimmt, wissen wir bereits. Diese Gesetzmäßigkeit wollen wir nun einmal nach einem ganz neuen Verfahren darstellen, wenn auch nicht gleich so ohne weiteres einzusehen ist, was wir davon haben. Der kleine Kreis in unserer Skizze stellt einen Körper dar, der eine Anziehungskraft ausübt. Eigentlich müssen wir uns statt der Skizze, die ja an eine Ebene gebunden ist, ein räumliches Modell vorstellen. Der Kreis entspricht dann einer im Raum schwebenden Kugel, also etwa der Sonne. Wenn man nun einen Gegenstand, einen sogenannten *Prüfkörper*, irgendwo in den Bereich der Sonne bringt, so wird er entlang einer gedachten Verbindungslinie der Mittelpunkte beider Körper angezogen. Die Linien in Figur 42 geben also die Richtung der Anziehungskraft der Sonne für verschiedene Positionen des Prüfkörpers an. Die in alle Linien eingezeichneten Pfeilspitzen zeigen, daß die

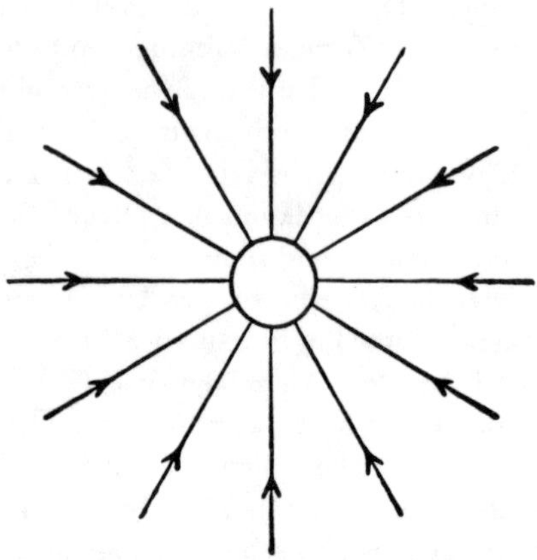

Fig. 42

Kraft gegen die Sonne gerichtet ist, daß es sich also um eine Anziehungskraft handelt. Die Strahlen in unserer Skizze sind die *Kraftlinien des Schwerefeldes.* Wir nehmen diese Bezeichnung vorläufig hin, ohne länger dabei zu verweilen, doch hat die Skizze eine Eigenheit, auf die wir später noch zurückkommen werden. Die Kraftlinien können nämlich im leeren Raum konstruiert werden, ohne daß Materie vorhanden zu sein braucht, und vorläufig zeigen sie alle oder, wie man auch sagen kann, zeigt das *Feld* lediglich an, wie sich ein Prüfkörper verhalten würde, den man in die Nähe der Kugel brächte, deren Feld wir konstruieren.

Die Linien unseres räumlichen Modells stehen allesamt senkrecht auf der Kugeloberfläche. Da sie von einem Punkt ausgehen, sind sie in der Nähe der Kugel dicht beieinander, um dann in größerer Entfernung immer schütterer zu werden. Wenn wir die Entfernung von der Kugel verdoppeln oder verdreifachen, beläuft sich die Dichte der Linien in unserem räumlichen Modell – wenn auch nicht in der Skizze – nur noch auf ein Viertel bzw. ein Neuntel ihres ursprünglichen Wertes. Die Linien erfüllen also einen doppelten Zweck: einmal geben sie die Richtung der Kraft an, die auf einen in die Nähe der Sonnenkugel gebrachten Körper einwirkt, und zum anderen läßt sich aus ihrer räumlichen Dichte ersehen, in welchem Verhältnis sich die Kraft mit der Entfernung verändert. Aus so einer Feldkonstruktion können wir also, sofern wir sie richtig zu deuten wissen, die Richtung der Anziehungskraft und ihr Abhängigkeitsverhältnis von der Entfernung herauslesen. Das Gravitationsgesetz ergibt sich aus einem solchen Modell mit gleicher Deutlichkeit wie aus einer Schilderung der ihm zugrunde liegenden Vorgänge mit Worten oder mit den präzisen und rationellen Ausdrücken der mathematischen Formelsprache. Diese *Felddarstellung*, wie wir sie nennen wollen,scheint uns nun zwar klar und auch recht interessant zu sein, doch ist zunächst kein Grund zu der Annahme vorhanden, daß sie tatsächlich einen Fortschritt bedeuten könnte. Ihre praktische Brauchbarkeit für den Fall der Massenanziehung nachzuweisen, wäre ein recht schwieriges Unterfangen. Der eine oder andere glaubt vielleicht, es könnte förderlich sein, in den Kraftlinien nicht bloß gezeichnete Striche zu sehen, sondern sich vorzustellen, daß die Kraft tatsächlich gleichsam durch sie hindurchströmt. Wenn man das aber tut, dann muß man die Geschwindigkeit der entlang der Kraftlinien wirkenden Impulse als unendlich groß ansehen. Nach Newtons Gesetz hängt die zwischen zwei Körpern waltende Kraft nur von der Entfernung ab. Die Zeit wird gar nicht in Betracht gezogen. Folglich muß die Kraft ohne Zeitverbrauch von einem Körper zum anderen gelangen. Da sich jedoch kein Mensch unter einer mit unendlich großer Geschwindigkeit erfolgenden Bewegung etwas Rechtes vorzustellen vermag, führt der Versuch, in unserer Konstruktion mehr als nur ein Modell zu sehen, eigentlich zu nichts.

Auf das Gravitationsproblem wollen wir nun allerdings jetzt noch nicht näher eingehen. Es sollte uns hier nur als Einführung dienen und das Verständnis anderer, ähnlicher Überlegungen aus der Elektrizitätslehre erleichtern.

Beginnen wir mit dem Experiment, das uns bei dem Versuch, es vom Mechanischen her zu deuten, in so schwere Kalamitäten gebracht hat. Es handelte sich um einen Strom, der durch einen Kreisleiter fließt. In der Mitte des Kreises ist eine Magnetnadel aufgestellt. Sowie der Strom zu fließen beginnt, tritt eine neue, auf den Magnetpol einwirkende und rechtwinklig zu allen gedachten Verbindungslinien zwischen Draht und Pol wirkende Kraft auf, die, sofern sie von einer kreisenden Ladung hervorgerufen wird – wie das Experiment Rowlands lehrt –, von deren Geschwindigkeit abhängt. Diese Erfahrungstatsachen stehen mit der philosophischen Anschauung in Widerspruch, wonach alle Kräfte entlang gedachter Verbindungslinien zwischen Partikeln wirken müssen und sich ausschließlich nach der Entfernung richten.

Die Kraft, mit der ein Strom auf einen Magnetpol einwirkt, exakt zu beschreiben, ist gar nicht so einfach. Der Fall liegt hier bedeutend komplizierter als bei der Massenanziehung. Trotzdem wollen wir hier wie bei der Gravitation versuchen, uns ein Bild von den wirkenden Kräften zu machen. Wir stellen zunächst die Frage: Welcher Kraft bedient sich der Strom, um auf einen in seiner Nähe befindlichen Magnetpol einzuwirken? Es ist nicht gerade einfach, diese Kraft mit Worten zu schildern, und selbst eine mathematische Formel dafür würde zu kompliziert und unhandlich werden. Das beste ist, wir bringen alles, was wir über die hier waltenden Kräfte wissen, in die Form einer Skizze oder, noch besser, eines räumlichen Modells, in das wir die Kraftlinien einzeichnen. Eine gewisse Schwierigkeit ergibt sich insofern, als ein Magnetpol nur zusammen mit einem zweiten, also als Dipol, vorkommt, doch können wir uns die

Magnetnadel ja ohne weiteres so lang vorstellen, daß nur die Kraft berücksichtigt zu werden braucht, die auf den einen Pol einwirkt, der dem Strom am nächsten ist, während wir uns den anderen Pol so weit weg denken, daß die auf ihn einwirkende Kraft vernachlässigt werden kann. Um allen Unklarheiten von vornherein aus dem Wege zu gehen,

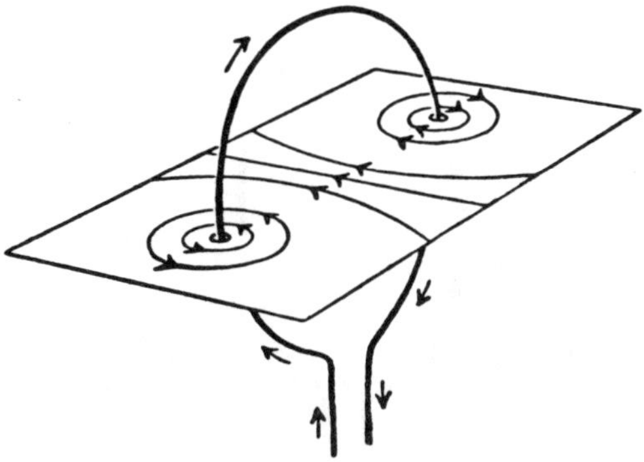

Fig. 43

wollen wir annehmen, daß der dem Draht zugekehrte Magnetpol der *positive* sei.

Der Charakter der auf den positiven Magnetpol einwirkenden Kraft läßt sich aus Figur 43 ersehen.

Zunächst bemerken wir oben am Draht einen kleinen Pfeil, der die Richtung des Stromes angibt. Er zeigt also vom höheren zum niedrigeren Potential. Alle anderen Linien sind die in einer bestimmten Ebene enthaltenen, zu diesem Strom gehörenden Kraftlinien. Sind sie richtig eingezeichnet, können wir aus ihnen die Richtung des dem Einfluß unseres Stromes auf einen positiven Magnetpol entsprechenden Kraftvektors und außerdem noch einiges über seine Länge herauslesen. Kraft ist, wie wir schon wissen, ein Vektor, und wenn wir diesen bestimmen wollen, so müssen wir seine Richtung und auch seine Länge kennen. Uns geht es hier hauptsächlich um die Richtung der auf einen Pol einwirkenden Kraft, und so fragen wir: Wie kann man aus der Skizze die Richtung der Kraft für einen beliebigen Punkt im Raum entnehmen?

Das Ablesen der Kraftrichtung ist in diesem Falle nicht so einfach wie vorhin, als wir es mit geradlinigen Kraftlinien zu tun hatten. In Figur 44 haben wir nur eine Kraftlinie

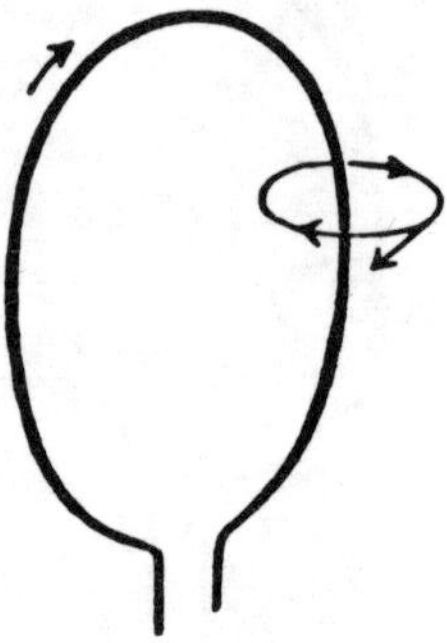

Fig. 44

eingezeichnet, um das Verfahren besser erklären zu können. Der Kraftvektor deckt sich, wie man sieht, mit der Tangente an der Kraftlinie. Seine Pfeilspitze zeigt in die gleiche Richtung wie die Pfeile auf der Kraftlinie, und in ebendiesem Sinne wirkt die Kraft also an dieser Stelle des Stromkreises auf eine Magnetnadel ein. Aus einer guten Skizze oder vielmehr aus einem guten Modell können wir auch etwas über die Länge des Kraftvektors für einen beliebigen Punkt entnehmen. Der Vektor muß dort, wo die Linien dichter sind, also in der Nähe des Drahtes, länger sein, kürzer dagegen, wo die Linien schütterer werden, das heißt in größerer Entfernung von dem Draht.

Auf diese Art können wir an Hand der Kraftlinien oder, mit anderen Worten, mit Hilfe des Feldes für jeden beliebigen Punkt im Raum die Kräfte bestimmen, die auf einen dort befindlichen Magnetpol einwirken. Darin liegt vorläufig der ganze praktische Wert unserer komplizierten Feldkonstruktion. Nun wir aber einmal wissen, was es mit dem Feld für eine Bewandtnis hat, werden wir die Kraftlinien des Stromes mit bedeutend größerem Interesse untersuchen. Diese Linien umgeben den Draht als Kreise und liegen in Ebenen, die auf der des Drahtes senkrecht stehen. Wenn wir uns an Hand der Skizze über den Charakter der Kraft informieren, so kommen wir aufs neue zu dem Schluß, daß sie in einer Richtung wirkt, die mit allen gedachten Verbindungslinien zwischen Draht und Pol einen rechten Winkel bildet; denn die Tangente an einem Kreis steht immer auf seinem Radius senkrecht. Unser ganzes Wissen um die hier waltenden Kräfte läßt sich in die Konstruktion des Feldes einbauen. Wir schalten den Begriff „Feld" gewissermaßen zwischen den Begriffen „Strom" und „Magnetpol" ein, damit wir die Kräfte auf einfache Art und Weise darstellen können.

Jeder Strom tritt in Begleitung eines magnetischen Feldes auf, das heißt, auf einen Magnetpol, der in die Nähe eines stromdurchflossenen Drahtes gebracht wird, wirkt stets eine Kraft ein. Nebenbei bemerkt, können wir a conto dessen empfindliche Apparate konstruieren, mit denen sich das Vorhandensein eines Stromes jederzeit nachweisen läßt.

Nachdem wir einmal gelernt haben, wie man den Charakter magnetischer Kräfte aus dem Feldmodell eines Stromes herauslesen kann, werden wir von nun an zu jedem stromdurchflossenen Draht eine Feldskizze anfertigen, damit wir wissen, wie sich die magnetischen Kräfte in allen Punkten des Raumes auswirken. Zunächst wollen wir das sogenannte Solenoid besprechen, das eigentlich, wie aus Figur 45 ersichtlich, nichts weiter ist als eine Drahtspule. Wir werden erst einmal experimentell möglichst viel über das magnetische Feld in Erfahrung zu bringen suchen, das zugleich mit einem durch ein Solenoid fließenden Strom auftritt, und dann sollen diese Daten in das Modell eines

Kraftfeldes eingearbeitet werden. Das Ergebnis wird in Form einer Skizze festgehalten. Die gekrümmten Kraftlinien sind in sich geschlossene Kurven, die das Solenoid in

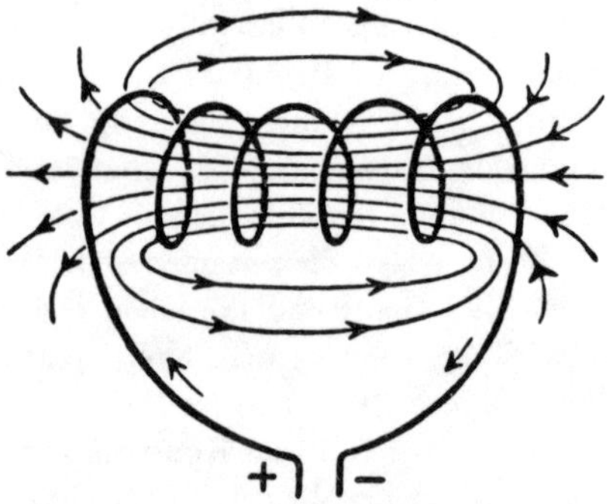

Fig. 45

einer für das Magnetfeld eines Stromes charakteristischen Weise umgeben.

Das Kraftfeld eines Stabmagneten läßt sich, wie Figur 46 zeigt, genauso darstellen wie das des Stromes. Die Kraftlinien laufen vom positiven zum negativen Pol. Der Kraft-

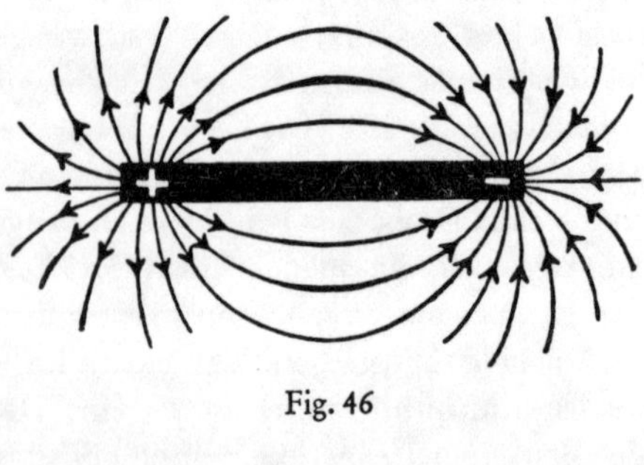

Fig. 46

vektor fällt stets mit der Tangente an der Kraftlinie zusammen und ist in der Nähe der Pole am längsten, weil die Linien dort am dichtesten sind. Er zeigt den Einfluß an, den der Magnet auf einen anderen positiven Magnetpol ausübt. In diesem Falle ist der Magnet statt des Stromes „Urheber“ des Kraftfeldes.

Die beiden letzten Skizzen wollen wir uns gründlich ansehen und miteinander vergleichen. Die erste stellt das magnetische Feld eines durch ein Solenoid fließenden Stromes dar, die zweite dagegen das eines Stabmagneten. Wenn wir uns nun Solenoid bzw. Stabmagnet wegdenken und nur die beiden umgebenden Kraftfelder betrachten, so bemerken wir sofort, daß sie einander vollkommen gleichen; beim Solenoid wie beim Stabmagneten laufen die Kraftlinien von einem Ende zum anderen.

Das ist die erste Frucht, die uns die Kraftfelddarstellung einbringt. Es ist an sich nicht gerade einfach, zwischen dem Strom, der durch ein Solenoid fließt, und einem Stabmagneten eine ausgeprägte Ähnlichkeit zu finden; erst wenn wir das Kraftfeld konstruieren, sehen wir, worin sie besteht.

Jetzt können wir den Feldbegriff einer noch rigoroseren Erprobung zuführen. Bald werden wir sehen, ob er uns wirklich nur eine neue Darstellungsmöglichkeit für die wirkenden Kräfte bringt oder ob sich mehr damit anfangen läßt. Wir könnten folgende Überlegung anstellen: Angenommen, das Kraftfeld wäre die einzig richtige Darstellungsform für alle Wirkungen, die von seinen „Urhebern“ ausgehen. Was wäre, wenn das wirklich zuträfe? Nun, es würde folgendes bedeuten: Wenn Solenoid und Stabmagnet gleiche Kraftfelder haben, dann müssen auch alle von ihnen ausgehenden Wirkungen dieselben sein. Zwei unter Strom gesetzte Solenoide müssen sich dann gegenseitig in derselben Weise beeinflussen wie zwei Stabmagnete, das heißt, sie müssen einander genauso wie zwei Stabmagnete abstoßen bzw. anziehen, je nachdem, welche Lage sie relativ zueinander einnehmen. Auch ein Solenoid und ein Stabmagnet müssen einander wie zwei Stabmagnete anziehen und abstoßen, kurz, alle Wirkungen, die von einem stromdurchflossenen Solenoid ausgehen, gleichen aufs Haar denen eines gleich starken Stabmagneten, da sie einzig und allein dem Kraftfeld zuzuschreiben sind und da dieses in beiden Fällen von der gleichen Beschaffenheit ist. – Das Experiment erweist, daß diese Annahme sogar vollkommen richtig ist.

Wie schwierig wären diese Gesetzmäßigkeiten ohne den Begriff „Kraftfeld“ zu entdecken gewesen! Der Ausdruck für eine zwischen einem stromdurchflossenen Draht und einem Magnetpol waltende Kraft ist nämlich ein sehr kompliziertes Gebilde, und wenn wir es mit zwei Solenoiden zu tun haben, müßten wir wieder die Kräfte untersuchen, mit denen zwei Ströme aufeinander einwirken. Nehmen wir jedoch das Kraftfeld zu Hilfe, so wissen wir schon in dem Moment, wo die Gleichartigkeit der Felder von Solenoiden und Stabmagneten einmal konstatiert ist, in welcher Weise sie aufeinander einwirken.

Wir können dem Kraftfeld jetzt mit Fug und Recht eine weit größere Bedeutung als ursprünglich beimessen. Einzig und allein auf die Eigenschaften des Feldes scheint es bei der Beschreibung der Phänomene anzukommen; die Verschiedenartigkeit der Kraftquellen spielt offenbar gar keine Rolle. Die überragende Bedeutung des Feldbegriffs zeigt sich vor allem darin, daß er den Weg zu neuen, aufschlußreichen Experimenten weist.

Das Kraftfeld hat sich als eine sehr nützliche Vorstellung erwiesen. Zunächst schoben wir es bloß zwischen Kraftquelle und Magnetnadel ein, um die zwischen beiden waltenden Kräfte beschreiben zu können. Wir sahen es gleichsam als einen Mittler an, der alle von dem Strom ausgehenden Wirkungen zu realisieren hat. Jetzt hat dieser Mittler aber außerdem noch die Aufgabe eines Dolmetschers zugewiesen bekommen, der die Gesetzmäßigkeiten in eine einfache, klare und leichtverständliche Sprache überträgt.

Dieser Anfangserfolg der kraftfeldmäßigen Beschreibung läßt es als zweckmäßig erscheinen, nunmehr alle von Strömen, Magneten und Ladungen ausgehenden Kräfte indirekt, das heißt unter Heranziehung des Kraftfeldes als Dolmetsch, zu betrachten. Vielleicht ist das Kraftfeld eine ständige Begleiterscheinung aller elektrischen Ströme. Am Ende ist es sogar da, wenn gar kein Magnetpol vorhanden ist, der für seine Existenz zeugt. Wir wollen nun versuchen, diese neue Spur systematisch zu verfolgen.

Das Kraftfeld eines geladenen Leiters kann ziemlich auf die gleiche Art konstruiert werden wie das Schwerefeld bzw.

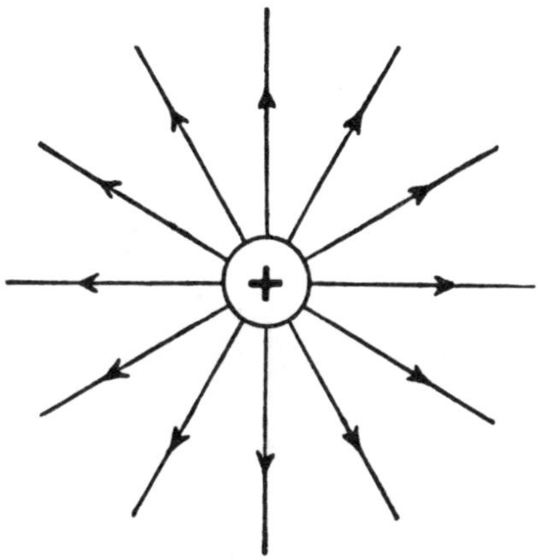

Fig. 47

das Kraftfeld eines Stromes oder Magneten. Wieder wählen wir uns ein möglichst einfaches Beispiel. Wenn wir das Kraftfeld einer positiv geladenen Kugel entwerfen wollen, müssen wir uns zunächst fragen, welcher Art die Kräfte sind, die auf einen kleinen positiv geladenen Prüfkörper einwirken, der in die Nähe der Kraftquelle, nämlich der geladenen Kugel, gebracht wird. Ob wir einen positiv geladenen Prüfkörper oder einen negativen verwenden, ist im Grunde ganz gleichgültig. Wir müssen uns nur deshalb darüber einigen, damit wir wissen, nach welcher Richtung die Kraftlinien zeigen sollen. Das Modell hat sehr große Ähnlichkeit mit dem des Schwerefeldes (Figur 42), wie ja auch die Gesetze Coulombs und Newtons eine gewisse Parallelität aufweisen. Es ist nur insofern anders, als die Pfeile nach der entgegengesetzten Richtung zeigen; denn wir haben es ja hier mit der Abstoßung zweier positiver Ladungen, dort dagegen mit der gegenseitigen Anziehung zweier Massen zu tun. Das Kraftfeld einer negativ geladenen Kugel allerdings ist mit dem Schwerefeld vollkommen iden-

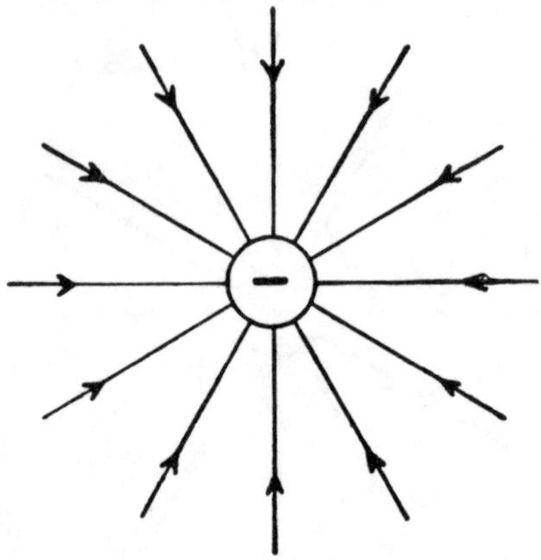

Fig. 48

tisch; denn in diesem Falle wird die kleine positive Prüfladung ja von dem „Urheber“ des Feldes angezogen.

Zwischen ruhenden elektrischen Polen einerseits und ruhenden Magnetpolen anderseits gibt es keine Wechselwirkung; sie ziehen sich nicht an und stoßen einander nicht ab. In der Kraftfeldsprache drücken wir das wie folgt aus: Ein elektrostatisches Feld übt auf ein magnetostatisches keinen Einfluß aus, und umgekehrt. Ein statisches Feld ist eines, das sich in der Zeit nicht verändert. Magnet und Ladung bleiben bis in alle Ewigkeit ruhig beieinander liegen, wenn sie durch keine äußeren Kräfte gestört werden. Elektrostatische, magnetostatische und Schwerefelder sind drei ganz verschiedene Dinge. Sie gehen keine Verbindungen ein. Jede Kategorie bewahrt unbeschadet der anderen ihre Eigenart.

Kehren wir zu der elektrischen Kugel zurück, die ja bisher in Ruhe war, und nehmen wir an, sie beginnt sich jetzt auf Grund der Einwirkung einer äußeren Kraft zu bewegen. Wenn die geladene Kugel sich aber bewegt, so heißt das, ausgedrückt in der Kraftfeldsprache: Das Feld der elektrischen Ladung verändert sich in der Zeit. Nun ist die Bewegung dieser geladenen Kugel aber, wie wir ja bereits an Rowlands Versuch gesehen haben, einem Strom gleichzusetzen, und jeder Strom wiederum tritt immer zusammen mit einem magnetischen Feld auf. Unsere Überlegung läßt sich also folgendermaßen schematisieren:

Bewegung der Ladung → Veränderung eines elektrischen Feldes
↓
Strom → gekoppeltes magnetisches Feld.

Daraus schließen wir: *Eine durch Bewegung einer Ladung verursachte Veränderung eines elektrischen Feldes ist stets mit dem Auftreten eines magnetischen Feldes verbunden.*

Unsere Schlußfolgerung basiert zwar auf Örsteds Versuch, doch bleibt sie in ihrer Bedeutung keineswegs auf diesen beschränkt. Sie läßt die Tatsache, daß ein in der Zeit veränderliches elektrisches Feld von einem magnetischen begleitet wird, nämlich als richtungweisend für unsere weiteren Überlegungen erscheinen.

Solange eine Ladung ruht, ist nur ein elektrostatisches Feld vorhanden. Beginnt sie sich jedoch zu bewegen, tritt sofort ein magnetisches Feld auf. Wir können sogar noch mehr sagen: Das durch die Bewegung einer Ladung hervorgerufene magnetische Feld wird um so stärker, je größer die Ladung ist bzw. je schneller sie sich bewegt. Das ergibt sich nämlich auch aus Rowlands Experiment, und wenn wir uns wiederum der Kraftfeldsprache bedienen wollen, so können wir sagen: Je schneller sich das elektrische Feld verändert, um so stärker ist das gleichzeitig auftretende magnetische Feld.

Wir haben uns bemüht, wohlbekannte Gesetzmäßigkeiten aus der Lehre von den Fluida, wie sie sich aus der alten mechanistischen Auffassung entwickelt hatte, in die neue Kraftfeldterminologie zu übertragen. Erst später werden wir dann sehen, wie klar und aufschlußreich diese Darstellungsmethode eigentlich ist und was wir alles damit anfangen können.

Die beiden Grundpfeiler der Feldtheorie

„Die Veränderung eines elektrischen Feldes ist mit der Entstehung eines magnetischen Feldes verbunden." Wenn wir die Worte „magnetisch" und „elektrisch" austauschen, so heißt der Satz: „Die Veränderung eines magnetischen Feldes ist mit der Entstehung eines elektrischen Feldes verbunden." Ob das natürlich stimmt, läßt sich nur experimentell feststellen, doch bietet sich das Problem als solches förmlich an, wenn wir uns der Kraftfeldterminologie bedienen.

Vor mehr als hundert Jahren entdeckte Faraday auf Grund eines Experimentes die Induktion – ein großes Ereignis in der Geschichte der Naturwissenschaften.

Die Induktion läßt sich sehr einfach demonstrieren. Wir brauchen dazu nur ein Solenoid oder irgendeinen anderen Kreis, einen Stabmagneten und einen der vielen Apparate, wie man sie zum Nachweis eines elektrischen Stromes verwendet. Zunächst nimmt der Stabmagnet in der Nähe des Solenoids, das einen geschlossenen Kreis bildet, die Ruhelage ein. In dem Draht fließt kein Strom, da keine Stromquelle vorhanden ist. Lediglich das magnetostatische Feld des Stabmagneten ist da, das sich in der Zeit nicht ändert. Jetzt wollen wir den Stabmagneten schnell verschieben. Wir ziehen ihn entweder weg oder führen ihn noch näher an das

Solenoid heran. Wie wir es machen, bleibt sich ganz gleich, jedenfalls fließt im gleichen Moment ein Strom, der nach sehr kurzer Zeit wieder versiegt. Jedesmal, wenn der Magnet eine Lageveränderung erfährt, ist auch der Strom wieder da. Er kann mit einem entsprechend empfindlichen Apparat stets nachgewiesen werden. Wo ein Strom ist, muß aber nach der Feldtheorie auch ein elektrisches Feld sein, welches die elektrischen Fluida veranlaßt, durch den Draht zu fließen.

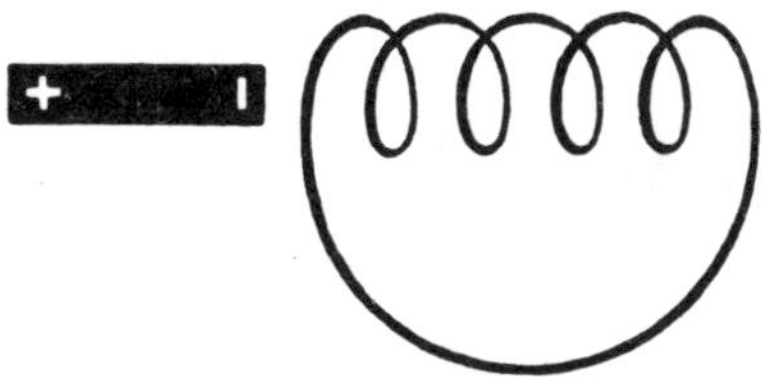

Fig. 49

Kehrt der Magnet in die Ruhelage zurück, so versiegt der Strom, und folglich verschwindet auch das elektrische Feld wieder.

Setzen wir einmal den Fall, die Kraftfeldterminologie sei uns noch gar nicht bekannt, und die Ergebnisse dieses Versuches müßten in qualitativer und quantitativer Hinsicht mit den Mitteln der alten mechanistischen Denkweise beschrieben werden. Dann stellt sich unser Experiment wie folgt dar: Durch die Bewegung eines magnetischen Dipols wird eine neue Kraft erzeugt, die das elektrische Fluidum im Draht in Bewegung setzt. Die nächste Frage müßte lauten: Wodurch wird diese Kraft bestimmt? Und darauf ließe sich schwerlich eine Antwort geben. Wir müßten untersuchen, ob die Kraft sich vielleicht nach der Geschwindigkeit des Magneten, nach seiner Form oder nach der des Kreises richtet. Darüber, ob ein Induktionsstrom auch durch die Bewegung eines zweiten Stromkreises statt der eines Stabmagneten erregt werden kann, gibt uns der Versuch keinen Aufschluß, sofern wir ihn nur im Lichte der alten Auffassung sehen.

Bedienen wir uns dagegen der Kraftfeldterminologie, und gehen wir auch hier davon aus, daß die Wirkung sich nach dem Feld richtet, so sehen wir gleich, daß ein stromdurchflossenes Solenoid ohne weiteres die Rolle des Stabmagneten übernehmen kann. In Figur 50 sehen wir zwei Solenoide: ein kleines, von vornherein unter Strom gesetztes,

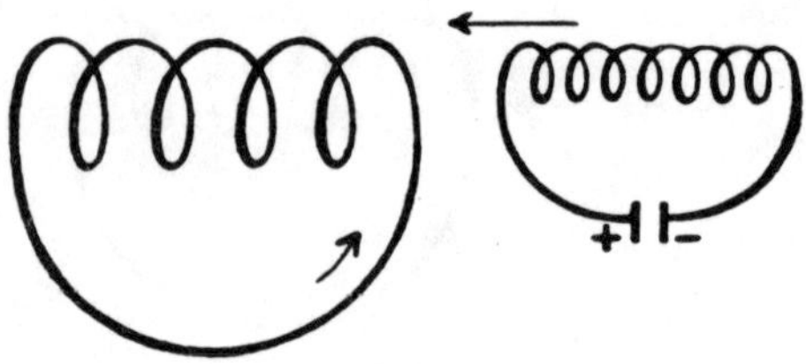

Fig. 50

und ein zweites, größeres, in dem wir den Induktionsstrom erzeugen wollen. Wir können das Induktionsphänomen nun einmal dadurch hervorrufen, daß wir das kleine Solenoid so bewegen wie zuvor den Stabmagneten, können aber auch von einer solchen Verschiebung ganz absehen und statt dessen durch Ein- und Ausschalten des Stromes im kleinen Solenoid, also durch fortwährendes Unterbrechen und Schließen des Stromkreises, ein Magnetfeld schaffen, das abwechselnd erscheint und wieder verschwindet. Auch hier wieder werden die aus der Feldtheorie abgeleiteten Voraussagen durch das Experiment bestätigt!

Nehmen wir ein noch einfacheres Beispiel. Im Bereich eines magnetischen Feldes befindet sich ein geschlossener Kreisleiter ohne jede Stromquelle. Es interessiert uns gar nicht, ob das Feld von einem anderen, unter Strom stehenden Kreis oder von einem Stabmagneten hervorgerufen wird. In Figur 51 sehen wir den geschlossenen Kreis und die magnetischen Kraftlinien. Die qualitative und quantitative

Beschreibung der Induktionserscheinungen erweist sich nun, wie wir sehen werden, unter Benutzung der Kraftfeldterminologie als sehr einfach. Wie die Skizze zeigt, geht ein Kraftlinienbündel durch die von dem Draht umschlossene gedachte Fläche hindurch. Um diese Kraftlinien geht es uns hier. Ganz gleich, wie stark das Feld ist; solange es sich nicht verändert, fließt kein elektrischer Strom. Sowie die

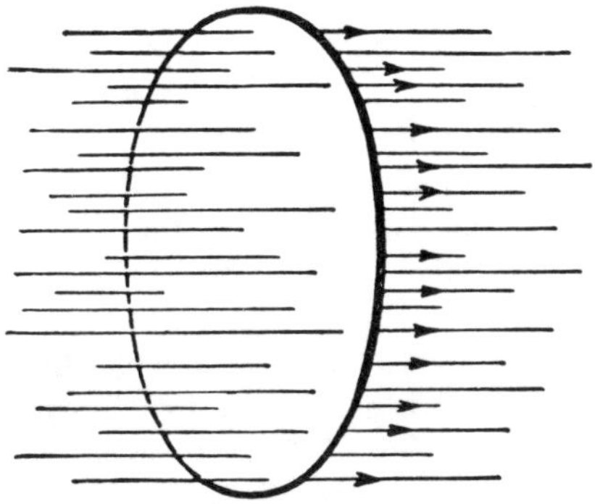

Fig. 51

Zahl der durch die gedachte, von dem Draht umschlossene Fläche hindurchgehenden Linien sich jedoch verändert, ist der Strom da. Er mag entstehen, wie er will, jedenfalls hängt er davon ab, ob und wie die Zahl der die gedachte Fläche schneidenden Linien sich verändert. Die Änderung der Kraftlinienzahl ist das einzige, worauf es bei der qualitativen und quantitativen Beschreibung des Induktionsstromes im Grunde ankommt. „Die Zahl der Linien verändert sich" heißt, daß die Dichte der Linien sich wandelt, und das wiederum bedeutet, wie wir uns erinnern wollen, daß die Feldstärke eine andere wird.

Die wichtigsten Stationen unserer Überlegung sind also die folgenden: Veränderung eines magnetischen Feldes → Induktionsstrom → Bewegung einer Ladung → elektrisches Feld.

Folglich gilt der Satz: *Ein veränderliches magnetisches Feld wird von einem elektrischen Feld begleitet.*

Damit haben wir die beiden wichtigsten Gesetze der Theorie von den elektrischen und magnetischen Feldern abgeleitet. Das erste, das sich auf den Zusammenhang zwischen dem veränderlichen elektrischen und dem magnetischen Feld bezieht, ergibt sich aus Örsteds Experiment mit der Ablenkung der Magnetnadel und gipfelt in dem Satz: *Ein veränderliches elektrisches Feld wird von einem magnetischen Feld begleitet.*

Das zweite Gesetz bezieht sich auf den Zusammenhang zwischen einem veränderlichen magnetischen Feld und dem Induktionsstrom und ergibt sich aus Faradays Experiment. Beide zusammen bilden die Grundlage für eine quantitative Beschreibung.

Auch das elektrische Feld, das in Begleitung des veränderlichen magnetischen Feldes auftritt, macht den Eindruck von etwas wirklich Vorhandenem. Schon einmal, bei der Besprechung eines magnetischen Feldes eines Stroms, sahen wir uns veranlaßt, das Feld auch ohne einen Prüfpol als vorhanden anzusehen, und so müssen wir hier analog dazu sagen, daß das elektrische Feld auch ohne den Draht, der zum Nachweis des Induktionsstromes dient, dasein muß.

Wir können sogar noch weiter gehen und unsere zwei Gesetze auf eines reduzieren, weil wir eigentlich mit dem auf Örsteds Experiment beruhenden auskommen. Das Ergebnis von Faradays Versuch läßt sich aus jenem nämlich mit Hilfe des Gesetzes von der Erhaltung der Energie ableiten. Nur um der Klarheit willen und aus Zweckmäßigkeitsgründen haben wir hier von zwei Gesetzen, zwei Grundpfeilern, gesprochen.

Noch ein Umstand, der sich aus der Beschreibung von Vorgängen mit Hilfe des Kraftfeldes ergibt, sei erwähnt. Wir denken uns einen Stromkreis, der, sagen wir, von einem Voltaschen Element gespeist wird. Plötzlich wird der Kontakt zwischen Draht und Stromquelle unterbrochen. Jetzt fließt natürlich kein Strom mehr, doch spielt sich während dieser kurzen Unterbrechung ein verwickelter Vorgang ab, der nach der Feldtheorie auch wieder hätte vorhergesagt werden können. Bevor der Stromkreis unterbrochen wird, ist der Draht von einem magnetischen Feld umgeben, das dann bei der Unterbrechung verschwindet. Das magnetische Feld wird also durch die Unterbrechung des Stromkreises ausgelöscht, das heißt, die Anzahl der Kraftlinien, welche durch die von dem Draht eingeschlossene gedachte Fläche hindurchgehen, hat sich sehr rasch verändert. Eine solche rasche Veränderung, wodurch immer sie herbeigeführt wird, muß aber wiederum einen Induktionsstrom erzeugen. Das, worauf es ankommt, ist die Veränderung des magnetischen Feldes. Je größer diese ist, um so stärker fällt der Induktionsstrom aus. Diese Schlußfolgerung ist ein weiterer Prüfstein für unsere Theorie. Die Unterbrechung eines Stromkreises muß also mit der Entstehung eines starken, nur für einen kurzen Augenblick fließenden Induktionsstroms verbunden sein. Wieder erbringt das Experiment eine Bestätigung unserer Voraussage. Jeder, der schon einmal einen Stromkreis unterbrochen hat, wird bemerkt haben, daß dabei ein Funke entsteht. Dieser Funke läßt auf die großen Potentialdifferenzen schließen, die durch die rasche Veränderung des magnetischen Feldes bedingt sind.

Den gleichen Vorgang können wir von einer anderen Seite her betrachten, nämlich im Hinblick auf die Energie. Wenn das magnetische Feld verschwindet, entsteht, wie wir gesehen haben, ein Funke. Der Funke repräsentiert Energie; folglich muß auch das magnetische Feld eine Erscheinungsform der Energie sein. Wenn wir im Gebrauch des Feldbegriffs und der dazugehörigen Terminologie konsequent sein wollen, so müssen wir das magnetische Feld als Energieanreicherung betrachten. Nur dann können wir elektrische und magnetische Erscheinungen nämlich im Einklang mit dem Gesetz von der Erhaltung der Energie beschreiben.

Das Feld, das wir zunächst nur als Modell, als eine Hilfe,

aufgefaßt haben, ist nach und nach zu etwas immer Realerem geworden. Es erleichterte uns das Verständnis altbekannter Gesetzmäßigkeiten und wies uns auf neue hin. Wenn wir dem Feld nun gar einen Energiegehalt zuschreiben, so gehen wir damit noch einen Schritt weiter in unserem Bemühen, den Feldbegriff immer mehr und mehr in den Vordergrund zu stellen, während die Substanzbegriffe, die für die mechanistische Denkweise so unerläßlich waren, sukzessive in der Versenkung verschwinden.

Das Feld als Realität

Die quantitative, mathematische Beschreibung der Feldgesetze ist in den sogenannten Maxwellschen Gleichungen enthalten. Diese Formeln wurden zwar aus den schon besprochenen Gesetzmäßigkeiten abgeleitet, doch beinhalten sie noch viel mehr, als wir bisher zeigen konnten. Trotz ihrer einfachen Form sind sie von einer außerordentlichen Tiefgründigkeit, die sich einem aber erst bei gründlicherem Studium erschließt.

Die Aufstellung dieser Gleichungen ist seit Newton das bedeutendste Ereignis in der Physik gewesen, und zwar nicht nur wegen der Fülle ihrer Anwendungsmöglichkeiten, sondern auch deshalb, weil sie typisch sind für eine ganz neue Gattung von Gesetzen.

Das Charakteristische an Maxwells Gleichungen, das auch in allen anderen Formeln der modernen Physik zutage tritt, kann man mit einem Satz ausdrücken: Die Maxwellschen Gleichungen sind Gesetze, die Aufschluß über die *Struktur* des Feldes geben.

Inwiefern unterscheiden sich die Maxwellschen Gleichungen nach Form und Art von denen der klassischen Mechanik? Was ist damit gemeint, wenn es heißt, sie beschreiben die Struktur des Feldes? Wie kommt es, daß wir auf Grund der Ergebnisse von Örsteds und Faradays Versuchen ein ganz neuartiges Gesetz aufstellen können, das sich für die weitere Entwicklung der Physik als so hochbedeutsam erweist?

Wir haben an dem Örstedschen Experiment gesehen, wie sich um ein veränderliches elektrisches Feld ein magnetisches „ringelt“, und Faradays Versuch zeigte uns, wie sich rings um ein veränderliches magnetisches Feld ein elektrisches bildet. In dem Bestreben, einige Charakteristika der Maxwellschen Theorie herauszuarbeiten, wollen wir zunächst unser ganzes Augenmerk nur auf eines der beiden Experimente, und zwar auf das Faradaysche, konzentrieren. Wir bilden noch einmal die Skizze ab, die den durch ein veränderliches Magnetfeld induzierten elektrischen Strom veranschaulicht. Wir wissen bereits, daß ein Induktionsstrom auftritt, wenn die Zahl der Kraftlinien, welche durch die von dem Draht begrenzte gedachte Fläche hindurchgehen, sich verändert. Es fließt also immer dann ein Strom, wenn das magnetische Feld sich verändert oder der Kreis deformiert oder bewegt wird. Die Hauptsache ist, daß die Zahl der magnetischen Kraftlinien, die durch die gedachte Fläche hindurchgehen, sich verändert; wie das geschieht, ist gleichgültig. Eine Theorie, in der all die verschiedenen Veränderungsmöglichkeiten und die jeweiligen besonderen Auswirkungen berücksichtigt sind, müßte sehr kompliziert sein. Aber können wir unser Problem nicht vereinfachen? Versuchen wir doch einmal, aus unseren Überlegungen alles wegzulassen, was sich auf Form und Länge des Kreisleiters und auf die von ihm umschlossene gedachte Fläche bezieht. Machen wir den Kreis aus unserer letzten Skizze in Gedanken immer kleiner und kleiner, bis er schließlich so winzig ist, daß er nur noch einen Punkt im Raum einschließt. Dann spielt alles, was mit Form und Größe zusammenhängt, praktisch gar keine Rolle mehr. Bei diesem Einengungsprozeß, dieser Schrumpfung der in sich zurücklaufenden Kurve, die schließlich zum Punkt wird, verlieren Größe und Gestalt ganz automatisch jede Bedeutung für unseren Gedankengang, und wir erhalten Gesetze für die

Zusammenhänge zwischen magnetischen und elektrischen Feldern in einem x-beliebigen Punkt in einem x-beliebigen Augenblick.

Das ist eine der wichtigsten Etappen auf dem Wege zu den Maxwellschen Gleichungen. Es handelt sich wieder einmal um ein idealisiertes Experiment, das wir nur in Gedanken anstellen können, um eine Wiederholung des Faradayschen Versuches mit einem Kreis, der auf Punktgröße zusammenschrumpft.

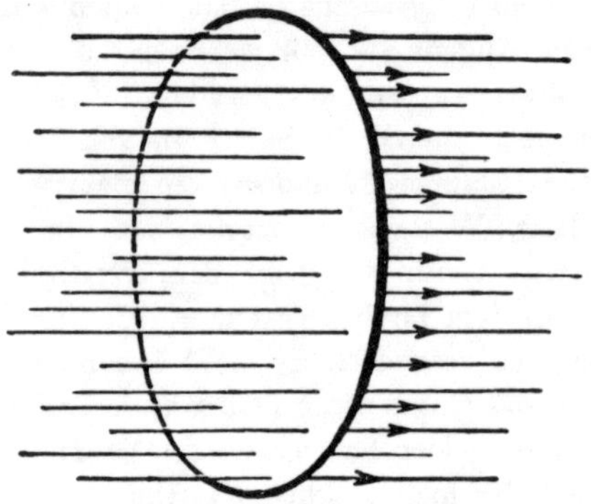

Fig. 52

Eigentlich ist es nicht einmal eine ganze, sondern nur eine halbe Etappe. Vorläufig hatten wir ja nur Faradays Experiment ins Auge gefaßt. Die zweite Stütze der Feldtheorie, die auf Ørsteds Versuch ruht, muß aber genauso sorgfältig und auf ganz ähnliche Art und Weise untersucht werden. In diesem Falle haben wir es mit den magnetischen Kraftlinien zu tun, die einen Stromkreis umhüllen. Wenn wir nun diese kreisförmigen magnetischen Kraftlinien bis auf Punktgröße zusammenschrumpfen lassen, haben wir die zweite Hälfte der Etappe bewältigt und wissen dann über die Zusammenhänge zwischen den Veränderungen magnetischer und elektrischer Felder für beliebige Raum- und Zeitpunkte einwandfrei Bescheid.

Nichtsdestoweniger bleibt immer noch ein hochbedeutsamer Schritt zu tun. Bei Faradays Experiment ist ein Draht erforderlich, der für das elektrische Feld zeugen kann, wie ja auch bei Örsteds Versuch ein Magnetpol oder eine Magnetnadel zum Nachweis des magnetischen Feldes gebraucht wird. Maxwells neues Theorem greift nun aber weit über diese Erfahrungstatsachen hinaus. Elektrisches und magnetisches Feld sind – oder, kürzer ausgedrückt: das *elektromagnetische* Feld ist nach Maxwells Theorie etwas Reales. Das elektrische Feld wird durch ein veränderliches magnetisches erzeugt, ganz gleich, ob nun ein Draht vorhanden ist, mit dem es sich nachweisen läßt, oder nicht. Ein magnetisches Feld wiederum wird durch ein veränderliches elektrisches Feld hervorgerufen, auch wenn kein Magnetpol da ist, der das anzeigt.

Zwei entscheidungsschwere Schritte führen also zu Maxwells Gleichungen hin. Zunächst müssen wir, ausgehend von Örsteds und Rowlands Experimenten, die kreisförmige Kraftlinie des magnetischen Feldes, das sich um einen stromdurchflossenen Draht und ein veränderliches elektrisches Feld herum bildet, zu einem Punkt zusammenschrumpfen lassen. Übergehend zu Faradays Versuch machen wir es dann mit der kreisförmigen Kraftlinie des elektrischen Feldes, das sich um ein veränderliches magnetisches Feld schlingt, genauso. Der zweite Schritt besteht dann darin, das Feld als etwas Reales anzuerkennen; und dieses elektromagnetische Feld verhält sich dann ganz im Sinne der Maxwellschen Gesetze.

Die Maxwellschen Gleichungen beziehen sich auf die Struktur des elektromagnetischen Feldes. Die in ihnen formulierten Gesetze gelten für den ganzen Raum und nicht, wie es bei den mechanischen Gesetzen der Fall war, nur für Punkte, in denen sich Materie oder Ladungen befinden.

Vergegenwärtigen wir uns doch noch einmal, wie es in der Mechanik war. Wenn wir nur für einen einzigen Augenblick Position und Geschwindigkeit eines Teilchens und ferner die jeweils waltenden Kräfte kannten, waren wir imstande, seinen ganzen weiteren Weg vorauszuberechnen. Nach Maxwell können wir nunmehr an Hand der Gleichungen, in die er seine Theorie gefaßt hat, feststellen, wie sich das ganze Kraftfeld in Raum und Zeit verändert, sofern wir nur wissen, wie es in einem bestimmten Moment ausgesehen hat. Mit Maxwells Gleichungen läßt sich somit die Entwicklungsgeschichte des jeweiligen Feldes zurückverfolgen, genauso, wie wir es mit den Gleichungen der Mechanik bei Materieteilchen zu tun vermögen.

Ein wesentlicher Unterschied bleibt allerdings trotzdem zwischen den mechanischen Gesetzen und denen Maxwells bestehen, und ein Vergleich der Newtonschen Gravitationsgesetze mit den Maxwellschen Feldgesetzen wird geeignet sein, einige charakteristische Merkmale der beiden Arten von Gleichungen hervorzuheben.

Mit Hilfe der Newtonschen Gesetze können wir die Bewegung der Erde aus der zwischen Sonne und Erde waltenden wechselseitigen Kraft ableiten. Die Gesetze geben an, wie die Erdbahn mit den von der fernen Sonne ausgehenden Einflüssen zusammenhängt. Erde und Sonne sind trotz ihres großen Abstandes voneinander alle beide aktiv an dem Spiel der Kräfte beteiligt.

Nach Maxwells Theorie dagegen gibt es keine materiellen Wirkungsmomente. Seine mathematischen Gleichungen geben die Gesetze an, denen das elektromagnetische Feld unterworfen ist. Sie stellen nicht wie die Newtonschen den Zusammenhang zwischen zwei räumlich weit auseinanderliegenden Vorgängen her, bringen nicht die Ereignisse, die an dem und dem Ort stattfinden, mit den Verhältnissen an einem ganz anderen in Verbindung. Das Feld, wie es sich an einem bestimmten Ort und in einem bestimmten Zeitpunkt präsentiert, hängt vielmehr von dem Feld ab, das, räumlich unmittelbar benachbart, in einem gerade verflossenen Augenblick existiert hat. Nach den Gleichungen können wir also voraussagen, was sich ein wenig später und räumlich ein Stückchen weiter weg ereignen wird, wenn wir nur wissen, was *hier* und *jetzt* geschieht. Wir können unser Wissen um das Feld nach und nach, in ganz kleinen Etappen, ausbauen und durch Aneinanderreihung dieser winzigen Etappen aus dem, was sich irgendwo in weiter Ferne ereignet hat, das ableiten, was *hier* geschieht. Nach Newtons Theorie sind, ganz im Gegensatz dazu, nur große Etappen zulässig, die den Zusammenhang zwischen weit voneinander entfernten Ereignissen herstellen. Die Experimente Örsteds und Faradays lassen sich aus Maxwells Theorie rekonstruieren, doch nur durch Aneinanderreihung von lauter kleinen Etappen, auf die Maxwells Gleichungen anwendbar sind.

Eine gründlichere mathematische Untersuchung der Maxwellschen Gleichungen ergibt, daß sich aus ihnen neue und absolut unvorhergesehene Schlüsse ziehen lassen. Überdies kann man die ganze Theorie dann auch von einer bedeutend höheren Warte aus prüfen, da die theoretischen Folgerungen nunmehr quantitativer Natur sind und am Ende einer ganzen Kette logischer Schlüsse stehen.

Denken wir uns wieder ein idealisiertes Experiment aus. Eine kleine, elektrisch geladene Kugel wird durch einen äußeren Einfluß in rasche Schwingungen versetzt, die wie bei einem Pendel rhythmisch verlaufen. Wie können wir die Vorgänge, die sich dabei abspielen, mit den Kenntnissen, die wir schon im Hinblick auf Feldänderungen gesammelt haben, in die Kraftfeldsprache fassen?

Die Schwingung der Ladung ruft ein veränderliches elektrisches Feld hervor. Ein solches wiederum ist stets von einem veränderlichen Magnetfeld begleitet. Stellt man in der Nähe einen geschlossenen Kreisleiter auf, so wird das veränderliche magnetische Feld auch hier wieder einen elektrischen Strom erzeugen. Alles das ist noch bloße Wiederholung bereits bekannter Dinge; beschäftigen wir uns jedoch eingehend mit Maxwells Gleichungen, so gewinnen wir einen viel tieferen Einblick in das Wesen der schwingenden elektrischen Ladung. Aus den Maxwellschen Gleichungen können wir auf mathematischem Wege die Beschaffenheit des Feldes ableiten, das eine schwingende Ladung umgibt. Wir erfahren, wie es strukturell in der Nähe der Kraftquelle und in größerer Entfernung davon aussieht und wie es sich im Laufe der Zeit ändert. Das Resultat ist eine *elektromagnetische Welle*. Die schwingende Ladung gibt Energie ab, die mit einer bestimmten Geschwindigkeit den Raum durchmißt, und eine Weitergabe von Energie, die Fortbewegung eines Zustandes, ist ja charakteristisch für alle Wellenerscheinungen.

Wir haben schon davon gesprochen, daß es verschiedene Arten von Wellen gibt. Denken wir wieder an die von der pulsierenden Kugel erzeugte Längswelle, bei der Dichteveränderungen durch ein Medium wandern, und an das gallertartige Medium, worin sich die Querwelle fortpflanzt. Hier breitete sich eine durch die Drehung der Kugel verursachte Deformation der Gallerte über das Medium aus. Welcher Art sind nun die Veränderungen, die sich bei einer elektromagnetischen Welle ausbreiten? Nun, es sind lediglich Veränderungen elektromagnetischer Felder, weiter gar nichts! Jede Veränderung eines elektrischen Feldes ruft ein magnetisches Feld hervor; jede Veränderung dieses magnetischen Feldes erzeugt wieder ein elektrisches Feld, und so weiter und so fort. Da das Feld Energie repräsentiert, bilden alle diese Veränderungen, die sich da mit einer bestimmten Geschwindigkeit in den Raum hinaus verbreiten, eine Welle. Die elektrischen und magnetischen Kraftlinien liegen, wie wir aus der Theorie abgeleitet haben, stets in Ebenen, die auf der Fortpflanzungsrichtung senkrecht stehen. Die entstehende Welle ist daher eine Querwelle. Das Bild, das wir uns ursprünglich auf Grund von Örsteds und Faradays Versuchen vom Kraftfeld gemacht hatten, wird davon an sich nicht berührt, nur erkennen wir jetzt, daß die wahre Bedeutung des Feldes noch tiefer liegt.

Die elektromagnetische Welle breitet sich im leeren Raum

aus, und auch das ergibt sich aus der Theorie. Wenn die Ladung plötzlich zu schwingen aufhört, wird ihr Feld elektrostatisch. Die bis dahin durch Schwingungen erzeugte Wellenserie pflanzt sich jedoch ungeachtet dessen weiter fort. Die Wellen führen nunmehr ein Eigendasein, und der Ablauf ihrer Veränderungen läßt sich genauso gut verfolgen wie der von materiellen Objekten.

Wir begreifen, daß sich unsere Vorstellung von der elektromagnetischen Welle, die sich mit einer bestimmten Geschwindigkeit im Raum ausbreitet und sich in der Zeit verändert, nur deshalb aus Maxwells Gleichungen ableiten läßt, weil man mit ihnen die Struktur des elektromagnetischen Feldes für einen beliebigen Punkt im Raum und für einen beliebigen Augenblick bestimmen kann.

Noch eine sehr wichtige Frage bleibt zu lösen: Mit welcher Geschwindigkeit pflanzt sich die elektromagnetische Welle im leeren Raum fort? Auch hier gibt uns die Theorie zusammen mit ein paar Daten, die sich aus einfachen, gar nicht mit der eigentlichen Wellenausbreitung zusammenhängenden Experimenten gewinnen lassen, eine eindeutige Antwort: *Die Geschwindigkeit der elektromagnetischen Wellen ist gleich der des Lichtes.*

Örsteds und Faradays Experimente bildeten die Grundlage, auf der Maxwell seine Gesetze aufbauen konnte. Alle bisher besprochenen Erkenntnisse entstammen einer gründlichen Analyse ebendieser Gesetze mit den Mitteln der Kraftfeldsprache.

Die rein theoretische Entdeckung elektromagnetischer Wellen, die sich mit der Lichtgeschwindigkeit fortpflanzen, gehört zu den Großtaten der Naturwissenschaft. Sie konnte einige Zeit später experimentell bestätigt werden. Vor fünfzig Jahren wies Hertz erstmalig die Existenz elektromagnetischer Wellen nach und fand, daß sie sich tatsächlich mit Lichtgeschwindigkeit ausbreiten. Heutzutage ist das Senden und Empfangen von elektromagnetischen Wellen für Millionen Menschen etwas Alltägliches und Selbstverständliches. Der Apparat, den sie dazu verwenden, ist bedeutend komplizierter als der seinerzeit von Hertz gebaute, und man kann die Wellen damit nicht nur ein paar Meter, sondern tausende Kilometer von ihrem Ursprungsort entfernt nachweisen.

Feld und Äther

Elektromagnetische Wellen sind Querwellen und pflanzen sich im leeren Raum mit Lichtgeschwindigkeit fort. Diese Geschwindigkeitsgleichheit bei beiden Phänomenen läßt vermuten, daß optische und elektrische Erscheinungen sehr nahe miteinander verwandt sind.

Als wir zwischen Korpuskular- und Wellentheorie zu wählen hatten, entschieden wir uns für die letztere, und das Argument, das dabei den Ausschlag gab, war die Beugung des Lichts. Ohne eine einzige der damals angegebenen Deutungen optischer Gesetzmäßigkeiten etwa widerrufen zu wollen, gehen wir nun noch einen Schritt weiter und sagen, daß die *Lichtwellen elektromagnetischer Natur sind.* Man kann aus dieser kühnen Behauptung sogar noch weitere Schlüsse ziehen. Wenn dem nämlich wirklich so ist, dann muß es einen theoretisch nachweisbaren Zusammenhang zwischen den optischen und elektrischen Eigenschaften der Materie geben. Der Umstand, daß ein solcher Zusammenhang nun tatsächlich gefunden werden konnte und sogar bei experimenteller Nachprüfung Stich hielt, spricht ganz entschieden für die elektromagnetische Lichttheorie.

Diese bedeutende Erkenntnis haben wir der Feldtheorie zu verdanken, die zwei scheinbar völlig unzusammenhängende Wissenschaftszweige in ein und derselben Theorie vereint. Die Maxwellschen Gleichungen gelten sowohl für die elektrische Induktion als auch für die Lichtbrechung. Wenn wir es als unser Ziel ansehen, einmal alles, was sich je ereignet hat bzw. ereignen wird, ausschließlich mit einer einzigen Theorie beschreiben zu können, dann stellt die Vereinigung der Optik mit der Elektrizitätslehre zweifellos einen sehr großen Fortschritt dar. Physikalisch gesehen, unterscheidet sich eine eigentliche elektromagnetische Welle einzig und allein durch die Wellenlänge von einer Lichtwelle. Die Wellenlänge ist nämlich bei den für das menschliche Auge wahrnehmbaren Lichtwellen sehr klein, während sie bei den eigentlichen elektromagnetischen Wellen, wie wir sie mit dem Rundfunkempfänger auffangen, ziemlich groß ist.

Die alte mechanistische Konzeption war ein Versuch, das ganze Naturgeschehen auf Kräfte zurückzuführen, die zwischen Materieteilchen walten. Auf dieser mechanistischen Auffassung basierte auch die erste naive Theorie von den elektrischen Fluida. Für den Physiker des beginnenden neunzehnten Jahrhunderts gab es noch kein Feld. Er ließ nur die Substanz und ihre Veränderungen gelten und suchte das Verhalten zweier elektrischer Ladungen auf Grund von Vorstellungen zu begründen, die sich direkt auf ebendiese Ladungen bezogen.

Zunächst sollte der Feldbegriff bloß dazu dienen, das Verständnis für bestimmte Erscheinungen vom Mechanischen her zu erleichtern. In der neuen Kraftfeldterminologie ist die Beschreibung des zwischen den beiden Ladungen liegenden Feldes, nicht aber die der Ladungen selbst, für die Deutung ihres Verhaltens maßgebend. Die neuen Begriffe zogen rasch immer weitere Kreise, bis das substantielle Denken schließlich ganz und gar von dem kraftfeldmäßigen verdrängt wurde. Man begriff, daß dieser Umschwung für die Physik von größter Bedeutung sein mußte. Eine neue Realität war entdeckt worden, eine neue Konzeption, für die im Rahmen der mechanistischen Denkweise kein Raum mehr blieb. Langsam und in zähem Ringen eroberte sich der Kraftfeldbegriff den Vorrang in der Physik, und so zählt er bis heute zu den physikalischen Grundbegriffen.

Das elektromagnetische Feld ist für den modernen Physiker nicht minder wirklich als der Stuhl, auf dem er sitzt.

Es wäre allerdings ungerecht, wollte man die Sache so darstellen, als wäre die Naturwissenschaft mit dem Aufkommen des Kraftfeldgedankens von einer alten, unbrauchbaren Theorie, nämlich der von den Fluida, befreit, als wären die mit der alten Theorie erzielten Errungenschaften durch die neue getilgt worden. Die neue Theorie beleuchtet vielmehr sowohl die Vorzüge als auch die Schwächen der alten Theorie, und sie gibt uns die Möglichkeit, unsere alten Begriffe von einer höheren Warte aus neu zu formulieren. Das gilt nicht nur für die Theorie von den elektrischen Fluida und die vom Kraftfeld, sondern für alle Umwälzungen schlechthin, denen physikalische Theorien unterworfen sind, mögen sie auch scheinbar noch so einschneidend sein. In unserem Falle finden wir den Begriff „elektrische Ladung“ zum Beispiel in Maxwells Theorie wieder, wenn die Ladung hier auch nur als Quelle eines elektrischen Feldes aufgefaßt wird. Coulombs Gesetz bleibt auch erhalten; es läßt sich gleich vielen anderen Folgerungen aus Maxwells Gleichungen ableiten. Wir kommen nach wie vor mit der alten Theorie aus, solange es sich um Gesetzmäßigkeiten handelt, die in ihrem Geltungsbereich liegen, doch ist es uns auch in diesen Fällen nicht verwehrt, die neue Theorie anzuwenden, da sie sich ja auf alle bekannten Gesetzmäßigkeiten erstreckt.

Vergleichsweise könnten wir sagen, daß die Aufstellung einer neuen Theorie nicht dem Abreißen einer alten Bretterbude entspricht, an deren Stelle dann ein Wolkenkratzer aufgeführt wird; sie hat vielmehr eher etwas mit einer Bergbesteigung gemeinsam, bei der man immer wieder neue und weitere Ausblicke genießt und unerwartete Zusammenhänge zwischen dem Ausgangspunkt und seiner reichhaltigen Umgebung entdeckt. Dabei ist der Punkt, von dem wir losmarschiert sind, natürlich nach wie vor vorhanden. Man kann ihn stets liegen sehen, wenn er auch scheinbar immer kleiner wird und schließlich nur noch einen winzigen Teil unseres weitgespannten Rundblicks ausmacht, den wir uns dadurch verschafft haben, daß wir die auf unserem abenteuerlichen Aufstieg liegenden Hindernisse unerschrocken meisterten.

Es dauerte nun allerdings ziemlich lange, bis man die Tragweite der Maxwellschen Theorie in vollem Maße zu würdigen wußte. Das Feld glaubte man später vielleicht unter Zuhilfenahme des Äthers noch einmal mechanistisch deuten zu können, doch wurde es mit der Zeit klar, daß dieses Vorhaben undurchführbar ist, da die bereits mit der Feldtheorie erzielten Erfolge zu augenfällig und zu bedeutend waren, als daß man die neue Lehre noch hätte zugunsten eines mechanistischen Dogmas aufopfern können. Auf der anderen Seite schien das Problem der Konstruktion eines mechanischen Äthermodells in dem Maße uninteressanter zu werden, wie die Ergebnisse dieser Bemühungen in Anbetracht der dafür notwendigen gezwungenen und gewollten Annahmen immer weniger Erfolg versprachen.

Wir haben wohl nur die Möglichkeit, es einfach als gegeben hinzunehmen, daß der Raum eben die physikalische Eigenschaft hat, elektromagnetische Wellen weiterzuleiten, ohne uns den Kopf allzuviel über Details zu zerbrechen. Das Wort „Äther" können wir einstweilen auch weiterhin ruhig gebrauchen, doch wollen wir darunter nur noch eine bestimmte physikalische Eigenschaft des Raumes verstehen. Dieses Wort hat seine Bedeutung in der Naturwissenschaft übrigens im Laufe der Jahrhunderte schon oftmals gewandelt. Jetzt soll es nun also kein aus Partikeln aufgebautes Medium mehr bezeichnen, doch ist sein Bedeutungswandel damit noch keineswegs abgeschlossen; er wird vielmehr von der Relativitätstheorie fortgesetzt.

Das mechanische Bezugssystem

An diesem Punkte unserer Betrachtungen angelangt, müssen wir noch einmal zum Anfang, zu Galileis Trägheitsgesetz, zurückkehren. Wir zitieren aufs neue:

Jeder Körper verharrt in seinem Ruhestand oder im Zustande der geradlinig-gleichförmigen Bewegung so lange, bis er durch Kräfte, die dem entgegenwirken, veranlaßt wird, diesen Zustand zu ändern.

Wer den Gedanken der Trägheit einmal verstanden hat, wird sich fragen, was denn darüber noch zu sagen sei. Dennoch ist dieses Problem noch lange nicht erschöpfend behandelt worden, so eingehend wir uns auch schon damit befaßt haben.

Nehmen wir einmal folgenden Fall: Ein Wissenschaftler, der seine Sache sehr ernst nimmt, ist der Meinung, das Trägheitsgesetz müsse sich experimentell bestätigen bzw. widerlegen lassen. Er bringt auf einem waagerechten Tisch kleine Kugeln ins Rollen und bemüht sich, die Reibung nach Möglichkeit auszuschalten. Bald merkt er, daß die Bewegung immer gleichförmiger wird, je mehr er Tisch und Kugeln glättet. Als er gerade im Begriffe ist, das Trägheitsprinzip zu verkünden, spielt ihm jemand einen Streich. Da unser Physiker nämlich in einem fensterlosen Kabinett arbeitet, hat er keinerlei Verbindung mit der Außenwelt. Ein Spaßvogel hat nun mittlerweile einen Mechanismus montiert, mit dem er das ganze Kabinett rasch um eine mitten durch dieses hindurchgehende Achse rotieren lassen kann. Sowie diese Drehung einsetzt, kommt der Physiker zu ganz neuen und unvorhergesehenen Feststellungen. Die Kugel, die sich bisher gleichförmig bewegt hatte, zeigt nunmehr die Tendenz, sich möglichst weit vom Mittelpunkt des Kabinetts zu entfernen und den Wänden zuzustreben. Auch er selbst spürt, wie er von einer Kraft erfaßt und nach außen zu gegen die Wand gedrängt wird. Es ist das gleiche Gefühl, das man im Zuge oder im Auto hat, wenn es schnell um eine scharfe Kurve geht, oder noch deutlicher im Karussell. Damit werden alle bisherigen Forschungsergebnisse unseres Wissenschaftlers über den Haufen geworfen.

Der Physiker müßte nun zusammen mit dem Trägheitsgesetz auch alle sonstigen mechanischen Gesetze fallenlassen; denn da er vom Trägheitsgesetz ausgegangen war, ändern sich mit diesem auch alle seine weiteren Schlüsse. Ein Beobachter, der sein ganzes Leben in dem rotierenden Kabinett verbringen und alle seine Experimente darin anstellen müßte, würde eine Mechanik mit anderen Gesetzen als den unseren entwickeln. Geht er allerdings gewappnet mit einem umfassenden Wissen und erfüllt von dem unerschütterlichen Glauben an die Prinzipien der Physik hinein, so wird er den scheinbaren Zusammenbruch der Mechanik damit zu erklären wissen, daß er sich in einem rotierenden Kabinett befinde. Mit Hilfe mechanischer Versuche könnte er sogar in Erfahrung bringen, wie diese Rotation aussieht.

Warum befassen wir uns so eingehend mit diesem Beobachter in seinem rotierenden Kabinett? Nun, wir sind ja auf unserer Erdkugel bis zu einem gewissen Grade in derselben Lage. Seit Kopernikus wissen wir, daß die Erde sich um ihre Achse dreht und die Sonne umkreist. Selbst diese einfache Erkenntnis, die uns so einleuchtend erscheint, blieb von der vorwärtsstürmenden Wissenschaft nicht unangetastet. Lassen wir diese Frage aber einstweilen noch auf sich beruhen und halten wir es zunächst ruhig mit Kopernikus. Wenn unser rotierender Beobachter die Gesetze der Mechanik nicht experimentell bestätigen kann, so sollte man annehmen, daß wir Erdbewohner dazu auch nicht in der Lage wären. Allerdings dreht sich die Erde verhältnismäßig langsam, so daß die Auswirkungen ihrer Rotation nicht sehr deutlich in Erscheinung treten. Nichtsdestoweniger gibt es viele Versuche, bei denen sich eine kleine Abweichung von den Gesetzen der Mechanik zeigt, und der Umstand, daß diese Abweichungen beharrlich auftreten, kann als Beweis für die Rotation der Erde angesehen werden.

Leider haben wir nicht die Möglichkeit, uns zwischen Sonne und Erde zu postieren, um dort die Richtigkeit des Trägheitsgesetzes einwandfrei nachzuweisen und uns durch den Augenschein davon zu überzeugen, daß die Erde sich wirklich dreht. Das können wir nur in Gedanken machen, und so müssen wir nach wie vor alle unsere Experimente auf der Erde ausführen, an die wir nun einmal gebunden sind. Das kann man auch wissenschaftlicher formulieren, indem man sagt: *Die Erde ist unser Koordinatensystem.*

Zur Erläuterung dieser Feststellung soll uns wieder ein einfaches Beispiel dienen. Wir können die Position eines Steines, der von einem Turm heruntergeworfen wird, für jeden beliebigen Zeitpunkt vorhersagen und unsere Prophezeiung durch die Beobachtung bestätigen. Wenn wir neben dem Turm eine Meßlatte aufstellen, können wir im voraus genau angeben, in Höhe welcher Marke der fallende Körper sich in einem bestimmten Augenblick befinden wird. Turm und Maßstab dürfen natürlich nicht aus Gummi oder sonst einem Material sein, das sich während des Versuches irgendwie verändern kann. Dieser unveränderliche Maßstab, der zudem fest mit der Erde verbunden sein muß, sowie eine gute Uhr – das ist im Prinzip alles, was wir für das Experiment brauchen. Wenn wir diese Dinge haben, kann uns nicht nur die architektonische Gestalt des Turms, sondern der ganze Turm überhaupt gleichgültig sein. Alle diese Vorschriften verstehen sich eigentlich von selbst und werden daher bei derartigen Versuchen gewöhnlich gar nicht eigens erwähnt, doch zeigt diese Analyse, wie viele Voraussetzungen sich hinter allen unseren Aussagen verbergen. In unserem Falle brauchen wir einen starren Maßstab und eine ideale Uhr, da es ohne diese Requisiten unmöglich wäre, Galileis Fallgesetze nachzuprüfen. Mit Hilfe dieses einfachen, aber unerläßlichen physikalischen Gerätes – Stab und Uhr – können wir dieses Gesetz der Mechanik ziemlich akkurat nachprüfen. Bei exakter Durchführung ergeben sich nun aus diesem Versuch Diskrepanzen zwischen Theorie und Praxis, die der Erddrehung oder, um es anders auszudrücken, dem Umstand zuzuschreiben sind, daß die Gesetze der Mechanik, wie sie Galilei aufgestellt hat, in einem fest mit der Erde verbundenen Koordinatensystem keine strikte Geltung haben.

Bei allen mechanischen Versuchen, ganz gleich, welcher Art, müssen wir immer, wie bei dem obigen Experiment mit dem fallenden Körper, die Positionen von Massenpunkten für bestimmte Momente bestimmen. Die Position muß jedoch immer zu etwas anderem – vorhin zum Beispiel zu dem Turm bzw. der Meßlatte – in Beziehung gesetzt werden. Wir müssen irgendein sogenanntes *Bezugssystem*, ein mechanisches Gerüst, haben, wenn wir die Lage eines Körpers bestimmen wollen. Objekte bzw. ständige Aufenthaltsorte von Menschen in einer Stadt bringen wir zu den Straßen und Gassen in Beziehung. Bislang haben wir uns nicht damit aufgehalten, bei der Besprechung mechanischer Gesetze das jeweilige Bezugssystem anzugeben, weil wir ja nun einmal alle auf dieser Erde leben und daher ohne Schwierigkeiten in jedem einzelnen Falle ein solches, fest mit der Erde verbundenes Gerät schaffen können. So ein Gerüst, auf das wir alle unsere Beobachtungen beziehen müssen, und das aus starren, unveränderlichen Körpern zu bestehen hat, nennen wir *Koordinatensystem* oder der Kürze halber einfach *System.*

So waren alle unseren bisherigen physikalischen Feststellungen eigentlich noch unvollständig, weil wir gar nicht berücksichtigt haben, daß alle Beobachtungen auf ein bestimmtes System bezogen werden müssen. Statt die Struktur des Systems anzugeben, haben wir es einfach vollständig ignoriert. Wenn wir zum Beispiel gesagt haben: „Ein Körper bewegt sich gleichförmig ...“, so hätte es eigentlich heißen müssen: „Ein Körper bewegt sich relativ zu dem und dem System gleichförmig ...“ Erst an dem Beispiel mit dem rotierenden Kabinett haben wir gesehen, daß die Ergebnisse mechanischer Experimente auch davon abhängen können, auf welches System sie bezogen werden.

Wenn zwei Systeme gegeneinander rotieren, dann können die Gesetze der Mechanik nicht für beide gelten. Stellen wir uns die beiden Koordinatensysteme in Gestalt zweier runder Schwimmbassins vor, und nehmen wir an, daß die Wasseroberfläche in einem davon eben ist, dann nimmt sie in dem anderen die durchgebogene, kraterartige Form an, die wir vom Umrühren des Kaffees her kennen.

Auch als wir die Grundgesetze der Mechanik formulierten, haben wir einen wichtigen Punkt übergangen; denn auch hier wurde nicht gesagt, für welches System sie gelten. Aus diesem Grunde hängt eigentlich die ganze klassische Mechanik in der Luft, da wir ja nicht wissen, worauf sie sich bezieht. Wir wollen auf diese Unstimmigkeit vorläufig aber nicht näher eingehen und unsere weiteren Gedankengänge auf der nicht ganz korrekten Voraussetzung aufbauen, daß die Gesetze der klassischen Mechanik für alle fest mit der Erde verbundenen Systeme gelten. Damit haben wir wenigstens das System festgelegt, so daß wir auch unsere Aussagen bestimmter fassen können. Wenn die Behauptung, die Erde eigne sich als Bezugssystem, auch nicht ganz den Tatsachen entspricht, so soll uns das vorläufig nicht weiter stören.

Wir nehmen also an, es gäbe ein System, in dem die Gesetze der Mechanik Geltung haben. Ist dieses aber dann das einzige derartige System? Denken wir doch einmal an Bezugssysteme wie Eisenbahnzüge, Schiffe oder Flugzeuge, die sich relativ zur Erde bewegen. Gelten die Gesetze der Mechanik auch in diesen Systemen? Nun, auf jeden Fall können wir mit Bestimmtheit sagen, daß sie nicht immer gelten, zum Beispiel dann nicht, wenn der Zug durch eine Kurve fährt, wenn das Schiff im Sturm hin und her schwankt oder wenn das Flugzeug abtrudelt. Fangen wir mit einem einfachen Beispiel an: Ein System bewegt sich relativ zu unserem „guten" System, das heißt also zu einem Bezugssystem, worin die Gesetze der Mechanik gelten, gleichförmig. Wir können uns zum Beispiel einen idealen Zug oder, noch besser, ein Schiff vorstellen, das majestätisch, unverändert geradlinig und mit gleichbleibender Geschwindigkeit das Meer durchpflügt. Wir wissen aus Erfahrung, daß in diesem Falle beide Systeme „gut" sind, da physikalische Experimente, die in einem gleichförmig bewegten Zug oder an Bord eines gleichförmig fahrenden Schiffes angestellt werden, genauso verlaufen wie außerhalb dieser Fahrzeuge. Bremst der Zug jedoch unvermittelt ab oder zieht er plötzlich scharf an bzw. im Falle eines Schiffes, setzt schwerer Seegang ein, so ereignen sich merkwürdige Dinge. Im Zug fallen die Koffer aus dem Gepäcknetz herunter, an Bord des Schiffes kollern Tische und Stühle durcheinander, und die Passagiere werden seekrank. Physikalisch gesehen, liegt das alles einfach daran, daß die Gesetze der Mechanik für diese Systeme nicht gelten, daß es sich also um „schlechte" Systeme handelt.

Diese Erkenntnis kommt schon in dem sogenannten *Galileischen Relativitätsprinzip* zum Ausdruck: *Wenn die Gesetze der Mechanik in einem bestimmten System gelten, so gelten sie auch für alle anderen Systeme, die sich relativ zu jenem gleichförmig bewegen.*

Wenn wir es jedoch mit zwei Systemen zu tun haben, die sich ungleichförmig gegeneinander bewegen, dann können die Gesetze der Mechanik keinesfalls in beiden herrschen. „Gute" Koordinatensysteme, solche also, in denen die Gesetze der Mechanik gelten, nennen wir *Inertialsysteme.* Die Frage, ob es in Wirklichkeit überhaupt Inertialgesetze gibt, bleibt noch offen. Wenn ja, dann gibt es unendlich viele; denn jedes System, das sich relativ zu einem solchen gleichförmig bewegt, ist dann ebenfalls ein Inertialsystem.

Nehmen wir jetzt einmal folgenden Fall: Zwei Systeme, deren Ausgangslage bekannt ist, bewegen sich gleichförmig und mit bekannter Geschwindigkeit gegeneinander. Wer sich konkrete Dinge besser vorstellen kann, denkt dabei vielleicht an einen Dampfer oder einen Zug, der sich relativ zur Erde bewegt. Die Gesetze der Mechanik lassen sich im Zuge oder an Bord des Schiffes, soweit die Fahrzeuge sich nur gleichförmig bewegen, experimentell mit gleicher Exaktheit bestätigen wie auf der Erde selbst. Schwierig wird die Sache erst, wenn die Experimentatoren in verschiedenen Systemen ihre Beobachtungen über die gleichen Vorgänge vergleichen. Jeder wird bestrebt sein, die Beobachtungen des anderen seinen eigenen Verhältnissen entsprechend umzudeuten. Noch ein einfaches Beispiel: Ein und dieselbe Bewegung eines Teilchens wird von zwei Systemen, von der Erde selbst und von einem gleichförmig bewegten Zug aus, beobachtet. Beide sind Inertialsysteme. Genügt es nun, festzustellen, was von dem einen System aus beobachtet wurde, wenn man über das Beobachtungsergebnis in dem anderen System Bescheid wissen will, sofern nur die relativen Geschwindigkeiten und Positionen der beiden Systeme für irgendeinen Zeitpunkt bekannt sind? Für die Beschreibung von Vorgängen ist es natürlich von größter Wichtigkeit, zu wissen, wie man die Dinge von einem System in ein anderes übertragen kann, da ja beide gleichwertig und daher für die Beschreibung von Naturereignissen gleich gut geeignet sind. Nun, wir brauchen in der Tat nur die Resultate zu kennen, zu denen der Beobachter in dem einen System gelangt ist. Wir wissen dann auch automatisch, was der andere in dem zweiten System konstatiert hat.

Fassen wir das Problem etwas abstrakter, ohne Schiff und Eisenbahnzug. Der Einfachheit halber wollen wir uns erst einmal nur die geradlinige Bewegung vornehmen. Wir brauchen dazu einen starren Stab mit Einteilung und eine gute Uhr. Der Stab gibt in dem einfachen Falle der geradlinigen Bewegung ein vollwertiges System ab, spielt also hier die gleiche Rolle wie die Meßlatte am Turm bei Galileis Experiment. Es ist einfacher und besser, sich unter einem System einen starren Stab vorzustellen, sofern es sich um geradlinige Bewegung handelt, ein starres Gerüst aus parallelen und rechtwinklig dazu angeordneten Stäben dagegen im Falle der freien Bewegung im Raum, ohne dabei an Türme, Wände, Straßen und dergleichen zu denken. In unserem ganz einfachen Beispiel wollen wir nun mit zwei Systemen, das heißt mit zwei starren Stäben, arbeiten und den einen an dem anderen vorbeiziehen, so daß wir, in der Skizze, von einem „oberen" und einem „unteren" System sprechen können. Wir setzen voraus, daß beide Systeme sich mit einer bestimmten Geschwindigkeit gegeneinander bewegen, und zwar so, daß das eine sich an dem anderen entlangschiebt. Es empfiehlt sich, außerdem anzunehmen, daß beide Stäbe unendlich lang sind, daß sie nämlich nur ein Ende haben, während das andere im Unendlichen liegt. Für die Messung der Zeit, die ja für beide Systeme gleich schnell verstreicht, kommen wir mit einer Uhr aus. Zu Beginn unserer Beobachtungen sind die Enden beider Stäbe auf gleicher Höhe. Die Lage eines Massenpunktes wird in diesem Moment noch in beiden Systemen durch die gleiche Zahl bestimmt, und diese Zahl ist dadurch gegeben, daß das Materieteilchen sich mit einer bestimmten Marke der auf dem Stab angebrachten Einteilung deckt. Wenn die Stäbe sich jedoch gleichförmig gegeneinander bewegen, so werden die Zahlen, welche die Lage in den jeweiligen Systemen angeben, nach einer gewissen Zeit, sagen wir nach einer Sekunde, schon verschieden sein. Denken wir uns einen Massenpunkt auf dem oberen Stab. Die Zahl, die seine Lage für das obere System angibt, bleibt immer konstant, die für den unteren Stab geltende ändert sich jedoch laufend. Statt immer von der „Zahl, welche die Lage eines Punktes angibt", zu reden, wollen wir kurz die Bezeichnung „Koordinate" dafür einführen. Aus der Skizze läßt sich ersehen, daß der folgende Satz, so kompliziert er auch auf den ersten Blick aussieht, dennoch richtig ist und einen an sich sehr einfachen Sachverhalt ausdrückt: Im unteren System ist die Koordinate eines Punktes gleich seiner Koordinate im oberen

System, vermehrt um die Koordinate des Endpunktes des oberen Systems relativ zum unteren System. Das Wesentliche hierbei ist der Umstand, daß wir die Lage eines Punktes in einem System stets berechnen können, wenn wir wissen, wie er relativ zu einem anderen liegt, sofern die relative Lage der betreffenden Koordinatensysteme jederzeit festgestellt werden kann. Das hört sich nun zwar alles sehr geheimnisvoll an, ist aber in Wirklichkeit recht einfach und wäre eigentlich kaum einer so eingehenden Behandlung wert, wenn wir es nicht später noch brauchen würden.

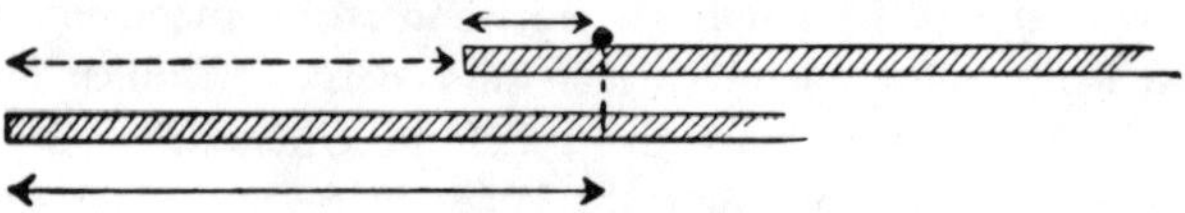

Fig. 53

Wir wollen an dieser Stelle noch einmal ausdrücklich auf den Unterschied zwischen der Bestimmung der Lage eines Punktes und der des Zeitpunktes hinweisen, in dem ein Ereignis stattfindet. Während nämlich jeder Beobachter seinen eigenen Maßstab und damit sein System hat, ist für alle beide nur eine einzige Uhr maßgebend. Die Zeit ist etwas Absolutes. Sie verstreicht für alle Beobachter in sämtlichen Systemen gleichmäßig.

Ein weiteres Beispiel: Ein Mann schlendert mit der Geschwindigkeit von drei Stundenkilometern über das Deck eines Ozeandampfers. Diese Geschwindigkeit ist relativ zum Schiff oder, mit anderen Worten, relativ zu einem System gemessen, das fest mit dem Schiff verbunden ist. Wenn das Schiff relativ zur Küste mit dreißig Stundenkilometern fährt, wenn ferner Mann und Schiff sich gleichmäßig in der gleichen Richtung bewegen, dann legt der Spaziergänger an Deck, von einem Beobachter an Land aus gesehen, dreiunddreißig Kilometer in der Stunde zurück. Auch diesen Sachverhalt können wir wieder abstrakter formulieren: Die relativ zu dem unteren System gemessene Geschwindigkeit eines bewegten Massenpunktes ist gleich der relativ zum oberen System gemessenen, vermehrt bzw. vermindert – je nachdem, ob die Geschwindigkeit gleiche oder entgegengesetzte Richtung hat – um die relativ zum unteren System gemessene Geschwindigkeit des oberen. Wir können also nicht nur die Position, sondern auch die Geschwindigkeit von einem System in ein anderes übertragen, sofern wir nur die Relativgeschwindigkeit der beiden Systeme kennen.

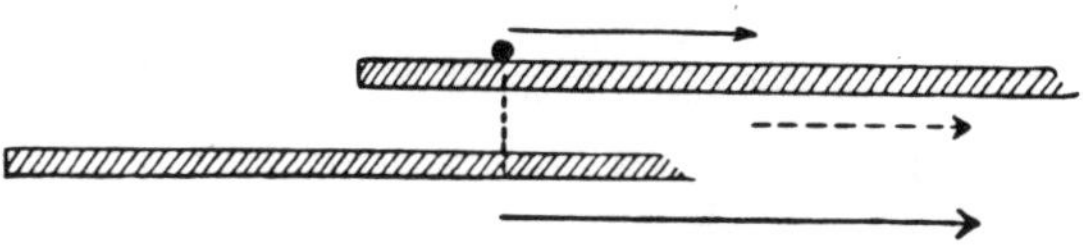

Fig. 54

Positionsangaben oder Koordinaten sowie Geschwindigkeiten sind somit Beispiele für Größen, die je nachdem, in welchem von mehreren durch bestimmte, in diesem Falle sehr einfache *Transformationsgesetze* miteinander verknüpften Systemen sie gemessen werden, verschiedene Werte haben.

Es gibt allerdings auch Größen, die in allen Systemen den gleichen Wert haben und für die wir daher keine Transformationsgesetze brauchen. Denken wir uns zum Beispiel auf dem oberen Stab zwei fixierte Punkte. Ihr Abstand ist dann gleich der Differenz ihrer Koordinaten. Wollen wir die Positionen zweier Punkte relativ zu verschiedenen Systemen bestimmen, so müssen wir die Transformationsgesetze zu Hilfe nehmen; handelt es sich jedoch um die Differenz zweier Positionen, so heben die durch die Verschiedenheit der Systeme bedingten Faktoren einander auf, wie sich aus Figur 55 ergibt. Den Abstand zwischen den Enden der beiden Systeme müssen wir zuerst addieren und dann wieder subtrahieren. Die Entfernung zwischen zwei Punkten ist daher *unveränderlich*, das heißt, von der Wahl des Systems unabhängig.

Ein weiteres Beispiel für eine vom System unabhängige Größe ist die Geschwindigkeitsänderung. Dieser Begriff ist uns ja schon von der Mechanik her geläufig. Wieder denken wir uns einen Massenpunkt, der sich geradlinig bewegt und von zwei Systemen aus beobachtet wird. Ändert er seine Geschwindigkeit, so nehmen die Beobachter in beiden Systemen das als Differenz zwischen zwei Geschwindigkeiten

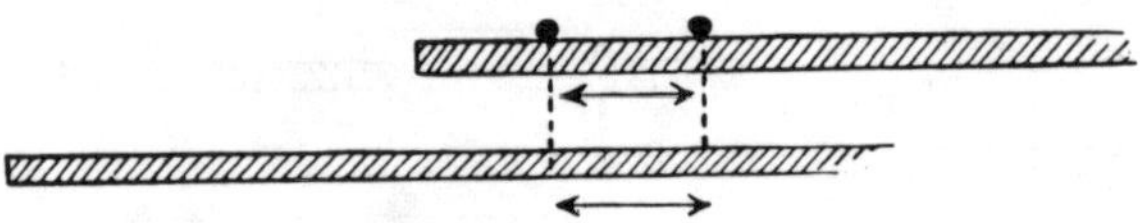

Fig. 55

wahr, und der durch die gleichförmige Relativbewegung der beiden Systeme bedingte Faktor hebt sich bei der Berechnung dieser Differenz auf. Auch die Geschwindigkeitsänderung ist also eine unveränderliche Größe, freilich nur unter der Voraussetzung, daß die Relativbewegung unserer beiden Systeme gleichförmig ist. Sonst fällt die Geschwindigkeitsänderung nämlich für jedes System anders aus, wobei die Differenz zwischen beiden Werten dann auf die Geschwindigkeitsänderung in der Relativbewegung der beiden Stäbe zurückzuführen ist, die uns als Koordinatensysteme dienen.

Nun kommt das letzte Beispiel: Dieses Mal handelt es sich um zwei Massenpunkte, zwischen denen Kräfte walten, die ausschließlich von ihrem gegenseitigen Abstand abhängen. Bei der geradlinigen Bewegung ist ihre gegenseitige Entfernung und folglich auch die Kraft unveränderlich. Newtons Gesetz, das die Kraft mit der Geschwindigkeitsänderung verknüpft, gilt daher für beide Systeme. Wieder einmal kommen wir damit zu einem Schluß, der seine Bestätigung in der Praxis findet: Wenn die Gesetze der Mechanik in einem System Geltung haben, so auch in allen anderen Systemen, die sich relativ zu jenem gleichförmig bewegen. Allerdings haben wir uns ein sehr einfaches Beispiel gewählt, nämlich das der geradlinigen Bewegung, bei der das System durch einen starren Stab dargestellt werden kann. Unsere Schlußfolgerungen haben jedoch darüber hinaus Allgemeingültigkeit und lassen sich nun wie folgt zusammenfassen:

1. Wir haben keine Möglichkeit, die Existenz eines Inertialsystems nachzuweisen. Gibt es allerdings eines, dann muß es unendlich viele geben, da alle Systeme, die sich gleichförmig gegeneinander bewegen, Inertialsysteme sind, wenn nur eines von ihnen ein solches ist.

2. Der Zeitpunkt, zu dem ein Ereignis stattfindet, ist für alle Systeme der gleiche. Verschieden sind dagegen die Koordinaten und Geschwindigkeiten. Sie lassen sich nach den Transformationsgesetzen umrechnen.

3. Obwohl Koordinaten und Geschwindigkeiten beim Übergang von einem System in ein anderes andere Werte annehmen, bleiben Kraft und Geschwindigkeitsänderung und somit die Gesetze der Mechanik im Sinne der Transformationsgesetze invariabel.

Die Transformationsgesetze, die wir hier für Koordinaten und Geschwindigkeiten aufgestellt haben, wollen wir als Transformationsgesetze der klassischen Mechanik oder kurz als *klassische Transformation* bezeichnen.

Äther und Bewegung

Das Galileische Relativitätsprinzip, demzufolge in allen Inertialsystemen, die sich gegeneinander bewegen, dieselben mechanischen Gesetze herrschen, gilt für mechanische Phänomene. Kann man es nun aber auch auf nichtmechanische Erscheinungen anwenden, besonders auf diejenigen, für die sich die Feldbegriffe als so außerordentlich wertvoll erwiesen haben? Alle mit dieser Frage zusammenhängenden Probleme führen uns direkt zu dem Punkte, an dem die Relativitätstheorie den Hebel ansetzt.

Wir erinnern uns, daß die Lichtgeschwindigkeit im Vakuum oder, mit anderen Worten, im Äther 300 000 Kilometer pro Sekunde beträgt und daß wir im Licht eine elektromagnetische Wellenerscheinung zu sehen haben, die sich in diesem Äther ausbreitet. Das elektromagnetische Feld enthält Energie, die ein Eigendasein führt, sobald sie sich einmal von ihrer Quelle losgelöst hat. Vorläufig wollen wir weiterhin daran festhalten, daß der Äther ein Medium ist, in dem sich elektromagnetische Wellen und somit auch Lichtwellen fortpflanzen, obwohl wir uns voll und ganz darüber klar sind, wie viele Schwierigkeiten uns die Frage der mechanischen Struktur ebendieses Äthers bereitet.

Denken wir uns, wir säßen in einer geschlossenen Kabine, die von der Außenwelt derart hermetisch abgeschlossen ist, daß keine Luft eindringen oder entweichen kann. Wenn wir stillsitzen und sprechen, so erzeugen wir, physikalisch gesehen, Schallwellen, die sich von ihrer ruhenden Quelle aus mit Schallgeschwindigkeit ausbreiten. Befände sich zwischen Mund und Ohr keine Luft oder sonst ein Medium, so könnten wir keinen Ton hören. Experimentell wurde festgestellt, daß der Schall sich in der Luft nach allen Seiten gleich schnell ausbreitet, sofern es windstill ist und die Luft sich somit in unserem System im Ruhezustand befindet.

Stellen wir uns weiters vor, daß unsere Kabine (es kann auch ein Eisenbahnzug oder dergleichen sein) sich gleichförmig durch den Raum bewegt und gläserne Wände hat, so daß eine draußen stehende Person alles verfolgen kann, was drinnen vorgeht. Aus den Messungen des Innenbeobachters kann diese Person die Schallgeschwindigkeit relativ zu ihrem, mit ihrer Umgebung fest verbundenen System ableiten, gegen das sich die Kabine bewegt. Hier haben wir es wiederum mit dem alten, schon so ausführlich besprochenen Problem zu tun, die Geschwindigkeit in einem

System zu bestimmen, wenn sie bereits für ein anderes bekannt ist.

Der Beobachter drinnen stellt fest: Von mir aus gesehen breitet sich der Schall nach allen Seiten gleich schnell aus.

Der Beobachter draußen dagegen sagt: Der Schall in der bewegten Kabine breitet sich relativ zu meinem System nicht nach allen Seiten gleich schnell aus. In der Bewegungsrichtung der Kabine pflanzt er sich abnorm schnell fort, in der entgegengesetzten Richtung dagegen langsamer.

Diese Schlüsse fußen auf der klassischen Transformation und lassen sich experimentell bestätigen. Die Kabine nimmt das materielle Medium, die Luft, worin sich die Wellen ausbreiten, mit, und daher kommen Innen- und Außenbeobachter bezüglich der Schallgeschwindigkeit zu verschiedenen Ergebnissen.

Die Theorie, derzufolge der Schall sich in einem materiellen Medium wellenförmig ausbreitet, läßt außerdem noch einige weitere Schlußfolgerungen zu. Wenn man nämlich nicht hören will, was ein anderer sagt, so müßte man seinen Worten dadurch entgehen können, daß man mit einer Geschwindigkeit davonläuft, die größer ist als die des Schalles relativ zu der den Sprecher umgebenden Luft. Das ist nun freilich nicht gerade das einfachste Verfahren, sich den Worten eines Sprechers zu entziehen, aber die von ihm erzeugten Schallwellen könnten so tatsächlich niemals das Ohr des Läufers erreichen. Wollen wir dagegen einen bedeutenden Ausspruch noch einmal hören, der uns irgendwie entgangen ist und ansonsten unwiederbringlich verloren wäre, so müßten wir diesem, gleichfalls mit Überschallgeschwindigkeit, nachlaufen können, bis wir die Wellen eingeholt haben, aus denen er sich zusammensetzt. In beiden Fällen wird, abgesehen davon, daß wir etwa 350 Meter in der Sekunde zurücklegen müßten, nichts grundsätzlich Unmögliches vorausgesetzt. Wir können uns überdies durchaus vorstellen, daß wir mit neuen technischen Behelfen eines Tages tatsächlich solche Geschwindigkeiten erreichen. Die meisten Granaten fliegen übrigens mit Überschallgeschwindigkeit, und ein zweiter Münchhausen, der sich auf einem solchen Projektil durch die Lüfte tragen ließe, würde den Abschußknall niemals hören können.

Alle diese Beispiele gehören noch ganz und gar in die Mechanik. Jetzt aber stellen wir die folgenden inhaltsschweren Fragen: Gilt das, was wir gerade von den Schallwellen gesagt haben, auch für die Wellen des Lichts? Läßt sich das Galileische Relativitätsprinzip nebst der klassischen Transformation auf optische und elektrische Phänomene genauso gut anwenden wie auf mechanische? Es ist riskant, diese Fragen einfach mit „Ja" oder „Nein" zu beantworten, ohne sie vorher noch etwas gründlicher auf ihre Tragweite hin zu analysieren.

Im Falle der Schallwellen, die sich in einer relativ zu einem außerhalb stehenden Beobachter gleichförmig bewegten Kabine ausbreiten, müssen wir zunächst einmal unbedingt die folgenden Punkte festhalten, bevor wir zu unserer Schlußfolgerung gelangen:

Die bewegte Kabine nimmt die Luft mit, in der die Schallwellen sich ausbreiten.

Geschwindigkeiten, die von zwei gleichförmig gegeneinander bewegten Systemen aus gemessen werden, lassen sich durch die klassische Transformation zueinander in Beziehung setzen.

Beim Licht muß das entsprechende Problem etwas anders gestellt werden. Die Beobachter in der Kabine sprechen in diesem Falle nicht. Statt dessen senden sie nach allen Richtungen hin Lichtsignale und somit Lichtwellen aus. Wenn wir weiters annehmen, daß die Lichtquellen ständig in der Kabine fixiert bleiben, dann müssen die Lichtwellen sich genauso durch den Äther bewegen wie die Schallwellen durch die Luft.

Wird der Äther aber gleich der Luft von der Kabine mitgerissen? Da wir uns von diesem Äther in mechanischer Hinsicht kein Bild machen können, läßt sich die Frage nur äußerst schwierig beantworten. Wenn die Kabine geschlossen ist, muß die darin befindliche Luft zwangsläufig jede Bewegung des Raumes mitmachen. Wir dürfen aber wohl nicht glauben, daß es beim Äther genauso ist, da die Materie ja ganz von ihm umspült und durchdrungen sein soll. Für den Äther gibt es keine verschlossenen Türen. Die „bewegte Kabine“ hat also hier bloß die Bedeutung eines bewegten Systems, mit dem die Lichtquelle fest verbunden ist. Zwar übersteigt auch der Gedanke keineswegs unsere Vorstellungskraft, die mitsamt der Lichtquelle bewegte Kabine nehme den Äther genauso mit wie vorher die Schallquelle und die Luft, doch kommt die gegenteilige Version uns nicht minder einleuchtend vor, wonach die Kabine gleich einem Schiff auf vollkommen ruhiger See durch den Äther gleitet, ohne auch nur ein einziges Teilchen des Mediums mitzureißen. Nach Annahme eins nimmt die mitsamt ihrer Lichtquelle bewegte Kabine den Äther mit; man kann von einer den Schallwellen analogen Erscheinung sprechen und ganz ähnliche Schlußfolgerungen daraus ziehen. Nach Annahme zwei nimmt die mit ihrer Lichtquelle zusammen bewegte Kabine den Äther nicht mit. Man kann keine Parallele zu dem Schallversuch ziehen, und die für Schallwellen geltenden Schlüsse lassen sich auf Lichtwellen nicht anwenden. Das sind die beiden Grenzfälle. Zwar könnten wir uns eine noch kompliziertere Version ausdenken, nämlich die, daß der Äther nur teilweise mitgerissen würde, doch ist nicht einzusehen, warum wir auf kompliziertere Annahmen eingehen sollen, solange wir uns nicht davon überzeugt haben, welchem der beiden einfacheren Grenzfälle auf Grund des Experiments der Vorzug zu geben ist.

Wir wollen uns zunächst Annahme eins vornehmen und also erst einmal den Fall setzen, der Äther mache die Bewegung der Kabine und der fest damit verbundenen Lichtquelle mit. Wenn wir von der Anwendbarkeit des einfachen Transformationsprinzips auf die Schallgeschwindigkeit überzeugt sind, können wir unsere Schlüsse nun auch getrost auf die Lichtwellen übertragen. Es besteht vorläufig noch gar kein Grund, an der Richtigkeit des mechanischen Transformationsgesetzes zu zweifeln, demzufolge Geschwindigkeiten in gewissen Fällen addiert, in anderen dagegen voneinander subtrahiert werden müssen. Wir wollen also einstweilen sowohl den Umstand, daß der Äther von der zusammen mit ihrer Lichtquelle bewegten Kabine mitgenommen wird, als auch die klassische Transformation als gegeben hinnehmen.

Wenn ich das Licht einschalte und die Lichtquelle fest mit der Kabine verbunden ist, dann pflanzt sich das Lichtsignal mit der bekannten, experimentell erwiesenen Geschwindigkeit von 300 000 Kilometern pro Sekunde fort. Da der Außenbeobachter jedoch die Bewegung der Kabine und somit der Lichtquelle berücksichtigen muß, und da ferner der Äther die Bewegung mitmacht, kommt er zu dem Schluß: Die Lichtgeschwindigkeit ist von meinem äußeren System aus gesehen je nach der Fortpflanzungsrichtung verschieden groß. In der Bewegungsrichtung der Kabine übersteigt sie die Normalgeschwindigkeit des Lichtes, während sie in der entgegengesetzten Richtung kleiner ist als diese. Daraus schließen wir: Wenn der Äther die Bewegung der Kabine und der Lichtquelle mitmacht und die Gesetze der Mechanik stimmen, dann muß die Lichtgeschwindigkeit von der Geschwindigkeit der Lichtquelle abhängen. Ein Lichtschein, der von einer bewegten Lichtquelle ausgeht, muß unser Auge eher treffen, wenn diese Lichtquelle auf uns zukommt, später dagegen, wenn sie von uns fortstrebt.

Wenn wir, so läßt sich weiter folgern, eine Geschwindigkeit erreichen könnten, die größer ist als die des Lichtes, so müßten wir einem Lichtsignal entkommen und bereits ausgesandte Lichtwellen einholen können. Wir würden dann vergangene Ereignisse an uns vorüberziehen sehen, allerdings in verkehrter Reihenfolge. Das Geschehen würde vor uns abrollen wie ein Film, den man von hinten nach vorn laufen läßt, so daß er mit dem „happy ending“ anfängt. Alles das ergibt sich logisch aus der Annahme, das bewegte

System nähme den Äther mit und die mechanischen Transformationsgesetze hätten für das Licht Geltung. Ist diese Annahme richtig, dann ist an der Analogie Licht-Schall nichts auszusetzen.

Allerdings deuten keinerlei Anzeichen auf die Stichhaltigkeit der obigen Schlüsse hin. Im Gegenteil, sie werden durch alle Beobachtungen widerlegt, die darauf angelegt sind, sie zu erhärten. An dieser Tatsache kann nicht im mindesten gedeutelt werden, wenn es auch angesichts der großen technischen Schwierigkeiten, die sich aus der enormen Größe der Lichtgeschwindigkeit ergeben, ziemlich komplizierter Experimente bedurft hat, um sie zu beweisen. *Die Lichtgeschwindigkeit ist für alle Systeme dieselbe, ganz gleich, ob und wie die Lichtquelle sich bewegt.*

Wir wollen uns hier nicht mit einer detaillierten Schilderung der zahlreichen Experimente abgeben, aus denen sich diese bedeutende Erkenntnis ergibt, doch können wir einige sehr einfache Argumente ins Treffen führen, die zwar keinen eigentlichen Beweis dafür darstellen, daß die Lichtgeschwindigkeit von der Bewegung der Lichtquelle unabhängig ist, die aber wenigstens das Verständnis für dieses Faktum erleichtern.

In unserem Planetensystem kreist die Erde zusammen mit anderen Weltkörpern um die Sonne. Von der Existenz anderer, ähnlicher Planetensysteme wissen wir nichts. Nun gibt es aber eine ganze Menge von Doppelsternsystemen, die aus zwei, einen bestimmten Punkt im Raum – den sogenannten gemeinsamen Schwerpunkt – umkreisenden Fixsternen bestehen. Die Beobachtung dieser Doppelsterne ergab, daß ihre Bewegungen dem Newtonschen Gravitationsgesetz unterliegen. Setzen wir nun wieder den Fall, daß die Geschwindigkeit des Lichtes von der des Körpers abhängt, der es ausstrahlt, so muß ein von dem Stern bei uns eintreffender Lichtstrahl beschleunigt oder verzögert werden, je nachdem, wie schnell der Stern sich in dem betreffenden Augenblick in unserer Blickrichtung auf uns zu- oder von uns fortbewegt. Wäre dem so, dann würde die ganze Bewegung verwischt erscheinen, und man könnte bei den so weit entfernten Doppelsternen unmöglich nachweisen, daß sie dem gleichen Gravitationsgesetz gehorchen wie unser Sonnensystem.

Ein anderes Experiment, dem ein ganz einfacher Gedanke zugrunde liegt: Man stelle sich ein sehr schnell rotierendes Rad vor. Da der Äther nach Annahme eins alle Bewegungen mitmachen soll, müßte eine dicht an dem Rad vorüberkommende Lichtwelle je nachdem, ob es stillsteht oder sich dreht, eine andere Geschwindigkeit haben; denn in ruhendem Äther müßte die Lichtgeschwindigkeit eine andere sein als in dem Falle, wo der Äther durch die Bewegung des Rades schnell herumgewirbelt wird. Beim Schall ist es ja tatsächlich so; wir brauchen nur an den Einfluß des Windes zu denken. Beim Licht läßt sich ein derartiger Unterschied aber nicht nachweisen. Von welcher Seite immer wir das Thema anpacken, was für Experimente crucis wir auch ersinnen mögen, alles spricht gegen die Annahme, der Äther mache die Bewegung mit. Das Ergebnis unserer Überlegungen sieht, erhärtet durch speziellere technische Argumente, folgendermaßen aus:

Die Lichtgeschwindigkeit hängt nicht von der Bewegung der Lichtquelle ab.

Es kann nicht sein, daß ein bewegter Körper den ihn umgebenden Äther mit sich fortnimmt.

Wir müssen die Analogie zwischen Schall- und Lichtwellen nun wohl endgültig fallenlassen und wollen es jetzt einmal mit Annahme zwei versuchen, wonach alle Materie durch den Äther treibt, ohne daß dieser in irgendeiner Form an der Bewegung teilnimmt. Das läuft aber darauf hinaus, daß sämtliche Systeme in einem Meer von Äther ruhen bzw. sich relativ dazu bewegen. Einstweilen wollen wir die Frage, ob diese Theorie durch das Experiment bestätigt oder widerlegt wird, noch auf sich beruhen lassen. Es ist nämlich besser, wenn wir uns erst ein wenig mit dieser neuen Annahme vertraut machen und uns über die Schlüsse klarwerden, die sich daraus ziehen lassen.

Zunächst verlangt die neue Theorie, daß es ein relativ zum Äthermeer ruhendes System geben muß. In der Mechanik sind all die vielen gleichförmig gegeneinander bewegten Systeme vollkommen gleichwertig, das heißt gleich „gut" bzw. „schlecht". Wenn wir es mit zwei gleichförmig gegeneinander bewegten Systemen zu tun haben, hat es in der Mechanik gar keinen Sinn, zu fragen, welches von beiden sich bewegt und welches ruht. Man kann nur relative Bewegung konstatieren. In Anbetracht des Galileischen Relativitätsprinzips können wir einfach nicht von absoluter gleichförmiger Bewegung reden. Was heißt es überhaupt, wenn man sagt, es gebe nicht nur *relative*, sondern auch *absolute* gleichförmige Bewegung? Doch wohl nichts weiter, als daß es ein System geben müsse, in dem andere Naturgesetze herrschen als in allen übrigen Systemen, so daß jeder Beobachter ohne weiteres feststellen kann, ob sein System ruht oder sich bewegt, wenn er die in seinem System geltenden Gesetze mit denen vergleicht, die für das andere, das einzige Normalsystem des Universums, maßgebend sind. In der klassischen Mechanik, in der eine absolute gleichförmige Bewegung auf Grund des Galileischen Trägheitsgesetzes vollkommen illusorisch ist, liegen die Dinge allerdings anders.

Welche Nutzanwendungen lassen sich im Bereich der Feldphänomene aus der Annahme ziehen, daß es eine Bewegung durch den Äther gibt? Nun, zunächst muß es, wie gesagt, ein System geben, das sich von allen anderen dadurch auszeichnet, daß es relativ zum Äthermeer ruht. Es versteht sich, daß manche Naturgesetze in diesem System anders aussehen müßten, sonst würde ja der Begriff „Bewegung durch den Äther" seinen Sinn verlieren. Andererseits ist die Bewegung durch den Äther, wenn das Galileische Relativitätsprinzip den Tatsachen entspricht, natürlich überhaupt eine Absurdität. Beides läßt sich nicht auf einen Nenner bringen.

Nur wenn es ein Spezialsystem gibt, das relativ zum Äther fixiert ist, hat es einen Sinn, von absoluter Bewegung oder absoluter Ruhe zu sprechen.

Es bleibt uns nun keine Wahl mehr. Wir haben zunächst versucht, das Galileische Relativitätsprinzip durch die Annahme zu retten, der Äther mache die Bewegung der Systeme mit, doch ergab sich daraus ein Widerspruch zu experimentell erwiesenen Tatsachen. Der einzige Ausweg besteht darin, daß wir das Galileische Relativitätsprinzip fallenlassen und statt dessen annehmen, alle Körper bewegten sich durch ein ruhendes Äthermeer.

Aus diesem Grunde wollen wir einige Punkte behandeln, die gegen das Galileische Relativitätsprinzip und für die Bewegung durch den ruhenden Äther sprechen, und sie einer experimentellen Nachprüfung unterziehen. Derartige Versuche kann man sich unschwer vorstellen, doch ist ihre praktische Durchführung mit den größten Schwierigkeiten verbunden. Da es uns hier aber nur um die theoretische Seite geht, brauchen wir uns mit den technischen Details nicht weiter aufzuhalten.

Wieder kehren wir zu unserer bewegten Kabine mit den beiden Beobachtern, dem drinnen und dem draußen, zurück. Der Außenbeobachter repräsentiert dieses Mal das durch das Äthermeer bestimmte Normalsystem. Dieses System unterscheidet sich dadurch von anderen, daß die Lichtgeschwindigkeit von ihm aus gesehen immer den gleichen Standardwert hat. Alle Lichtquellen in diesem Äthermeer, ganz gleich, ob sie ruhen oder sich bewegen, strahlen Licht gleicher Geschwindigkeit aus. Durch den Äther bewegt sich nun die Kabine mitsamt ihrem Beobachter. Denken wir uns in der Mitte der Kabine wieder ein Licht, das ständig ein- und ausgeschaltet wird, und nehmen wir ferner wie vorhin an, daß die Wände durchsichtig sind, so daß die Beobachter drinnen und draußen die Lichtgeschwindigkeit messen können. Wenn wir die beiden Beobachter fragen, mit welchen

Ergebnissen sie rechnen, dann würden wie wohl etwa folgendes zur Antwort geben:

Außenbeobachter: Mein System wird durch das Äthermeer verkörpert. Das Licht hat darin immer die gleiche Normalgeschwindigkeit. Ich brauche mich nicht darum zu kümmern, ob die Lichtquelle oder andere Körper sich bewegen oder nicht; denn der Äther macht diese Bewegungen ja in keinem Falle mit. Mein System ist anders als alle sonstigen Systeme, und die Lichtgeschwindigkeit muß darin immer den gleichen Standardwert haben, ganz gleich, in welche Richtung der Lichtstrahl fällt oder wohin die Lichtquelle sich bewegt.

Innenbeobachter: Meine Kabine durchmißt das Äthermeer. Die eine Wand läuft also sozusagen vor dem Licht davon, die andere hinterdrein. Wenn die Kabine relativ zum Äthermeer Lichtgeschwindigkeit hätte, dann würde das von ihrem Mittelpunkt ausgehende Licht niemals die „weglaufende“ Vorderwand erreichen. Bewegte sie sich dagegen langsamer als das Licht, dann müßte eine von ihrem Mittelpunkt ausgesandte Welle die „hinterdrein laufende“ Wand eher erreichen als die „weglaufende“. Obwohl die Lichtquelle also fest mit meinem System verbunden ist, kann die Lichtgeschwindigkeit nicht in allen Richtungen gleich groß sein. In der Richtung der relativ zum Äthermeer erfolgenden Bewegung muß sie geringer sein, da die Vorderwand der Kabine ja „wegläuft“, in der entgegengesetzten Richtung dagegen größer, da die Hinterwand den Wellen entgegenkommt und daher eher von ihnen getroffen wird.

Danach könnte sich das Licht also nur in dem einen, besonderen System des Äthermeeres nach allen Seiten gleich schnell ausbreiten. Bezogen auf andere, gleichförmig zum Äthermeer bewegte Systeme müßte die Lichtgeschwindigkeit jedoch von der Richtung abhängen, in der sie gemessen wird.

Dieses Experimentum crucis setzt uns in den Stand, die Theorie von der Bewegung durch das Äthermeer auf ihre

Richtigkeit zu prüfen. Nun hat uns die Natur ja in ein Koordinatensystem hineingestellt, das sich mit erheblicher Geschwindigkeit bewegt. Gemeint ist natürlich die Erde in ihrem alljährlichen Umlauf um die Sonne. Wenn unsere Annahme zutrifft, dann müßte das Licht sich in der Bewegungsrichtung der Erde schneller ausbreiten als nach der anderen Seite. Die zu erwartende Differenz läßt sich berechnen, und das Resultat kann experimentell nachgeprüft werden. Mit Rücksicht auf die kleinen Zeitdifferenzen, um die es dabei geht, muß der Versuchsapparat ganz besonders raffiniert gebaut sein. In diesem Sinne wurde der berühmte Michelson-Morley-Versuch durchgeführt, dessen Ergebnis einem Todesurteil für die Hypothese von dem ruhenden Äthermeer gleichkommt, in dem die ganze Materie umhertreiben sollte. Es konnte keinerlei Zusammenhang zwischen Lichtgeschwindigkeit und Strahlenrichtung festgestellt werden. Nach der Theorie vom Äthermeer würde übrigens nicht nur die Lichtgeschwindigkeit, bezogen auf das bewegte System, abhängen, sondern es müßte für alle anderen Feldphänomene das gleiche gelten. Alle diesbezüglichen Experimente führten einheitlich zu dem gleichen negativen Ergebnis wie der Michelson-Morley-Versuch. Niemals zeigte sich der geringste Zusammenhang der betreffenden Erscheinungen mit der Bewegungsrichtung der Erde.

Die Sache wird nun immer schwieriger. Zwei Annahmen haben wir schon ausprobiert. Die erste ging dahin, daß der Äther die Bewegung der Körper mitmacht. Dagegen spricht der Umstand, daß die Lichtgeschwindigkeit erwiesenermaßen nicht von der Bewegungsrichtung der Lichtquelle beeinflußt wird. Nach der zweiten Annahme sollte es ein besonderes System geben. Die bewegten Körper sollten den Äther nicht mitnehmen, sondern durch ein ewig ruhendes Äthermeer gleiten. Wenn das aber zuträfe, dann könnte das Galileische Relativitätsprinzip nicht stimmen, und die Lichtgeschwindigkeit dürfte nicht für alle Systeme gleich groß sein. Auch hier kommen wir aber mit dem Experiment in Konflikt.

Man hat es auch mit noch krampfhafteren Theorien versucht und ist zum Beispiel davon ausgegangen, daß die Wahrheit zwischen diesen beiden Extremen liegen müsse und daß der Äther nur teilweise von den bewegten Körpern mitgenommen werde. Alle derartigen Bemühungen waren zum Scheitern verurteilt. Sämtliche Versuche, die elektromagnetischen Phänomene in bewegten Systemen mit Hilfe der Bewegung des Äthers, der Bewegung durch den Äther oder beider Bewegungsarten zu deuten, schlugen fehl.

So rückte einer der dramatischesten Augenblicke in der Geschichte der Naturwissenschaften heran. Alle an die Äthervorstellung geknüpften Annahmen hatten zu nichts geführt. Alle Experimente lieferten negative Ergebnisse. Wenn wir die Entwicklung der Physik im Rückblick überschauen, so sehen wir, daß der Ätherbegriff schon kurz nach seinem Aufkommen das „enfant terrible" unter den physikalischen Substanzen geworden ist. Zunächst erwies sich die Konstruktion eines einfachen mechanischen Äthermodells als unmöglich, so daß wir ganz darauf verzichten mußten; und dieser Fehlschlag war gleichzeitig auch eine der Hauptursachen für das Scheitern des mechanistischen Denkens überhaupt. Dann mußten wir auch die Hoffnung aufgeben, daß ein System auf Grund der Existenz eines Äthermeeres eine anerkannte Sonderstellung einnehmen und somit die Annahme einer absoluten Bewegung neben der relativen rechtfertigen könnte. Das wäre nämlich, abgesehen von der Funktion, Wellen weiterzuleiten, die einzige Manifestation des Äthers und der einzige Nachweis seiner Daseinsberechtigung gewesen. Alle unsere Bemühungen, dem Äther Realität zu verleihen, sind gescheitert. Wir haben weder seine mechanische Konstruktion ergründen noch eine durch ihn bedingte absolute Bewegung nachweisen können. Von allen Eigenschaften des Äthers blieb nur die eine erhalten, die auch der Anlaß zu seiner Einführung gewesen ist, nämlich seine Fähigkeit, elektromagnetische Wellen weiterzuleiten. Bei allen Versuchen, weitere Eigenschaften herauszufinden, verstrickten wir uns immer mehr in Schwierigkeiten und Widersprüche. Angesichts derartig schlechter Erfahrungen ist es das beste, wir entschließen uns, den Begriff „Äther" überhaupt fallenzulassen und dieses Wort gar nicht mehr in den Mund zu nehmen. Wir sagen statt dessen einfach: Der Raum hat die physikalische Eigenschaft, Wellen weiterzuleiten. Damit kommen wir um den Gebrauch des Wortes „Äther" herum, das wir von nun an unter keinen Umständen mehr gebrauchen wollen.

Mit der Streichung des Wortes aus unserem Vokabular ist es natürlich noch nicht getan. Unsere Kalamitäten sind ja auch viel zu schwerwiegend, als daß sie sich so einfach aus der Welt schaffen ließen.

Wir wollen nun noch einmal die Punkte festhalten, die experimentell hinlänglich erwiesen sind, ohne uns noch weiter über das „Ä–r"-Problem den Kopf zu zerbrechen.

1. Im leeren Raum ist die Lichtgeschwindigkeit stets konstant. Sie hängt weder von der Bewegung der Lichtquelle noch von der des Beobachters ab.

2. In zwei gleichförmig gegeneinander bewegten Systemen herrschen genau dieselben Naturgesetze. Es gibt keine Möglichkeit, eine absolute gleichförmige Bewegung zu konstatieren.

Wir kennen viele Experimente, mit denen man diese beiden Feststellungen bestätigen kann. Kein einziges zeitigt irgendwelche Widersprüche zu dem unter eins und zwei Gesagten. Punkt eins enthält eine Definition des konstanten Charakters der Lichtgeschwindigkeit, Punkt zwei bringt die Ausdehnung des Galileischen Relativitätsprinzips, das ursprünglich nur für mechanische Phänomene formuliert worden war, auf das gesamte Naturgeschehen.

In der Mechanik war die Sache so: Wenn die Geschwindigkeit eines Massenpunktes relativ zu einem bestimmten System soundso groß ist, dann hat sie für ein gleichförmig gegen das erste bewegtes System einen anderen Wert, was sich aus den einfachen mechanischen Transformationsregeln ergibt, die uns im übrigen auch schon rein intuitiv als richtig erscheinen (man denke nur an den Mann, der sich relativ zu einem Schiff bzw. zur Küste bewegt). Hier kann also kein Fehler vorliegen; nur verträgt sich dieses Tranformationsgesetz nicht mit der Konstanz der Lichtgeschwindigkeit. Wenn wir also als drittes Prinzip hinzufügen:

3. Positionen und Geschwindigkeiten werden gemäß der klassischen Transformation von einem Inertialsystem in ein anderes übertragen – dann liegt der Widerspruch klar zutage. Wir können die Punkte eins, zwei und drei nicht auf einen Nenner bringen.

Die klassische Transformation scheint zu einleuchtend und zu trivial zu sein, als daß wir uns von einem Versuch, sie zu ändern, etwas versprechen könnten. Punkt eins und zwei umzumodeln, haben wir schon versucht, konnten die dabei erzielten Ergebnisse aber nicht mit dem Experiment vereinbaren. Alle Theorien, die eine Bewegung des „Ä–rs" verlangten, liefen ja auf eine Abänderung von Punkt eins und zwei hinaus, wobei jedoch, wie gesagt, nichts herauskam. Deutlicher denn je kommt uns die Schwere dieses Dilemmas zu Bewußtsein. Wir brauchen einen neuen Fingerzeig, und wir haben ihn, wenn wir die beiden *Grundannahmen eins und zwei akzeptieren, Annahme drei aber, so merkwürdig es uns auch vorkommt, einfach fallenlassen.* Die neue Spur nehmen wir mit einer Analyse der elementarsten und primitivsten Grundbegriffe auf, und wir werden zeigen, wie die dabei gewonnenen neuen Erkenntnisse uns nötigen, alte Ansichten über Bord zu werfen, wie sie aber gleichzeitig alle Schwierigkeiten aus dem Wege räumen.

Die Relativität von Zeit und Abstand

Unsere neuen Annahmen lauten:

1. Die Lichtgeschwindigkeit im Vakuum ist für alle gleichförmig gegeneinander bewegten Systeme gleich groß.

2. In allen gleichförmig gegeneinander bewegten Systemen gelten durchweg die gleichen Naturgesetze.

Von diesen beiden Postulaten geht die Relativitätstheorie aus. Der klassischen Transformation wollen wir uns von nun an nicht mehr bedienen, da wir wissen, daß sie sich mit unseren Annahmen nicht vereinbaren läßt.

Wir müssen uns hier, wie überall in der Wissenschaft, von alteingewurzelten, oft nur gedankenlos übernommenen Vorurteilen frei machen. Da sich aus Abänderungen der Punkte eins und zwei, wie wir gesehen haben, Widersprüche zu den Erfahrungstatsachen ergeben, müssen wir den Mut aufbringen, sie unumschränkt zu „ratifizieren", und den Hebel an der einzigen schwachen Stelle unseres alten Gedankengebäudes ansetzen. Wir werden also das Verfahren für die Übertragung von Positionen und Geschwindigkeiten von einem System in ein anderes gründlich revidieren. Dazu müssen wir zunächst unsere Schlüsse aus Punkt eins und zwei ziehen, um zu ergründen, wo und inwiefern diese Annahmen in Widerspruch zur klassischen Transformation stehen, um dann schließlich aus den dabei erzielten Ergebnissen die physikalischen Konsequenzen zu ziehen.

Wieder nehmen wir die bewegte Kabine und die beiden Beobachter zu Hilfe. Wieder wird vom Mittelpunkt der Kabine aus ein Lichtsignal gesendet, und noch einmal legen wir den beiden Personen die Frage vor, mit welchen Beobachtungsergebnissen zu rechnen ist, wenn wir nur unsere beiden Prinzipien zugrunde legen und alles außer Betracht lassen, was vorhin über das Medium gesagt wurde, in dem sich das Licht fortpflanzt. Sie werden folgendes zur Antwort geben:

Innenbeobachter: Das vom Mittelpunkt der Kabine ausgehende Lichtsignal wird die Wände *gleichzeitig* erreichen, da sie alle gleich weit von der Lichtquelle entfernt sind und die Lichtgeschwindigkeit in allen Richtungen gleich groß ist.

Außenbeobachter: In meinem System ist die Lichtgeschwindigkeit genauso groß wie in dem des in der Kabine mitfahrenden Beobachters. Für mich spielt es keine Rolle, ob die Lichtquelle sich in meinem System bewegt oder nicht, da die Bewegung sich auf die Lichtgeschwindigkeit nicht auswirkt. Ich sehe ein Lichtsignal, das sich mit einer in allen Richtungen gleichen Normalgeschwindigkeit ausbreitet. Eine Wand ist bestrebt, vor dem Lichtsignal „davonzulaufen", während die entgegengesetzte Wand es einzuholen sucht. Folglich wird die entweichende Wand ein wenig später als die nachrückende von dem Lichtsignal getroffen. Wenn diese Differenz auch nur sehr klein sein kann, solange die Geschwindigkeit der Kabine, verglichen mit der des Lichtes, sehr gering bleibt, wird das Signal diese beiden einander entgegengesetzten, senkrecht zur Bewegungsrichtung liegenden Kabinenwände doch nicht ganz genau gleichzeitig treffen.

Vergleichen wir die Vorhersage unserer beiden Beobachter miteinander, so kommen wir zu einem Ergebnis, das den scheinbar so wohlfundierten Begriffen der klassischen Physik diametral entgegengesetzt ist. Die beiden Ereignisse, das heißt das Eintreffen der beiden Lichtstrahlen an den beiden Wänden, erfolgen für den Innenbeobachter gleichzeitig, für den außen postierten dagegen nicht. In der klassischen Physik haben wir mit einer Uhr und einem einheitlichen Zeitablauf für alle Beobachter in allen Systemen gearbeitet. Zeit und somit Worte wie „gleichzeitig", „früher", „später" und so weiter hatten einen von dem jeweiligen System unabhängigen absoluten Sinn. Zwei Ereignisse, die in einem System gleichzeitig stattfanden, mußten zwangsläufig auch in allen anderen Systemen gleichzeitig sein.

Die Annahmen eins und zwei und somit die Relativitätstheorie zwingen uns, diesen Standpunkt aufzugeben; denn wir haben ja eben gesehen, daß zwei Ereignisse, die in dem einen System gleichzeitig sind, für ein anderes System zu verschiedenen Zeiten stattfinden. An uns ist es jetzt, diese Schlußfolgerungen zu verarbeiten, die Tragweite des Satzes: „Zwei Ereignisse, die in einem System gleichzeitig sind, brauchen in einem anderen nicht gleichzeitig zu sein“, in ihrem vollen Umfange zu erfassen.

Was verstehen wir überhaupt unter zwei für ein System gleichzeitigen Ereignissen? Intuitiv glaubt wohl jeder zu wissen, was damit gemeint ist, doch wollen wir lieber Vorsicht üben und uns um strenge Definitionen bemühen; denn wir wissen ja nun schon, wie gefährlich es ist, der Intuition zuviel Gewicht beizumessen. Zu allererst wollen wir daher die überaus triviale Frage stellen:

Was ist eine Uhr?

Der primitive subjektive Zeitsinn ermöglicht uns die Ordnung unserer Eindrücke, so daß wir sagen können, dieses habe früher, jenes dagegen später stattgefunden. Um die Ausdehnung eines zwischen zwei Ereignissen liegenden Intervalls jedoch mit, sagen wir, zehn Sekunden bestimmen zu können, bedarf es einer Uhr. Die Zeitmessung mittels einer Uhr bringt eine Objektivierung des Zeitbegriffs mit sich. Man kann natürlich alle möglichen physikalischen Vorgänge als Uhr benutzen, vorausgesetzt, daß sie sich beliebig oft in genau der gleichen Weise wiederholen lassen. Wenn wir das Intervall zwischen Anfang und Ende eines solchen Vorganges als Zeiteinheit nehmen, können wir durch Wiederholung dieses physikalischen Phänomens beliebig lange Zeiträume messen. Alle Uhren, angefangen vom einfachen Stundenglas bis zu den kompliziertesten Zeitmessern, sind nach diesem Prinzip gebaut. Bei der Sanduhr wird die Zeit, die der Sand braucht, um aus dem oberen Behälter in den unteren zu rinnen, als Einheit genommen, und wenn man das Glas umdreht, beginnt der gleiche physikalische Vorgang wieder von vorn.

Denken wir uns nun an zwei weit voneinander entfernten Punkten je eine vollkommene Uhr. Beide sollen unbeschadet der Sorgfalt, mit der wir diesen Umstand verifizieren, genau die gleiche Zeit anzeigen. Was heißt das nun überhaupt? Wie können wir feststellen, ob weit voneinander entfernte Uhren wirklich immer genau die gleiche Zeit anzeigen? Eine Möglichkeit wäre die Zuhilfenahme von Fernsehgeräten, wobei gleich bemerkt sei, daß die Television hier nur als Beispiel herangezogen wird, ohne einen wesentlichen Punkt unseres Gedankenganges zu bilden. Wenn ich mich neben der einen Uhr aufstelle und die andere über den Fernsehfunk beobachte, dann kann ich eigentlich ganz gut sagen, ob sie beide gleichzeitig dieselbe Zeit anzeigen. Doch wäre auch das bei näherem Zusehen kein verläßlicher Nachweis; denn das Fernsehbild wird ja durch elektromagnetische Wellen übermittelt, die an die Lichtgeschwindigkeit gebunden sind. Im Fernsehempfänger sehe ich also ein Bild, das einen kleinen Augenblick zuvor gesendet worden ist, während ich auf der neben mir liegenden Uhr genau das sehe, was für den betreffenden Moment gilt. Diese Schwierigkeit läßt sich nun freilich leicht überwinden. Ich brauche mich nur an einem von beiden Uhren gleich weit entfernten Punkt aufzustellen und dann von dort aus beide durch den Fernsehfunk zu betrachten. Wenn die Signale gleichzeitig gesendet werden, treffen sie bei dieser Anordnung auch im gleichen Augenblick bei mir ein. Wenn aber zwei gute Uhren, die von einem gleich weit von ihnen entfernten Punkt aus beobachtet werden, immer die gleiche Zeit anzeigen, so sind sie für die zeitliche Bestimmung räumlich weit auseinanderliegender Ereignisse wunderbar geeignet.

In der Mechanik haben wir nur mit einer Uhr gearbeitet, doch war das nicht sehr zweckmäßig, weil wir alle Messungen in der unmittelbaren Nähe einer und derselben Uhr vornehmen mußten. Wenn wir nun allerdings eine weit entfernte Uhr, zum Beispiel im Fernsehgerät, betrachten, so dürfen wir nie vergessen, daß wir immer Vorgänge sehen, die in Wirklichkeit schon vor einer gewissen Zeit stattgefunden haben, wie uns ja auch das Licht der Sonne erst acht Minuten nach seiner Ausstrahlung erreicht. Bei allen Zeitablesungen müssen wir also je nach unserem Abstand von der Uhr gewisse Korrekturen vornehmen.

Aus diesem Grunde ist es nicht ratsam, sich mit einer Uhr zu begnügen. Da wir aber nun wissen, wie man feststellt. ob zwei oder mehr Uhren gleichzeitig dieselbe Zeit anzeigen und gleich schnell gehen, können wir uns für ein bestimmtes System beliebig viele Uhren denken. Mit jeder Uhr können wir den Zeitpunkt von Ereignissen bestimmen, die in ihrer unmittelbaren Nachbarschaft stattfinden. Alle Uhren ruhen relativ zu dem betreffenden System. Es sind somit „gute" Uhren, und sie sind auch *synchronisiert*, das heißt, sie zeigen alle untereinander dieselbe Zeit an.

An der Gruppierung unserer Uhren ist absolut nichts Ungewöhnliches oder Merkwürdiges. Statt mit einer Uhr arbeiten wir einfach mit mehreren synchronisierten Zeitmessern und können auf diese Weise ohne weiteres sagen, ob zwei an weit voneinander entfernten Orten stattfindende Ereignisse für ein bestimmtes System gleichzeitig sind oder nicht. Sie sind es, wenn die jeweils in der Nähe befindlichen synchronisierten Uhren in dem Augenblick, wo das Ereignis eintritt, die gleiche Zeit anzeigen. Somit hat die Feststellung, ein Ereignis habe früher stattgefunden als ein anderes, räumlich weit entferntes, nunmehr eine ganz klare Definition erfahren. Wir können alle derartigen Zeitrelationen mit Hilfe der in unserem System ruhenden synchronisierten Uhren bestimmen.

Bisher stimmt noch alles mit der klassischen Mechanik überein, und es hat sich auch noch kein einziger Widerspruch zur klassischen Transformation ergeben.

Zwecks Feststellung der Gleichzeitigkeit von Ereignissen sollen die Uhren mit Hilfe von Signalen synchronisiert werden, und unsere Versuchsanordnung ist nur dann brauchbar, wenn diese Signale sich mit der Lichtgeschwindigkeit fortpflanzen, die in der Relativitätstheorie ja eine so überragende Rolle spielt.

Wenn wir nun neuerlich auf das so überaus wichtige Problem der beiden gleichförmig gegeneinander bewegten Systeme eingehen wollen, müssen wir uns wieder zwei Stäbe denken, die aber dieses Mal beide mit Uhren versehen sind. Jeder der beiden, in den gegeneinander bewegten Systemen postierten Beobachter hat jetzt also seinen eigenen Stab mit dem dazugehörigen, fest damit verbundenen Satz Uhren.

Bei den Messungen, wie wir sie im Rahmen der klassischen Mechanik besprochen haben, genügte eine Uhr für alle Systeme. Hier haben wir nun in jedem System mehrere Uhren. Das soll uns aber nicht weiter stören. Zwar genügte damals auch eine Uhr, doch kann niemand etwas dagegen einwenden, wenn wir mit mehreren arbeiten, solange sie sich so verhalten, wie es sich für synchronisierte Uhren gehört.

Jetzt werden wir gleich sehen, wo der Haken liegt, das heißt, inwiefern die klassische Transformation in Widerspruch zur Relativitätstheorie steht. Was geschieht, so fragen wir nämlich jetzt, wenn zwei Satz Uhren sich gleichförmig gegeneinander bewegen? Der klassische Physiker würde antworten: Nichts, sie gehen genauso wie vorher. Wir können zur Zeitbestimmung sowohl ruhende als auch bewegte Uhren verwenden. Nach der klassischen Physik sind zwei Ereignisse, die in einem System gleichzeitig sind, auch in allen anderen Systemen gleichzeitig.

Das ist allerdings nicht die einzig mögliche Antwort. Wir können uns genausogut vorstellen, daß eine bewegte Uhr schneller oder langsamer geht als eine ruhende. Wir wollen diese Möglichkeit jetzt einmal durchsprechen, dabei aber die Frage, ob Uhren nun auch wirklich in der Bewegung anders gehen oder nicht, vorläufig noch offenlassen. Was bedeutet es, wenn wir sagen, eine bewegte Uhr geht anders? Nehmen wir der Einfachheit halber an, im oberen System hätten wir nur eine Uhr, im unteren dagegen mehrere aufgestellt. Alle haben den gleichen Mechanismus, und die unteren sind synchronisiert, das heißt, sie zeigen im gleichen Augenblick immer dieselbe Zeit an. Figur 56 zeigt drei Phasen, welche die beiden gegeneinander bewegten Systeme

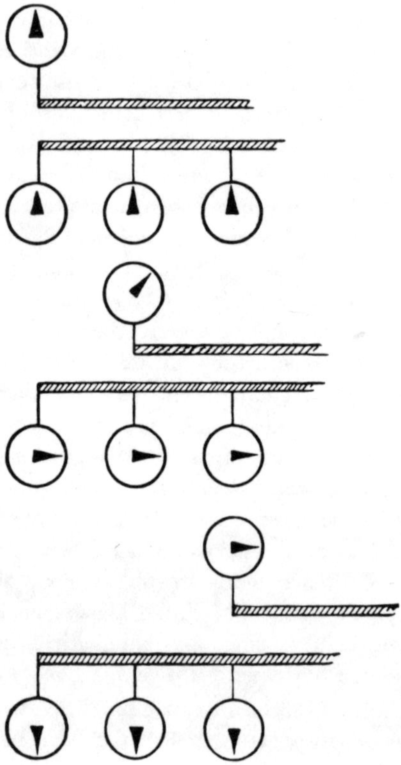

Fig. 56

nacheinander durchlaufen. In der ersten Skizze haben die Zeiger der oberen und unteren Uhren die gleiche Stellung, weil wir sie so gerichtet haben. Sie zeigen alle die gleiche Zeit an. In der zweiten Skizze ist die relative Lage der beiden Systeme für einen späteren Zeitpunkt dargestellt. Im unteren System zeigen nach wie vor alle Uhren untereinander die gleiche Zeit an, doch fällt die im oberen System dieses Mal aus dem Rahmen. Sie geht anders und zeigt somit eine andere Zeit an, weil sie sich relativ zum unteren System bewegt. In der dritten Skizze sehen wir, wie die Zeigerstellungen einige Zeit später noch mehr differieren.

Ein im unteren System ruhender Beobachter würde somit konstatieren, daß eine bewegte Uhr anders geht. Natürlich kommen wir zu demselben Ergebnis, wenn wir die Uhr relativ zu einem im oberen System ruhenden Beobachter bewegen. Wir müßten dann nur die Versuchsanordnung umkehren und im oberen System mehrere Uhren, im unteren dagegen nur eine aufstellen. Jedenfalls müssen ja in beiden gegeneinander bewegten Systemen dieselben Naturgesetze herrschen.

In der klassischen Mechanik wurde stillschweigend angenommen, daß eine bewegte Uhr nicht anders geht als eine ruhende. Das schien so klar zu sein, daß man es gar nicht für nötig hielt, auch nur ein Wort darüber zu verlieren. Eigentlich dürfen wir aber gar nichts für allzu selbstverständlich halten. Wenn wir ganze Arbeit leisten wollen, müssen wir alle Voraussetzungen, die in der Physik bislang für selbstverständlich gehalten wurden, einer eingehenden Überprüfung unterziehen.

Man darf eine Annahme nicht für unsinnig halten, nur weil sie sich vielleicht nicht mit der klassischen Physik vereinbaren läßt. Es ist durchaus denkbar, daß eine bewegte Uhr anders geht, solange das Gesetz, dem diese Veränderung unterliegt, einheitlich für alle Inertialsysteme gilt.

Noch ein Beispiel: Denken wir uns einen Meterstab, also einen Stab, der einen Meter lang ist, solange er in einem bestimmten System ruht. Was geschieht aber, wenn er sich gleichförmig an dem anderen Stab entlangbewegt, der das System bildet? Ist er dann noch immer einen Meter lang? Dazu müssen wir natürlich erst einmal wissen, wie wir seine

Länge überhaupt messen sollen. Solange der Stab noch ruht, fallen seine Enden mit einem Meter voneinander entfernten Marken auf dem Koordinatensystem zusammen. Daraus schließen wir, daß er im Zustande der Ruhe einen Meter lang ist. Wie sollen wir ihn aber in der Bewegung messen? Nun, es ginge folgendermaßen: in einem bestimmten Augenblick machen zwei Beobachter gleichzeitig Momentaufnahmen; jeder knipst ein Ende des Meterstabes. Da die Bilder gleichzeitig aufgenommen werden, ergibt sich die Länge des bewegten Stabes aus der Differenz der Marken auf dem Systemstab, mit denen die beiden Enden des ersteren zusammenfallen. Zwei Beobachter brauchen wir deshalb, weil es sich um zwei gleichzeitige Ereignisse handelt, die in verschiedenen Teilen des Systems stattfinden. Es muß keineswegs sein, daß diese Messung zu demselben Ergebnis führt wie die an dem ruhenden Stab vorgenommene. Da die Photographien gleichzeitig aufgenommen werden mußten und die Gleichzeitigkeit ja, wie wir bereits gesehen haben, ein relativer, vom System abhängiger Begriff ist, erscheint es durchaus als möglich, daß die Ergebnisse einer solchen Messung in verschiedenen gegeneinander bewegten Systemen verschieden ausfallen.

Nicht genug damit, daß bewegte Uhren anders gehen als ruhende, wollen wir nun sogar behaupten, daß ein bewegter Stab seine Länge ändert; nur müssen diese Veränderungen sich nach Gesetzen vollziehen, die einheitlich für alle Inertialsysteme gelten.

Vorläufig sind das alles noch absolut hypothetische Gedanken. Nichts gibt uns einstweilen das Recht, derartige Verhältnisse tatsächlich als gegeben anzunehmen.

Fassen wir noch einmal zusammen: Die Lichtgeschwindigkeit ist für alle Systeme gleich groß. Diese Tatsache läßt sich unter keinen Umständen mit der klassischen Transformation vereinbaren. Irgendwie müssen wir aber aus dem Dilemma herauskommen, und können wir den Hebel nicht vielleicht gleich hier ansetzen? Können wir nicht Veränderungen im Gang bewegter Uhren und in der Länge bewegter Stäbe postulieren, die so beschaffen sind, daß die Konstanz der Lichtgeschwindigkeit unmittelbar daraus folgt? Nun, das können wir tatsächlich! Es ist dies der Punkt, an dem sich der Weg der Relativitätstheorie erstmalig eindeutig von dem der klassischen Physik scheidet. Wir können auch von der anderen Seite an das Problem herangehen und sagen: Wenn die Lichtgeschwindigkeit für alle Systeme gleich groß ist, dann müssen bewegte Stäbe ihre Länge und bewegte Uhren ihren Gang ändern, und diese Veränderungen müssen ganz bestimmten Gesetzen unterliegen.

Es ist gar nichts Mysteriöses oder Widersinniges an alledem. In der klassischen Physik wurde es seit jeher für selbstverständlich gehalten, daß Uhren in der Bewegung genauso schnell gehen wie in der Ruhe und daß bewegte Stäbe immer die gleiche Länge haben, ob sie sich nun bewegen oder nicht. Wenn die Lichtgeschwindigkeit aber wirklich für alle Systeme gleich groß und wenn die Relativitätstheorie richtig ist, dann müssen wir uns wohl von dieser Annahme frei machen. Es ist zwar nicht so einfach, sich von alteingewurzelten Vorurteilen loszureißen, doch bleibt uns keine Wahl; denn im Hinblick auf die Relativitätstheorie müssen die alten Vorstellungen willkürlich erscheinen. Woraus leiten wir das Recht ab, an einen für alle Beobachter in allen Systemen gleichmäßigen, absoluten Zeitablauf zu glauben, wie wir es noch wenige Seiten weiter oben getan haben? Warum sollte es unveränderliche Entfernungen geben? Die Zeit wird mit Uhren gemessen, räumliche Koordinaten bestimmt man mit Stäben, und es ist doch durchaus denkbar, daß die Ergebnisse derartiger Messungen davon abhängen, wie diese Uhren und Stäbe sich in der Bewegung verhalten. Nichts deutet aber darauf hin, daß sie sich so verhalten, wie wir es gern haben möchten. Überdies hat die Beobachtung der mit dem elektromagnetischen Feld zusammenhängenden Erscheinungen indirekt den Beweis dafür erbracht, daß eine Uhr in der Bewegung tatsächlich anders geht und daß ein

Stab seine Länge wirklich ändert, was wir doch aus der Untersuchung mechanischer Phänomene nicht entnehmen zu können glaubten. Wir müssen uns nun aber an den Gedanken einer je nach dem System verschiedenen Zeit gewöhnen; denn damit kommen wir am besten aus unserem Dilemma heraus. An den wissenschaftlichen Fortschritten, die sich aus der Relativitätstheorie ergeben haben, kann man sogar sehen, daß dieser neue Aspekt nicht einmal als Malum necessarium aufgefaßt werden darf; denn dafür sind die Vorzüge dieser Theorie viel zu augenfällig.

Unsere bisherigen Ausführungen galten den Gedankengängen, die zu den Grundvoraussetzungen der Relativitätstheorie geführt haben. Es sollte gezeigt werden, wie diese Theorie uns nötigt, die klassische Transformation im Sinne einer neuartigen Auffassung von Raum und Zeit zu revidieren und abzuändern. Nun wollen wir diese Grundgedanken, auf denen sich ein gänzlich neues physikalisches und philosophisches Weltbild aufbaut, näher beleuchten. Die Gedanken sind einfach, doch reichen sie in der hier dargebotenen Form nur für qualitative, nicht aber für quantitative Schlüsse aus. Wieder müssen wir zu unserem alten Verfahren greifen und uns auf eine Erläuterung der Hauptprinzipien beschränken, während eine Reihe anderer Punkte im Rahmen dieser Darstellung unbewiesen bleiben muß.

In welcher Weise sich die Auffassung des alten Physikers, den wir A nennen wollen, und der noch an die klassische Transformation glaubt, von der des modernen, M, unterscheidet, der auf dem Boden der Relativitätstheorie steht, wollen wir an dem folgenden Dialog zeigen.

A: Ich bin überzeugt, daß für die Mechanik das Galileische Relativitätsprinzip gilt, weil die Gesetze der Mechanik ja in zwei gleichförmig gegeneinander bewegten Systemen gleich oder, mit anderen Worten, im Sinne der klassischen Transformation invariabel sind.

M: Das Relativitätsprinzip müßte man aber auf alle Vorgänge in unserer materiellen Welt ausdehnen können. Nicht nur die Gesetze der Mechanik, sondern sämtliche Naturgesetze müssen in allen gleichförmig gegeneinander bewegten Systemen dieselben sein.

A: Wie soll es aber zugehen, daß in gegeneinander bewegten Systemen alle Naturgesetze gleich sind? Die Feldgleichungen, also die Maxwellschen Gleichungen, sind im Hinblick auf die klassische Transformation keineswegs invariabel. Wir brauchen nur an die Lichtgeschwindigkeit zu denken. Nach der klassischen Transformation dürfte diese Geschwindigkeit in zwei gegeneinander bewegten Systemen nicht gleich groß sein.

M: Daraus ergibt sich lediglich, daß das Prinzip der klassischen Transformation auf diesen Fall nicht angewandt werden darf und daß der Zusammenhang zwischen zwei Systemen auf andere Art und Weise hergestellt werden muß. Wir dürfen Koordinaten und Geschwindigkeiten eben gar nicht in dem Sinne miteinander verknüpfen, wie es diese Transformationsgesetze verlangen. Es gilt, neue Regeln an ihre Stelle zu setzen, die von den Grundvoraussetzungen der Relativitätstheorie abgeleitet sind. Wir wollen uns hier nicht weiter mit dem mathematischen Ausdruck für dieses neue Transformationsgesetz aufhalten, wollen uns damit zufriedengeben, daß es eben anders aussieht als das klassische, und es als *Lorentz-Transformation* bezeichnen. Es ließe sich zeigen, daß die Maxwellschen Gleichungen, das heißt die Feldgesetze, im Sinne der Lorentz-Transformation in der gleichen Weise invariabel sind wie die Gesetze der Mechanik bezüglich der klassischen Transformation. Erinnern wir uns noch einmal daran, wie die Verhältnisse in der klassischen Physik lagen. Wir hatten Transformationsgesetze für Koordinaten und Geschwindigkeiten, aber die Gesetze der Mechanik blieben für zwei gleichförmig gegeneinander bewegte Systeme gleich. Wir hatten Transformationsgesetze für räumliche, nicht aber für zeitliche Größen, da die Zeit für alle Systeme gleich schnell verstreichen sollte. In der Relativitätstheorie sieht es nun allerdings anders aus: hier haben wir Transformationsgesetze für Raum, Zeit und Geschwindigkeit, die sich von den klassischen wesentlich unterscheiden. Die Naturgesetze bleiben nach wie vor für alle gleichförmig gegeneinander bewegten Systeme dieselben, und zwar nicht, wie früher, hinsichtlich der klassischen Transformation, sondern im Sinne des neuen Umwandlungsverfahrens, der sogenannten Lorentz-Transformation. In allen Inertialsystemen herrschen die gleichen Naturgesetze, und der Übergang von einem System in das andere wird durch die Lorentz-Transformation geregelt.

A: Ich will Ihren Ausführungen Glauben schenken, doch würde es mich interessieren, inwiefern die Lorentz-Transformation sich von der klassischen unterscheidet.

M: Ihre Frage läßt sich am besten folgendermaßen beantworten: Nennen Sie mir immer irgendein Charakteristikum der klassischen Transformation, und ich werde Ihnen dann klarzumachen versuchen, ob und inwiefern es bei der Lorentz-Transformation eine Veränderung erfährt, oder ob es so bleibt, wie es ist.

A: Wenn in irgendeinem Punkt meines Systems in einem bestimmten Augenblick irgend etwas geschieht, dann wird der Beobachter in einem anderen, relativ zu dem meinen gleichförmig bewegten System das Ereignis zwar räumlich durch andere Koordinaten bezeichnen, doch bleibt der Zeitpunkt auch für ihn der gleiche. Wir haben ja für alle Systeme die gleiche Uhr, und es spielt gar keine Rolle, ob sie sich bewegt oder nicht. Sind Sie auch dieser Meinung?

M: Nein, keineswegs. Jedes System muß mit seinen eigenen, in ihm ruhenden Uhren ausgestattet werden, da die Bewegung den Gang verändert. Zwei in verschiedenen Systemen befindliche Beobachter werden nicht nur verschiedene Koordinaten für die räumliche Lage erhalten, sie müssen auch für den Zeitpunkt eines Ereignisses verschiedene Werte herausbekommen.

A: Dann wäre also die Zeit keine Invariante mehr? Bei der klassischen Transformation gilt für alle Systeme immer die gleiche Zeit, nach der Lorentz-Transformation müßte sie sich aber verändern und in gewisser Beziehung den Charakter der Koordinaten annehmen, die wir von der alten Transformation her kennen. Ich bin gespannt, wie es mit der Entfernung steht. Nach der klassischen Transfor-

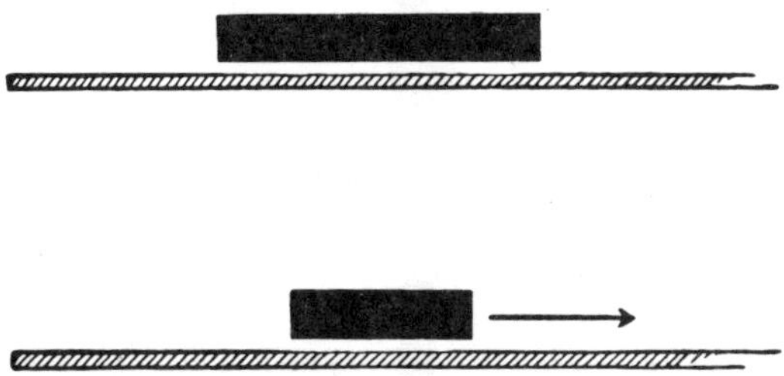

Fig. 57

mation hat ein fester Stab in der Bewegung wie in der Ruhe immer die gleiche Länge. Ist das nun auch noch so?

M: O nein! Aus der Lorentz-Transformation ergibt sich tatsächlich, daß ein bewegter Stab sich in der Bewegungsrichtung mit zunehmender Geschwindigkeit immer stärker zusammenzieht. Je schneller er sich bewegt, desto kürzer erscheint er. Das gilt allerdings, wie gesagt, nur für die Bewegungsrichtung. Sie sehen in meiner Skizze einen bewegten Stab, der auf die Hälfte seiner Länge zusammenschrumpft, wenn er etwa 90 Prozent der Lichtgeschwindigkeit erreicht. Rechtwinklig zur Bewegungsrichtung gibt es allerdings keine Kontraktion, wie ich es in der nächsten Skizze deutlich zu machen versucht habe.

A: Das heißt also, daß der Gang einer bewegten Uhr und die Länge eines bewegten Stabes von der Geschwindigkeit des betreffenden Gegenstandes abhängen sollen. Wie sieht nun aber das Abhängigkeitsverhältnis aus?

M: Die Abweichungen treten immer deutlicher hervor,

je größer die Geschwindigkeit wird. Aus der Lorentz-Transformation ergibt sich, daß ein mit Lichtgeschwindigkeit bewegter Stab vollkommen verschwinden müßte. Ganz ähnlich wird auch der Gang einer bewegten Uhr im Vergleich zu den Uhren auf dem ruhenden Stab, an denen sie vorbeikommt, immer langsamer, je schneller sie sich be-

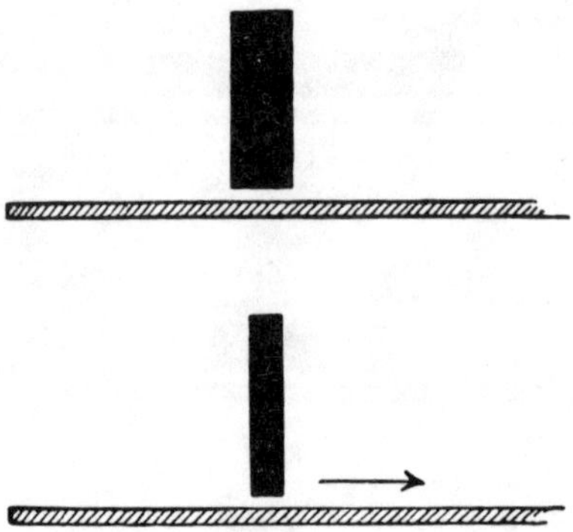

Fig. 58

wegt, bis sie schließlich stehenbleibt, wenn sie die Lichtgeschwindigkeit erreicht – immer vorausgesetzt, daß wir es mit einer „guten" Uhr zu tun haben.

A: Das steht aber doch offensichtlich in Widerspruch zu allen Erfahrungstatsachen. Wir wissen doch schließlich, daß ein Auto nicht kürzer wird, wenn es fährt, und auch, daß der Fahrer beim Vergleich seiner „guten" Uhr mit den Normaluhren, an denen er vorbeikommt, stets feststellen wird, daß sie einwandfrei geht; was doch alles gegen Ihre Behauptung spricht.

M: Gewiß, doch sind alle diese, auf mechanischem Wege erreichbaren Geschwindigkeiten im Vergleich zu der des Lichtes so außerordentlich gering, daß es lächerlich erscheint, die Relativitätstheorie auf derartige Phänomene anwenden zu wollen. Der Autofahrer kann sich nach wie vor seelenruhig an die klassische Physik halten, selbst wenn er noch hunderttausendmal schneller führe. Nur bei Geschwindigkeiten, die an die des Lichtes herankommen, dürfen wir mit Diskrepanzen zwischen Experiment und klassischer Transformation rechnen. Die Richtigkeit der Lorentz-Transformation läßt sich nur bei sehr großen Geschwindigkeiten nachprüfen.

A: Es bleibt aber noch immer eine Schwierigkeit. Nach der mechanistischen Auffassung sind auch Körper denkbar, die sich mit Überlichtgeschwindigkeit bewegen. Ein Körper, der sich relativ zu einem fahrenden Schiff mit Lichtgeschwindigkeit bewegt, muß relativ zur Küste Überlichtgeschwindigkeit haben. Was wird dann aber aus dem Stab, der ja schon bei Erreichen der Lichtgeschwindigkeit zu nichts wurde? Man kann sich doch wohl kaum vorstellen, daß er bei Überschreitung der Lichtgeschwindigkeit eine negative Länge annimmt.

M: Es besteht absolut kein Anlaß zu derartig sarkastischen Bemerkungen. Nach der Relativitätstheorie kann nämlich kein materieller Körper die Lichtgeschwindigkeit überschreiten, da sie für diese Körper die größtmögliche Geschwindigkeit darstellt. Wenn ein Körper sich relativ zu einem Schiff mit Lichtgeschwindigkeit bewegt, so hat er relativ zur Küste gleichfalls Lichtgeschwindigkeit. Das einfache mechanische Gesetz für das Addieren und Subtrahieren von Geschwindigkeiten besitzt hier keine Geltung oder, genauer gesagt: es gilt auch für kleine Geschwindigkeiten eigentlich nur annäherungsweise, während es auf solche, die an die des Lichts herankommen, nicht mehr anwendbar ist. Der Wert der Lichtgeschwindigkeit ergibt sich eindeutig aus der Lorentz-Transformation. Es ist ein Grenzwert, also etwas Ähnliches wie die unendlich große Geschwindigkeit in der klassischen Mechanik. Die Relativitätstheorie stellt eine Verallgemeinerung dar und steht an sich nicht in Widerspruch zur klassischen Transformation und zur klassischen Mechanik. Im Gegenteil, wir erhalten auch hier wieder die alten Begriffe; nur stellen sie jetzt Grenzfälle für sehr kleine Geschwindigkeiten dar. Die neue Theorie verschafft uns Klarheit darüber, für welche Fälle die klassische Physik ausreicht und wo ihre Grenzen liegen. Wollte man die Relativitätstheorie auf die Bewegung von Autos, Schiffen und Eisenbahnzügen anwenden, so wäre das genauso lächerlich, wie wenn jemand mit einer Rechenmaschine arbeitete, wo er auch mit dem kleinen Einmaleins auskommt.

Relativitätstheorie und Mechanik

Die Relativitätstheorie kam, weil sie kommen mußte. Sie ergibt sich zwangsläufig aus den Widersprüchen in der alten Theorie, die sich weder ignorieren noch beseitigen lassen. Die Stärke der neuen Lehre liegt in der konsequenten und unkomplizierten Art, womit sie, ausgehend von ein paar ohne weiteres einleuchtenden Postulaten, alle diese Schwierigkeiten meistert.

Wenn die Theorie auch vom Kraftfeldproblem her aufgebaut wurde, muß doch von ihr gefordert werden, daß sie sich auf alle physikalischen Gesetze erstreckt. Darin scheint allerdings eine neue Schwierigkeit zu liegen. Feldgesetze einerseits und mechanische Gesetze andererseits sind in ihrer Art grundverschieden. Die Gleichungen des elektromagnetischen Feldes sind bezüglich der Lorentz-Transformation, die mechanischen Gleichungen dagegen im Sinne der klassischen Transformation invariabel. Die Relativitätstheorie verlangt aber, daß alle Naturgesetze im Sinne der Lorentz-Transformation, nicht aber bezüglich der klassischen Transformation invariabel seien. Die letztere wird nur noch als Sonder- und Grenzfall der Lorentz-Transformation gedacht, das heißt, sie ist dann anwendbar, wenn die Relativgeschwindigkeit zweier Systeme sehr klein ist. Stimmt das, so muß die klassische Mechanik dahingehend revidiert werden, daß sie der Forderung nach Invariabilität im Sinne der Lorentz-Transformation gerecht wird, oder, mit anderen Worten, die klassische Mechanik hat keine Geltung, wenn es sich um Geschwindigkeiten handelt, die an die des Lichts herankommen. Es kann nur eine einzige Transformation, nur einen Übergang von einem System in ein anderes geben, und das ist die Lorentz-Transformation.

Es hat sich als recht einfach erwiesen, die klassische Mechanik in der Weise abzuändern, daß sie weder zur Relativitätstheorie noch zu der Fülle von Material in Widerspruch steht, das aus der Beobachtung stammt und von der klassischen Mechanik bereits gedeutet wurde. Die alte Mechanik gilt eben nur für kleine Geschwindigkeiten und bildet einen Grenzfall der neuen.

Es wäre nun ganz interessant, einmal näher auf einen Fall einzugehen, für den die Relativitätstheorie eine Abänderung der klassischen Mechanik fordert. Vielleicht gelangen wir an Hand eines solchen Beispiels zu Schlüssen, die experimentell einwandfrei nachgeprüft werden können.

Denken wir uns einen Körper mit bestimmter Masse, der sich geradlinig bewegt und auf den in der Bewegungsrichtung eine äußere Kraft einwirkt. Die Kraft ist, wie wir ja wissen, proportional der Geschwindigkeitsänderung, oder, um es noch deutlicher zu machen: es spielt keine Rolle, ob ein bestimmter Körper, beispielsweise innerhalb einer Sekunde, von 100 auf 101 m pro Sekunde, von 100 km auf 100 km und einen Meter pro Sekunde oder von 290 000 km auf 290 000 km und einen Meter pro Sekunde beschleunigt wird. Die gleiche Geschwindigkeitsänderung innerhalb der gleichen Zeitspanne erfordert bei ein und demselben Körper immer die gleiche Kraft.

Behält dieser Satz auch im Rahmen der Relativitätstheorie seine Gültigkeit? Keineswegs! Er gilt nur für kleine Geschwindigkeiten. Wie muß er nun aber nach der Relativitätstheorie für große Geschwindigkeiten lauten, die der des Lichtes nahekommen? Nun, wenn die Geschwindigkeit groß ist, werden außerordentlich starke Kräfte gebraucht, um sie noch weiter zu steigern. Es ist absolut nicht dasselbe, ob eine Geschwindigkeit von etwa 100 m pro Sekunde oder eine solche, die der Lichtgeschwindigkeit angenähert ist, um einen Meter pro Sekunde gesteigert werden soll. Je dichter die Geschwindigkeit an die des Lichtes herankommt, desto schwerer läßt sie sich steigern. Wenn sie schließlich die Lichtgeschwindigkeit erreicht, kann sie gar nicht mehr vergrößert werden. Die durch die Relativitätstheorie bedingten Abänderungen sind also gar nicht so befremdend. Die Lichtgeschwindigkeit bildet die obere Geschwindigkeitsgrenze schlechthin. Keine endliche Kraft, so groß sie auch sein mag, ist imstande, eine Geschwindigkeitssteigerung über dieses Maß hinaus zu bewirken. Statt des alten mechanischen Gesetzes für die Verknüpfung von Kraft und Geschwindigkeitsänderung haben wir jetzt ein komplizierteres. Von der Relativitätstheorie her erscheint die klassische Mechanik als primitiv, weil wir es dort bei fast allen Beobachtungen mit Geschwindigkeiten zu tun haben, die wesentlich unter der des Lichtes liegen.

Ein ruhender Körper hat eine bestimmte Masse, die sogenannte *Ruhmasse*. Wir wissen aus der Mechanik, daß jeder Körper sich einer Geschwindigkeitsänderung widersetzt. Je größer die Masse, um so stärker der Widerstand, und umgekehrt. In der Relativitätstheorie kommt aber noch etwas hinzu: hier widersetzt sich der Körper nicht nur dann stärker, wenn seine Ruhmasse, sondern auch, wenn seine Geschwindigkeit größer ist. Körper, die sich mit Geschwindigkeiten fortbewegen, die der des Lichtes angenähert sind, müssen äußeren Kräften also einen beträchtlich zäheren Widerstand entgegensetzen. In der klassischen Mechanik ist der Widerstand eines bestimmten Körpers etwas Unveränderliches, da er ja von der Masse allein bestimmt wird. In der Relativitätstheorie hängt er nun aber von zwei Faktoren, Ruhmasse und Geschwindigkeit, ab. Nähert sich die Geschwindigkeit der des Lichtes, so wird der Widerstand unendlich groß.

Diese Resultate erlauben uns eine experimentelle Nachprüfung der Theorie. Unsere Frage lautet: Widersetzen sich Projektile, die sich annähernd mit Lichtgeschwindigkeit bewegen, wirklich dem Einfluß einer äußeren Kraft in der Weise, wie die Theorie es verlangt? Da die diesbezüglichen Sätze der Relativitätstheorie quantitativer Natur sind, können wir sie bestätigen oder widerlegen, sofern es uns gelingt, irgendwelchen Projektilen annähernd Lichtgeschwindigkeit zu verleihen.

Nun, wir finden in der Natur tatsächlich Projektile mit derartigen Geschwindigkeiten. Die Atome radioaktiver Substanzen, des Radiums zum Beispiel, feuern gleich Kanonen Geschosse ab, die eine enorme Geschwindigkeit erreichen. Wenn wir uns hier auch nicht zu sehr in Einzelheiten verlieren können, wollen wir doch wenigstens eine der hochbedeutsamen Hypothesen anführen, wie sie heute von den modernen Physikern und Chemikern vertreten werden: Die ganze im Universum enthaltene Materie setzt sich aus *Elementarteilchen* zusammen, von denen es nur ganz wenige Arten gibt. Es ist wie in einer Stadt, die aus verschieden großen, verschiedenartig gebauten und architektonisch unterschiedlichen Gebäuden besteht, während trotzdem alle durch die Bank, vom kleinsten Schuppen bis zum höchsten Wolkenkratzer, aus den gleichen Ziegelsteinen bestehen, die sich in ganz wenige verschiedene Sorten einteilen lassen. So bauen sich alle bekannten chemischen Elemente unserer materiellen Welt, angefangen vom leichtesten, dem Wasserstoff, bis zum schwersten, Uran, aus denselben Bausteinen, das heißt aus gleichartigen Elementarteilchen auf. Die schwersten Elemente, die kompliziertesten „Bauwerke", sind unbeständig und zerfallen; wir sagen: sie sind *radioaktiv*. Einige dieser Bausteine, nämlich die Elementarteilchen, aus denen sich die radioaktiven Atome zusammensetzen, werden gelegentlich mit sehr großer Geschwindigkeit fortgeschleudert, wobei sie fast die Lichtgeschwindigkeit erreichen. Das Atom eines Elements, sagen wir, des Radiums, hat, soviel wir heute auf Grund zahlreicher Experimente sagen können, eine komplizierte Struktur, und der radioaktive Zerfall ist einer der Vorgänge, aus denen wir entnehmen können, daß die Atome sich aus noch wesentlich einfacheren Bausteinen, nämlich den Elementarteilchen, zusammensetzen.

Mittels sehr kunstvoller und raffinierter Versuche können wir nun feststellen, in welcher Weise die Partikeln sich dem Einfluß einer äußeren Kraft widersetzen, und diese Experimente zeigen, daß der Widerstand tatsächlich in der von der Relativitätstheorie vorhergesagten Weise mit der Geschwindigkeit zusammenhängt. Auch in vielen anderen Fällen, wo sich eine Abhängigkeit des Widerstandes von der Geschwindigkeit nachweisen läßt, stimmen die Versuchsergebnisse vollkommen mit der Theorie überein. Auch hier wieder das charakteristische Bild der schöpferischen wissenschaftlichen Arbeit: Bestimmte Gesetzmäßigkeiten werden von der Theorie vorausgesagt und dann durch das Experiment bestätigt.

Dieses Ergebnis bringt uns auf eine weitere wichtige Verallgemeinerung. Ein ruhender Körper hat Masse, aber keine kinetische, also Bewegungs-Energie. Ein bewegter Körper hat beides, Masse und kinetische Energie, und da er sich einer Geschwindigkeitsänderung heftiger widersetzt als ein ruhender Körper, sieht es so aus, als verstärke die kinetische Energie seine Widerstandsfähigkeit. Wenn zwei Körper die gleiche Ruhmasse haben, dann setzt derjenige mit der größeren kinetischen Energie dem Einfluß einer äußeren Kraft den stärkeren Widerstand entgegen.

Denken wir uns eine Kiste mit Kugeln. Sowohl die Kiste als auch die Kugeln sollen in unserem System ruhen. Um sie in Bewegung zu setzen, das heißt ihre Geschwindigkeit zu ändern, bedarf es einer Kraft. Wird die gleiche Kraft aber eine genauso große Geschwindigkeitssteigerung im gleichen Zeitraum zustande bringen, wenn die Kugeln innerhalb der Kiste nach Art der Moleküle in einem Gas mit einer Durchschnittsgeschwindigkeit, die an die des Lichtes herankommt, wild durcheinanderschießen? O nein, sondern es wird eine größere Kraft benötigt, weil die kinetische Energie der Kugeln angewachsen ist und die Widerstandskraft der Kiste dadurch erhöht hat. Energie, jedenfalls kinetische Energie, widersetzt sich der Bewegung in der gleichen Weise wie wägbare Masse. Gilt das nun auch für die anderen Energiearten?

Die Relativitätstheorie leitet aus ihrer Grundvoraussetzung eine klare und überzeugende Antwort auf diese Frage ab, eine Antwort, die wiederum quantitativen Charakter hat: Alle Energie widersetzt sich Bewegungsänderungen; alle Energie verhält sich wie Materie; ein Stück Eisen wiegt im rotglühenden Zustand mehr, als wenn es kalt ist; die den Weltraum durchquerende Strahlung, beispielsweise Sonnenstrahlung, enthält Energie und hat folglich Masse; die Sonne und alle Sterne geben mit ihren Strahlen Masse ab. Dieser seinem Wesen nach ganz allgemeine Schluß muß als bedeutende Errungenschaft der Relativitätstheorie gewertet werden. Er läßt sich mit allen Gesetzmäßigkeiten vereinbaren, die man bisher daraufhin geprüft hat.

Die klassische Physik führte zwei Substanzbegriffe ein: Materie und Energie. Die Materie wurde als wägbar, die Energie als schwerelos angesehen. Wir hatten in der klassischen Physik auch zwei Erhaltungsgesetze: eines für die Materie und eines für die Energie. Schon einmal haben wir die Frage gestellt, ob die moderne Physik noch an diesen beiden Substanzbegriffen und an den zweierlei Erhaltungsgesetzen festhält. Die Antwort lautet: „Nein." Nach der Relativitätstheorie gibt es keinen grundsätzlichen Unterschied zwischen Masse und Energie. Energie hat Masse und Masse verkörpert Energie. Statt zwei Erhaltungsgesetzen haben wir nur noch eines, das der Masse-Energie. Diese neue Auffassung hat sich in der weiteren Entwicklung der Physik sehr gut bewährt und als äußerst fruchtbar erwiesen.

Man muß sich fragen, wieso die Tatsache, daß Energie

Masse und Masse Energie besitzt, so lange verborgen bleiben konnte. Ist ein heißes Stück Eisen denn wirklich schwerer als ein kaltes? Jetzt müssen wir diese Frage mit „Ja“ beantworten, während es im ersten Teil des Buches noch „Nein“ hieß. Sicherlich berechtigt uns die dazwischenliegende große Seitenzahl allein nicht dazu, plötzlich das Gegenteil von dem zu behaupten, was wir damals als richtig erkannten.

Im Grunde genommen haben wir es hier mit einer ganz ähnlichen Schwierigkeit zu tun wie vorhin. Die von der Relativitätstheorie vorhergesagte Massenveränderung ist nämlich unmeßbar gering und läßt sich selbst mit den empfindlichsten Waagen nicht direkt feststellen. Dennoch gibt es zahlreiche, wenn auch indirekte Mittel und Wege, um einwandfrei nachzuweisen, daß Energie nicht schwerelos ist.

Dieser Mangel an unmittelbaren Beweisen erklärt sich aus dem sehr kleinen Verhältnis, nach dem sich die Umwandlung von Materie in Energie vollzieht. Die Energie verhält sich zur Masse etwa so wie eine abgewertete Währung zu einer sehr stabilen. Ein Beispiel soll uns das verdeutlichen: Die Wärmemenge, die benötigt wird, um 30 000 Tonnen Wasser in Dampf umzuwandeln, wiegt nur etwa ein Gramm! Die Energie wurde also einfach deshalb so lange für schwerelos gehalten, weil sie so überaus wenig Masse besitzt.

Die alte Energie-Substanz ist somit das zweite Opfer der Relativitätstheorie. Das erste war ja schon das Medium, in dem sich die Lichtwellen fortpflanzen sollten.

Die Auswirkungen der Relativitätstheorie gehen weit über das Problem hinaus, dem die neue Lehre ihre Entstehung verdankt. So beseitigt sie auch alle mit der Feldtheorie zusammenhängenden Schwierigkeiten und Widersprüche; sie bringt allgemeinere mechanische Gesetze; sie setzt ein einziges Umwandlungsgesetz an die Stelle von zweien und räumt mit unserer klassischen Vorstellung von der absoluten Zeit auf. Sie gilt auch keineswegs etwa nur für ein Teilgebiet der Physik; sie bildet vielmehr einen großen Rahmen für das gesamte Naturgeschehen.

Das Raum-Zeit-Kontinuum

„Am 14. Juli 1789 ist in Paris die Französische Revolution ausgebrochen." Dieser Satz enthält die Angaben über Schauplatz und Zeitpunkt eines Ereignisses. Jemandem, der nicht weiß, was das Wort „Paris" bedeutet, und zum erstenmal diesen Satz hört, könnte man folgenden Kommentar dazu geben: Paris ist eine Stadt auf der Erde, die auf 2° östlicher Länge und 49° nördlicher Breite liegt. Mit diesen beiden Zahlen ist der Ort festgelegt, und der Ausdruck „14. Juli

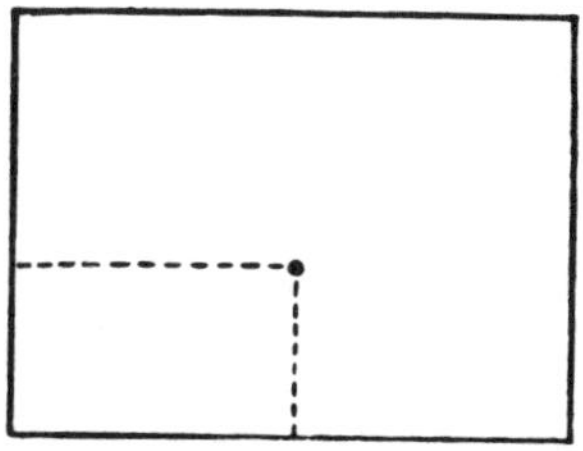

Fig. 59

1789" bezeichnet den Zeitpunkt, zu dem das Ereignis stattgefunden hat. In der Physik kommt es nun noch bedeutend mehr als in der Geschichte auf genaue Orts- und Zeitangaben an, weil diese Daten die Grundlage für eine quantitative Beschreibung von Vorgängen bilden.

Der Einfachheit halber haben wir uns bisher nur immer mit geradliniger Bewegung befaßt. Ein starrer Stab mit nur einem Ende war unser System. Wir wollen auch jetzt an dieser Einschränkung festhalten und uns auf diesem Stab zwei verschiedene Punkte herausgreifen. Die Lage jedes der beiden Punkte läßt sich durch eine einzige Zahl, seine Koordinate, bestimmen. Wenn es heißt, ein Punkt habe die Koordinate 3,50 m, so ist damit gesagt, daß er 3,50 m von dem einzigen Ende des Stabes entfernt ist. Umgekehrt kann ich, wenn mir jemand eine Zahl mit dazugehöriger Maßeinheit angibt, stets den Punkt finden, auf den sich diese

Zahl bezieht. Wir können also sagen: Für jede Zahl gibt es einen bestimmten Punkt auf dem Stab, und zu jedem Punkt gehört eine bestimmte Zahl. Die Mathematiker drücken diesen Sachverhalt folgendermaßen aus: Alle Punkte des Stabes bilden ein *eindimensionales Kontinuum.* Man kann sich die Punkte beliebig einander angenähert denken. Die Etappen, in die wir den Abstand zwischen zwei weit voneinander entfernten Punkten zerlegen, können wir be-

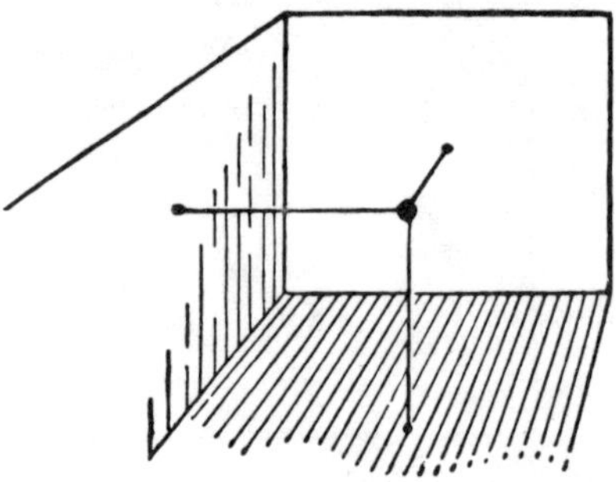

Fig. 60

liebig klein wählen, und eben diese Möglichkeit, den Abstand zwischen weit voneinander entfernten Punkten in beliebig kleine Etappen zerlegen zu können, ist das Charakteristische des Kontinuums.

Ein weiteres Beispiel: Denken wir uns eine Ebene oder, falls etwas Konkreteres gewünscht wird, eine rechteckige Tischplatte. Die Lage eines Punktes auf diesem Tisch läßt sich durch zwei Zahlen ausdrücken, nicht mehr durch eine allein, wie vorhin. Diese beiden Zahlen bezeichnen die Abstände des Punktes von zwei aufeinander senkrecht stehenden Tischkanten. Zu jedem Punkt der Ebene gehören zwei bestimmte Zahlen, und für jedes Zahlenpaar gibt es einen bestimmten Punkt. Mit anderen Worten: die Ebene ist ein *zweidimensionales Kontinuum.* Alle Punkte der Ebene kann man sich beliebig einander angenähert denken, und zwei weit voneinander entfernte Punkte lassen sich durch eine Kurve verbinden, die man in beliebig kleine Etappen zerlegen kann. Somit ist die Möglichkeit, den Abstand zweier weit voneinander entfernter Punkte in beliebig kleine Etappen zerlegen zu können, auch für das zweidimensionale Kontinuum charakteristisch, bei dem jeder Punkt durch zwei Zahlen bestimmt wird.

Noch ein Beispiel: Nehmen wir jetzt einmal das Zimmer, in dem wir sitzen, als Koordinatensystem. Wenn wir alle Lagebestimmungen auf die starren Wände des Raumes beziehen, dann läßt sich zum Beispiel die Position des unteren Endes der Lampe, sofern sie ruhig hängt, durch drei Zahlen ausdrücken, von denen sich zwei auf die Entfernung zu zwei vertikalen Wänden beziehen, während die dritte den Abstand vom Fußboden bzw. von der Decke bezeichnet. Zu jedem Punkt im Raum gehören also drei bestimmte Zahlen, und für je drei zusammengehörige Zahlen gibt es einen bestimmten Punkt. Der Raum ist also ein *dreidimensionales Kontinuum*. Die Punkte des Raumes können einander beliebig angenähert gedacht werden, und so ist die Möglichkeit, die Etappen einer gedachten Verbindung zwischen weit voneinander entfernten Punkten beliebig klein wählen zu können, auch für das dreidimensionale Kontinuum charakteristisch, bei dem jeder Punkt durch drei Zahlen bestimmt wird.

Alles das hat aber kaum etwas mit Physik zu tun. Wollen wir zu diesem Wissenschaftszweig zurückkehren, müssen wir uns wieder mit der Bewegung von Materieteilchen befassen. Wenn Naturereignisse, physikalische Vorgänge, beobachtet und vorhergesagt werden sollen, müssen wir nicht nur den Ort, sondern auch den Zeitpunkt in Betracht ziehen. Versuchen wir es zunächst wieder mit einem ganz einfachen Beispiel:

Ein kleiner Stein, den wir als Partikel betrachten wollen, fällt von einem 80 m hohen Turm herunter. Schon seit Galilei können wir für jeden beliebigen Zeitpunkt nach

Beginn des freien Falles die Koordinate des Steines vorausberechnen. Der „Fahrplan" mit den Positionen des Steines nach 0, 1, 2, 3 und 4 Sekunden sieht folgendermaßen aus:

Zeit in Sekunden	Höhe vom Erdboden in Metern
0	80
1	75
2	60
3	35
4	0

In diesem „Fahrplan" sind fünf durch je zwei Zahlen, nämlich ihre Zeit- und Raumkoordinaten, bezeichnete Ereignisse enthalten. Das erste davon ist der Fallbeginn in 80 m Höhe über dem Erdboden, wo die Fallzeit noch gleich Null ist. Das zweite tritt dann ein, wenn der Stein an der 75-m-Marke unseres starren Maßstabes (in diesem Falle des Turms) vorbeikommt. Das ist nach Ablauf der ersten Sekunde der Fall. Das letzte Ereignis ist dann schließlich der Aufschlag des Steines auf den Erdboden.

Wir können die Daten aus diesem „Fahrplan" nun aber auch auf andere Art und Weise darstellen, indem wir die fünf Zahlenpaare als Punkte in einer Ebene vermerken. Dazu müssen wir uns allerdings zunächst über den Maßstab einig werden. Für einen Meter und für eine Sekunde nehmen wir uns je einen Abschnitt, etwa so:

Fig. 61

Nun zeichnen wir zwei aufeinander senkrecht stehende Linien und nennen die horizontale beispielsweise Zeitachse und die vertikale Raumachse. Es leuchtet ohne weiteres ein, daß unser „Fahrplan" sich in dieser Raum-Zeit-Ebene durch fünf Punkte darstellen läßt.

Die Abstände der Punkte von der Raumachse sind gleich den Zeitkoordinaten aus der ersten Spalte unseres „Fahrplans“, während die Abstände von der Zeitachse den Raumkoordinaten entsprechen.

Man kann also ein und dieselbe Sache auf zwei grundverschiedene Arten wiedergeben, einmal als Tabelle, als

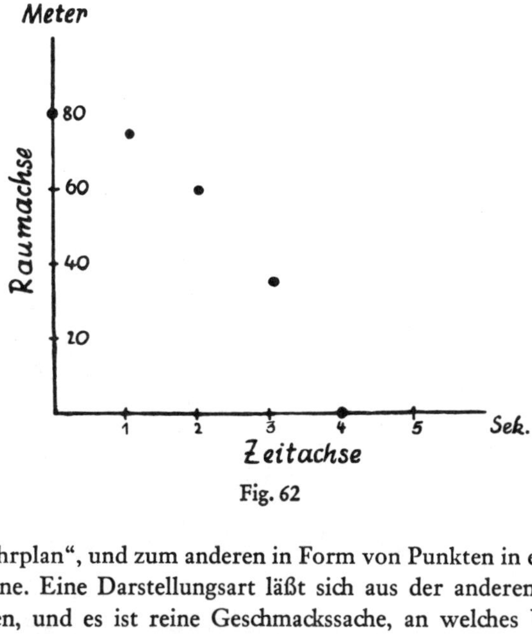

Fig. 62

„Fahrplan“, und zum anderen in Form von Punkten in einer Ebene. Eine Darstellungsart läßt sich aus der anderen ableiten, und es ist reine Geschmackssache, an welches Verfahren wir uns halten wollen; denn beide sind absolut gleichwertig.

Gehen wir jetzt noch einen Schritt weiter. Denken wir uns einen verbesserten „Fahrplan“, in dem die Positionen nicht nur für jede ganze Sekunde, sondern, sagen wir, für hundertstel oder tausendstel Sekunden angegeben sind. Wir erhalten dann eine Raum-Zeit-Ebene mit einer Unzahl von Punkten, und wenn die Lage des Fallkörpers schließlich für jeden Moment angegeben oder, wie die Mathematiker sagen, wenn die Raumkoordinate als Funktion der Zeit gedacht wird, dann entsteht aus unserer Punktfolge eine zusammenhängende Linie. Unsere nächste Skizze liefert uns also nicht nur, wie die bisherigen Darstellungen, gewisse fragmentarische Aufschlüsse über die Fallbewegung, sondern ein lückenloses Bild von ihrem gesamten Verlauf.

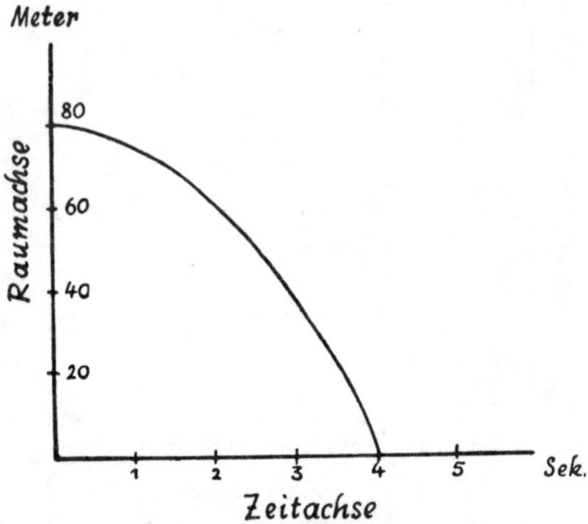

Fig. 63

Die Bewegung entlang des starren Maßstabes (des Turms), also die Bewegung in einem eindimensionalen Raum, ist hier als Kurve in einem zweidimensionalen Raum-Zeit-Kontinuum dargestellt. Jedem Punkt unseres Raum-Zeit-Kontinuums ist ein Zahlenpaar zugeordnet. Die eine Zahl ist die Zeit-, die andere die Raumkoordinate. Umgekehrt gibt es in unserer Raum-Zeit-Ebene für jedes ein bestimmtes Ereignis bezeichnendes Zahlenpaar einen bestimmten Punkt. Zwei nebeneinanderliegende Punkte entsprechen zwei Ereignissen, die räumlich und zeitlich ein klein wenig gegeneinander verschoben sind.

Gegen diese Darstellungsweise läßt sich der Einwand erheben, es habe wenig Sinn, Zeiteinheiten durch Strecken wiederzugeben und sie auf diese Weise mechanisch mit dem Raum zu verquicken, um aus den beiden eindimensionalen Kontinua ein zweidimensionales zu machen. Dann müßte man aber alle anderen graphischen Darstellungen ebenfalls ablehnen, also etwa die Kurve für die Temperaturschwankungen in New York im letzten Sommer oder die für die Lebenshaltungskosten während der letzten Jahre; denn alle diese Kurven werden nach dem gleichen Prinzip angefertigt. In den Temperaturkurven zum Beispiel wird das eindimensionale Temperaturkontinuum mit dem ebenfalls eindimensionalen Zeitkontinuum zu einem zweidimensionalen Temperatur-Zeit-Kontinuum zusammengefaßt.

Kehren wir wieder zu unserem Teilchen zurück, das von dem 80 m hohen Turm herunterfällt. Die graphische Darstellung seiner Bewegung erweist sich als sehr brauchbar, da sie uns Aufschluß gibt über die Position der Partikel in jedem beliebigen Moment. Für diese Bewegung, über deren Ablauf wir uns nun im klaren sind, gibt es aber zwei verschiedene Auslegungen.

Die eine Auffassung ist die uns bereits bekannte, wonach die Partikel ihre Position im eindimensionalen Raum im Laufe der Zeit ändert. Die Bewegung ist hier als Abfolge von Ereignissen im eindimensionalen Raumkontinuum gedacht. Raum und Zeit werden nicht miteinander verquickt, und das Ergebnis ist eine *dynamische* Vorstellung von Positionen, die sich in der Zeit *ändern*.

Wir können die gleiche Bewegung aber auch anders, nämlich *statisch*, auffassen, wenn wir dabei von der Kurve in ihrem zweidimensionalen Raum-Zeit-Kontinuum ausgehen. Hier wird die Bewegung als etwas *Seiendes* dargestellt, etwas, was in dem zweidimensionalen Raum-Zeit-Kontinuum effektiv existiert, und nicht bloß als etwas Veränderliches im eindimensionalen Raum.

Beide Auffassungen sind vollkommen gleichwertig, und

immer ist es reine Form- bzw. Geschmacksache, welche wir vorziehen wollen.

Alles, was bisher über die beiden Auffassungen von der Bewegung gesagt worden ist, hat noch absolut gar nichts mit der Relativitätstheorie zu tun. Es bleibt sich, wie gesagt, vollkommen gleich, mit welcher Darstellungsweise wir arbeiten, wenn die klassische Physik auch mehr für die dynamische Auslegung war und in der Bewegung eher eine Kette von räumlichen Ereignissen sehen wollte, ohne ihr im Räumlich-Zeitlichen eine Realität anzuerkennen. Hier hat die Relativitätstheorie nun allerdings gründlich Wandel geschafft. Nach dieser Lehre ist die statische Darstellung nämlich entschieden vorzuziehen, weil die Auffassung, Bewegung sei etwas im Räumlich-Zeitlichen effektiv Vorhandenes, ein zweckmäßigeres und objektiveres Bild der Wirklichkeit abgibt. Es bleibt nun allerdings noch die Frage zu beantworten, warum die beiden Auffassungen von der Relativitätstheorie her gesehen nicht mehr gleichwertig sind, obwohl sie es in der klassischen Physik noch waren.

Wenn wir jedoch wieder unsere beiden Systeme zu Hilfe nehmen, die sich gleichförmig gegeneinander bewegen, so werden wir gleich sehen, wie das zusammenhängt.

Nach den Lehren der klassischen Physik erhalten die Beobachter in zwei gleichförmig gegeneinander bewegten Systemen für ein bestimmtes Ereignis verschiedene Raumkoordinaten, doch ein und dieselbe Zeitkoordinate. In unserem Beispiel hat die Partikel beim Aufschlag auf den Erdboden, bezogen auf das von uns gewählte System, die Zeitkoordinate 4 und die Raumkoordinate 0. Nach der klassischen Mechanik nun wird die Fallzeit des Steines auch für einen anderen Beobachter, der sich gleichförmig gegen dieses System bewegt, 4 Sekunden betragen. Allerdings muß dieser Beobachter grundsätzlich andere Raumkoordinaten für den Aufschlag herausbekommen, da er den Auftreffpunkt ja auf sein System bezieht. Die Zeitkoordinate wird jedoch für ihn und für alle anderen, gleichförmig gegeneinander bewegten Beobachter dieselbe bleiben. Die klassische Physik kennt eben nur eine „absolute" Zeit, die für alle Beobachter gleich schnell verstreicht. Das zweidimensionale Kontinuum läßt sich für jedes System in zwei eindimensionale Kontinua, nämlich Zeit und Raum, zerlegen, und da die Zeit ja als „absolut" gedacht wird, ist dieses Herüberwechseln von der statischen zur dynamischen Auslegung der Bewegung in der klassischen Physik als durchaus sinnvoll anzusehen.

Nun haben wir uns allerdings bereits zu der Überzeugung durchgerungen gehabt, daß die klassische Transformation nicht auf alle physikalischen Erscheinungen angewandt werden darf. In der Praxis kann man sie, soweit es sich um geringe Geschwindigkeiten handelt, zwar nach wie vor gebrauchen, doch ist sie für die Klärung physikalischer Grundfragen eben untauglich.

Nach der Relativitätstheorie ist der Zeitpunkt des Aufschlages unseres Steines auf den Erdboden nun nicht für alle Beobachter der gleiche. In zwei verschiedenen Systemen fällt nicht nur die Raum-, sondern auch die Zeitkoordinate anders aus, und wenn die Relativgeschwindigkeit an die des Lichtes herankommt, werden die Zeitkoordinaten sogar beträchtlich differieren. Jetzt läßt sich das zweidimensionale Kontinuum natürlich nicht mehr, wie in der klassischen Physik, in zwei eindimensionale Kontinua aufspalten. Wir dürfen Raum und Zeit bei der Bestimmung der Raum-Zeit-Koordinaten für ein anderes System nicht mehr getrennt für sich betrachten, und die Aufspaltung des zweidimensionalen Kontinuums in zwei eindimensionale Kontinua wäre somit von der Relativitätstheorie aus gesehen etwas ganz Unmotiviertes und Widersinniges.

Es ist nun ganz einfach, das eben Gesagte in der Weise zu verallgemeinern, daß es auch auf die nichtgeradlinige Bewegung paßt. Bei der Beschreibung wirklicher Naturereignisse kommen wir natürlich nicht mit zwei Zahlen aus; wir brauchen vier. Der physikalische Raum, wie er sich uns durch Objekte und deren Bewegungen darbietet, hat drei Dimensionen, und so werden alle Lagebestimmungen durch drei Zahlen ausgedrückt. Die vierte Zahl dient der Festlegung des Momentes, in dem sich ein bestimmtes Ereignis abspielt, und so wird jedes Ereignis durch vier Werte bezeichnet, wie es auch zu je vier Zahlen immer ein bestimmtes Ereignis gibt. Das physikalische Weltgeschehen bildet dann ein *vierdimensionales Kontinuum*. Daran ist gar nichts Mysteriöses; denn die Feststellung gilt für die klassische Physik genauso wie für die Relativitätstheorie. Erst bei der Betrachtung zweier gegeneinander bewegter Systeme ergibt sich wieder eine Unterschiedlichkeit. Wenn in einer bewegten Kabine ein Ereignis stattfindet, dessen Raum-Zeit-Koordinaten von Innen- und Außenbeobachtern bestimmt werden sollen, so wird der klassische Physiker die vierdimensionalen Kontinua wiederum in dreidimensionale Raum- und eindimensionale Zeitkontinua zerlegen. Der Physiker von einst gibt sich nur mit der räumlichen Transformation ab, da die Zeit ja für ihn absolut ist. Er sieht in der Aufspaltung der vierdimensionalen Weltkontinua in Raum und Zeit etwas Selbstverständliches. Geht man aber von der Relativitätstheorie aus, so verändert sich nicht nur der Raum, sondern auch die Zeit, sobald das System gewechselt wird, und die Lorentz-Transformation gibt Aufschluß über die Transformationsmerkmale des vierdimensionalen Raum-Zeit-Kontinuums unseres vierdimensionalen Weltgeschehens.

Dieses Geschehen läßt sich einmal dynamisch als Wandlungsprozeß im dreidimensionalen Raum, zum anderen aber auch statisch als vierdimensionales Raum-Zeit-Kontinuum auffassen. Für die klassische Physik sind diese beiden Auffassungen, die dynamische und die statische, gleichwertig; doch ist für die Relativitätstheorie die statische die zweckmäßigere und objektivere.

Allerdings können wir, wenn wir wollen, auch im Rahmen der Relativitätstheorie nach wie vor mit der dynamischen Darstellungsweise arbeiten, nur müssen wir dann immer bedenken, daß der Zerlegung in Zeit und Raum keine objektive Bedeutung zukommt, da die Zeit ja für uns nicht mehr absolut ist. So werden wir uns auch auf den folgenden Seiten weiterhin der dynamischen und nicht der statischen Ausdrucksweise bedienen, nur müssen wir uns immer vor Augen halten, wo ihre Grenzen liegen.

Allgemeine Relativitätstheorie

Ein Punkt ist noch immer ungeklärt, eine der grundlegendsten Fragen nach wie vor ungelöst: Gibt es ein Inertialsystem? Wir haben mancherlei über die Naturgesetze in Erfahrung gebracht, daß sie im Sinne der Lorentz-Transformation unveränderlich sind und daß sie in allen gleichförmig gegeneinander bewegten Inertialsystemen herrschen. Nun haben wir zwar die Gesetze, wissen aber nicht, auf welches Koordinatengerüst wir sie beziehen sollen.

Damit wir die Situation besser überblicken können, wollen wir dem klassischen Physiker noch einige einfache Fragen vorlegen:

„Was ist ein Inertialsystem?"

„Eines, in dem die Gesetze der Mechanik herrschen. Ein Körper, auf den keine äußeren Kräfte einwirken, bewegt sich in einem solchen System gleichförmig. Dadurch unterscheidet sich ein Inertialsystem von einem anderen."

„Was bedeutet es aber, wenn wir sagen, daß auf einen Körper keine äußeren Kräfte einwirken?"

„Eben nichts weiter, als daß der Körper sich in einem Inertialsystem gleichförmig bewegt."

Hier könnten wir wieder von vorn anfangen und noch einmal fragen: „Was ist ein Inertialsystem?" Da aber kaum Aussicht besteht, dieses Mal eine bessere Lösung als eben zu finden, wollen wir zusehen, ob uns vielleicht eine Abwandlung der Frage konkretere Aufschlüsse bringt:

„Ist ein fest mit der Erde verbundenes System ein Inertialsystem?"

„Nein, die Gesetze der Mechanik gelten ja auf der Erde infolge ihrer Rotation nicht unumschränkt. Zwar könnte ein mit der Sonne fest verbundenes System in bezug auf viele Probleme als Inertialsystem gelten, doch da auch sie rotiert, kommen wir damit ebensowenig zum Ziel."

„Welches ist nun also Ihr Inertialsystem, und in welchem Bewegungszustand soll es sich befinden?"

„Es ist eine bloße Zweckfiktion, und ich weiß nicht, wie es sich realisieren läßt. Nur wenn ich mich von allen materiellen Körpern weit genug entfernen und von allen äußeren Einflüssen frei machen könnte, wäre mein System ein Inertialsystem."

„Was verstehen Sie unter einem von allen äußeren Einflüssen freien System?"

„Ein Inertialsystem."

Wieder sind wir bei unserer ersten Frage angelangt!

Diese Unterredung führt uns ein überaus schweres Dilemma der klassischen Physik vor Augen. Wir haben Gesetze, wissen jedoch nicht, auf welches Koordinatengerüst wir sie beziehen sollen; und so scheint unser ganzes physikalisches Gedankengebäude auf Sand gebaut zu sein.

Wir können an diese schwierige Frage aber auch noch von einer anderen Seite herangehen. Versuchen wir uns einmal vorzustellen, daß es im ganzen Universum nur einen einzigen Körper gäbe. Dieser soll unser System bilden. Das System beginnt zu rotieren. Nach der klassischen Mechanik gelten für einen rotierenden Körper andere Gesetze als für einen nicht rotierenden. Während das Trägheitsprinzip also in dem einen Falle in Kraft ist, soll es im anderen nicht gelten. Das hört sich aber überaus fragwürdig an. Wenn es im ganzen Universum nur einen einzigen Körper gibt – kann man bei diesem dann überhaupt von Bewegung sprechen? Unter Bewegung verstehen wir doch eigentlich immer eine Lageveränderung in bezug auf einen zweiten Körper.

Der gesunde Menschenverstand sagt einem, daß es bei beziehungslosen Körpern überhaupt keine Bewegung geben kann. Die klassische Mechanik trägt dem gesunden Menschenverstand aber in diesem Punkt absolut nicht Rechnung. Newton stellte folgende Überlegung an: Wo das Trägheitsprinzip Geltung hat, handelt es sich um ein ruhendes oder gleichförmig bewegtes System, wo das nicht der Fall ist, dagegen um ein ungleichförmig bewegtes. Unser Urteil darüber, ob ein Körper ruht oder sich bewegt, hängt also davon ab, ob in einem fest damit verbundenen System sämtliche physikalischen Gesetze gelten oder nicht.

Nehmen wir einmal zwei Körper wie die Sonne und die Erde. Auch hier ist die von uns beobachtete Bewegung *relativ*. Sie läßt sich in der Weise beschreiben, daß wir unser System mit einem von beiden verbinden. Es ist das große Verdienst des Kopernikus, dieses System von der Erde auf die Sonne verlegt zu haben. Da die Bewegung jedoch relativ ist und eigentlich jedes Bezugssystem zugrunde gelegt werden kann, ist aber andererseits auch wieder nicht einzusehen, warum überhaupt das eine oder das andere bevorzugt werden sollte.

Hier schaltet sich wieder die Physik als Korrektiv der vom gesunden Menschenverstand geleiteten Ansicht ein. Da das mit der Sonne verbundene System nämlich noch eher als Inertialsystem bezeichnet werden kann als das terrestrische, erscheint es doch wieder vorteilhaft, sich an das System des Kopernikus und nicht an das Ptolemäische zu halten. Die überragende Bedeutung der Kopernikanischen Entdeckung läßt sich nur von der Physik her richtig würdigen; denn für die Beschreibung der Planetenbahnen ist ein fest mit der Sonne verbundenes System von Natur aus bedeutend geeigneter.

In der klassischen Physik gibt es keine absolute gleichförmige Bewegung. Wenn zwei Systeme sich gleichförmig gegeneinander bewegen, dann hat es keinen Sinn zu sagen: „Dieses System ruht und jenes bewegt sich.“ Wenn jedoch zwei Systeme ungleichförmig gegeneinander bewegt werden, dann kann man sehr wohl sagen: „Dieser Körper bewegt sich und jener ruht (bzw. bewegt sich gleichförmig).“ Der Begriff „absolute Bewegung“ bedeutet dann nämlich etwas ganz Bestimmtes. Hier tut sich zwischen dem vom gesunden Menschenverstand geleiteten Empfinden und der klassischen Physik eine tiefe Kluft auf. Die erwähnten Schwierigkeiten, die des Inertialsystems und die der absoluten Bewegung, sind auf das engste miteinander verknüpft; denn eine absolute Bewegung kann es nur geben, wenn ein Inertialsystem existiert, für das die Naturgesetze gelten.

Es sieht fast so aus, als gäbe es aus diesem Dilemma keinen Ausweg, als käme keine physikalische Theorie um diesen Widerspruch herum. Den Kernpunkt des Problems bildet der Umstand, daß die Naturgesetze nur für eine Sonderklasse von Systemen, nämlich für die Inertialsysteme, gelten sollen. Es läßt sich nur dann lösen, wenn es uns gelingt, physikalische Gesetze aufzustellen, die für alle Systeme gelten, und zwar nicht nur für die gleichförmig, sondern auch für die beliebig gegeneinander bewegten. Geht das, so können wir die Naturgesetze auf jedes beliebige System anwenden, und die Frage, ob das Ptolemäische oder das Kopernikanische Weltbild das richtige sei, um die in den Anfängen der Naturwissenschaft ein so heftiger Streit entbrannte, wäre völlig gegenstandslos geworden. Es bliebe sich dann gleich, welches System man zugrunde legte, und es wäre reine Formsache, ob wir sagen: „Die Sonne ruht und die Erde bewegt sich“ oder „Die Sonne bewegt sich und die Erde ruht.“

Können wir aber wirklich eine für alle Systeme geltende relativistische Physik ausarbeiten, eine Physik, in der kein Raum mehr ist für absolute Bewegung, in der es nur noch relative Bewegung gibt? Nun ja, wir können es tatsächlich!

Es gibt zumindest einen Anhalt, wenn auch nur einen sehr dürftigen, dafür, wie wir bei der Ausarbeitung der neuen Physik vorzugehen haben. Eine wahrhaft relativistische

Physik muß auf alle Systeme passen und somit auch auf den Sonderfall des Inertialsystems. Für das Inertialsystem kennen wir ja schon die Gesetze, und die neuen, allgemeinen, für alle Systeme geltenden Gesetze müssen sich für den Sonderfall des Inertialsystems eben auf jene alten, bereits bekannten Gesetze zurückführen lassen.

Das Problem der Formulierung physikalischer Gesetze für alle Systeme wurde in der sogenannten *allgemeinen Relativitätstheorie* gelöst. Die zuvor behandelte Theorie dagegen, die sich nur auf Inertialsysteme bezieht, wird als *spezielle Relativitätstheorie* bezeichnet. Natürlich können die beiden Theorien einander nicht widersprechen, da die alten Gesetze der speziellen Relativitätstheorie in den allgemeinen Gesetzen für Inertialsysteme nach wie vor enthalten sein müssen. Während das Inertialsystem aber bisher das einzige war, für das es physikalische Gesetze gab, stellt es jetzt nur noch einen speziellen Grenzfall dar, weil die neuen Gesetze für alle beliebig gegeneinander bewegten Systeme gelten.

Damit haben wir erst einmal das Programm für die allgemeine Relativitätstheorie. Wenn wir allerdings die Gedankengänge skizzieren wollen, die mit ihrer eigentlichen Aufstellung verbunden waren, müssen wir auf Grund der neuen Schwierigkeiten, die sich dem Vordringen der Wissenschaft hier entgegengestellt haben, noch mehr als zuvor zu abstrakten Überlegungen unsere Zuflucht nehmen. Es harren unser noch manche ungeahnte Abenteuer. Unser höchstes Ziel bleibt es aber nach wie vor, einen besseren Einblick in das Naturgeschehen zu gewinnen. Immer wieder werden der Kette von logischen Schlüssen, die Theorie und Beobachtung miteinander verbindet, neue Glieder angefügt, und um alle überflüssigen und gewaltsamen Annahmen aus dem Wege räumen, Theorie und Experiment auf einen Nenner bringen und ein immer größeres Feld von Gesetzmäßigkeiten in unser System einbeziehen zu können, müssen wir diese Kette mehr und mehr verlängern.

Je einfacher und elementarer unsere Annahmen sind, um so komplizierter wird die mathematische Beweisführung. Immer länger, schmäler und schwieriger werden die Pfade, die von der Theorie zur Beobachtung führen. Es mag paradox klingen, aber man könnte sagen, daß die moderne Physik im Grunde einfacher ist als die alte, daß sie aber gerade deshalb schwieriger und komplizierter erscheinen muß. Je mehr wir unsere Vorstellung von der äußeren Welt vereinfachen und je mehr Gesetzmäßigkeiten wir in dieses Bild mit einbeziehen, um so deutlicher wird uns die harmonische Struktur des Alls.

Unser neuer Gedanke ist einfach: Wir wollen eine Physik ausarbeiten, die für alle Systeme gilt. Diese Aufgabe bringt formelle Komplikationen mit sich, und wir sehen uns genötigt, zu anderen als den bisher gebräuchlichen mathematischen Mitteln zu greifen. Hier wollen wir aber nur darauf eingehen, was im Zusammenhang mit der Ausführung unseres Vorhabens über die beiden Hauptprobleme, Gravitation und Geometrie, zu sagen ist.

Der Aufzug

Das Trägheitsgesetz bezeichnet den ersten großen Fortschritt der Physik, eigentlich sogar ihre Geburtsstunde. Es ergab sich aus der Analyse eines idealisierten Experiments mit einem Körper, der sich unaufhörlich fortbewegt, ohne durch Reibung oder andere äußere Kräfte daran gehindert zu werden. An diesem Beispiel wie an vielen weiteren sahen wir, welche große Bedeutung dem idealisierten, rein theoretischen Experiment zukommt. Auch hier wollen wir wieder mit idealisierten Experimenten arbeiten, und wenn diese uns auch seltsam vorkommen mögen, werden sie es uns doch gestatten, von der Relativitätstheorie wenigstens so viel zu verstehen, wie es bei unserem einfachen Verfahren überhaupt möglich ist.

Weiter oben haben wir mit einer gleichförmig bewegten Kabine experimentiert. Hier wollen wir sie nun zur Abwechslung einmal durch einen fallenden Aufzugskasten ersetzen.

Ein großer Aufzugskasten befindet sich im Dachgeschoß eines überdimensionalen Wolkenkratzers. Plötzlich reißt das Seil, und der Aufzug saust frei in die Tiefe. Drinnen befinden sich Beobachter, die während des Absturzes experimentieren. Luftwiderstand und Reibung können wir aus dem Spiel lassen, weil wir ja idealisierte Verhältnisse zugrunde legen. Einer der Beobachter nimmt ein Taschentuch und eine Uhr heraus und läßt beides los. Was geschieht mit den Gegenständen? Für einen draußen postierten Beobachter, der durch ein Fenster in den Aufzug hineinsehen kann, fallen Taschentuch und Uhr vollkommen gleichmäßig, also mit der gleichen Beschleunigung. Wir erinnern uns, daß die Beschleunigung eines fallenden Körpers von seiner Masse völlig unabhängig ist. Aus dieser Tatsache ergab sich ja die Äquivalenz von schwerer und träger Masse (S. 46). Wir erinnern uns weiters daran, daß die Äquivalenz von schwerer und träger Masse im Rahmen der klassischen Mechanik als etwas rein Zufälliges gewertet wurde und ohne Einfluß auf ihre Struktur blieb. Hier allerdings kommt dieser Äquivalenz, die in der gleichen Beschleunigung aller fallenden Körper zum Ausdruck kommt, entscheidende Bedeutung zu, bildet sie doch die Grundlage unseres ganzen Gedankenganges.

Kehren wir wieder zu unseren fallenden Gegenständen, dem Taschentuch und der Uhr, zurück. Für den Außenbeobachter fallen sie beide mit gleicher Beschleunigung. Dasselbe gilt für den Aufzugskasten samt seinen Wänden, seiner Decke und seinem Fußboden. Folglich wird sich auch der Abstand der beiden Gegenstände vom Fußboden nicht ändern. Für den Innenbeobachter bleiben sie genau dort, wo er sie losgelassen hat. Das Schwerefeld kann der Innenbeobachter ruhig ignorieren, da der Ursprung desselben außerhalb seines Systems liegt. Er stellt nur fest, daß im Aufzugskasten keine Kräfte auf die beiden Gegenstände einwirken. Sie ruhen genauso, als befänden sie sich in einem Inertialsystem. Es geht merkwürdig zu in diesem Aufzug! Wenn der Beobachter zum Beispiel einem Körper einen Stoß gibt, ganz gleich in welcher Richtung – sagen wir einmal nach oben oder unten –, so bewegt dieser sich so lange gleichförmig weiter, bis er gegen die Decke bzw. den Fußboden des Aufzugs stößt; kurz und gut: für den Beobachter in dem Aufzug haben die Gesetze der klassischen Mechanik Geltung. Alle Körper verhalten sich genauso, wie es nach dem Trägheitsgesetz von ihnen erwartet wird. Unser neues, fest mit dem frei fallenden Aufzug verbundenes System unterscheidet sich von einem vollkommenen Inertialsystem nur in einer Hinsicht: in einem Inertialsystem behält ein gleichförmig bewegter Körper, auf den keine Kräfte einwirken, nämlich ewig diesen Zustand bei; denn das Inertialsystem der klassischen Physik hat weder räumliche noch zeitliche Grenzen, und das ist nun eben bei unserem Beobachter in dem Aufzug nicht der Fall. Den Trägheitserscheinungen seines Systems sind vielmehr räumliche und zeitliche Grenzen gesetzt. Früher oder später wird ein darin gleichförmig bewegter Körper gegen die Aufzugswände stoßen, womit dann die gleichförmige Bewegung ihr Ende findet; und schließlich wird ja auch der ganze Aufzug früher oder später auf die Erde aufschlagen, und dann bleibt von den Beobachtern und ihren Experimenten überhaupt nichts mehr übrig. Das Aufzugssystem ist also nur eine „Taschenausgabe" eines echten Inertialsystems.

Der räumlich begrenzte Charakter des Systems ist andererseits aber auch wieder eine Vorbedingung für unser Experiment. Wenn der Aufzug nämlich so breit wäre, daß er vom Nordpol bis zum Äquator reichte, und wenn das Taschentuch über dem Nordpol, die Uhr dagegen über dem Äquator losgelassen würde, dann hätten die beiden Gegenstände für den Außenbeobachter keineswegs die gleiche Beschleunigung und würden daher nicht relativ zueinander ruhen. Damit wäre aber unsere ganze Überlegung über den Haufen geworfen. Die Abmessungen des Aufzugskastens müssen also in der Weise begrenzt sein, daß alle Körper darin relativ zum Außenbeobachter praktisch die gleiche Beschleunigung haben.

Mit dieser Einschränkung ist das System für den Innenbeobachter ein Inertialsystem. So bekommen wir doch wenigstens ungefähr eine Vorstellung von einem System, auf das alle physikalischen Gesetze zutreffen, wenn es auch zeitlich und räumlich begrenzt ist. Denken wir uns nun noch ein weiteres System, einen zweiten, relativ zu dem frei fallenden Kasten gleichförmig bewegten Aufzug hinzu, dann haben wir zwei Systeme, die beide im Rahmen ihrer räumlichen Begrenzung Inertialsysteme sind. In beiden herrschen durchweg die gleichen Gesetze, und die Umrechnungsformel für den Übergang von einem in das andere wird durch die Lorentz-Transformation geliefert.

Überlegen wir uns einmal, wie die beiden Beobachter, der draußen und der drinnen, die Vorgänge im Aufzugskasten schildern würden.

Der Außenbeobachter konstatiert die Bewegung des Aufzugskastens und aller darin befindlichen Gegenstände und bemerkt, daß diese Bewegung dem Newtonschen Gravitationsgesetz unterliegt. Für ihn ist die Bewegung nicht gleichförmig, sondern beschleunigt, was er dem Schwerefeld der Erde zuschreibt.

Eine Generation von Physikern, die in dem Aufzugskasten geboren und groß geworden wären, würde jedoch zu ganz anderen Resultaten gelangen. Diese Leute müßten glauben, sie lebten in einem Inertialsystem, und sie würden daher alle Naturgesetze auf ihren Aufzugskasten beziehen und mit Recht sagen, daß diese in ihrem System eine besonders einfache Form annehmen. Es wäre nur natürlich, wenn sie daraus schlössen, daß ihr Aufzug ruhe und ihr System ein Inertialsystem sei.

Um diese Diskrepanz zwischen den Feststellungen der beiden Beobachter innerhalb und außerhalb des Aufzugs kommen wir nicht herum. Jeder bezieht alle Vorgänge mit vollem Recht auf sein eigenes System, und beide Darstellungen lassen sich so abfassen, daß die eine so folgerichtig erscheint wie die andere.

Dieses Beispiel lehrt, daß es durchaus möglich ist, physikalische Phänomene auf zwei verschiedene Systeme zu beziehen und trotzdem konsequent zu beschreiben, selbst wenn die Systeme nicht gleichförmig gegeneinander bewegt werden. Dazu müssen wir allerdings als eine Art Brücke zwischen den beiden Systemen die Massenanziehung in Anspruch nehmen. Das Schwerefeld existiert nur für den Außenbeobachter, für den Insassen des Aufzugs dagegen nicht. Der Außenbeobachter konstatiert eine beschleunigte Bewegung des Aufzugskastens, die er dem Schwerefeld zuschreibt, während der drinnen seinen Aufzug für ruhend hält und von einem Schwerefeld nichts weiß. Der Hauptpfeiler dieser „Brücke“ aber, die uns eine Beschreibung der Vorgänge von beiden Systemen aus gestattet, ist die so hochbedeutsame Tatsache der Äquivalenz von schwerer und träger Masse. Ohne diese Erkenntnis, die der klassischen Mechanik noch fehlte, würde unsere Überlegung zu gar nichts führen.

Auch über diesen Punkt wollen wir uns an Hand eines idealisierten Experiments Klarheit verschaffen. Wir denken uns ein Inertialsystem, in dem das Trägheitsgesetz unumschränkte Geltung hat. Wir haben bereits geschildert, was sich in einem Aufzug abspielt, der in einem solchen Inertialsystem ruht. Jetzt ändern wir aber die Versuchsanordnung: Jemand befestigt draußen ein Seil und zieht den Kasten mit gleichbleibender Kraft in der aus der Skizze ersichtlichen Richtung fort. Wie er das macht, tut nichts zur Sache. Da in diesem System die Gesetze der Mechanik gelten, wird der Aufzug in der Bewegungsrichtung stetig beschleunigt.

Wieder wollen wir zusehen, was die beiden Beobachter zu den Vorgängen sagen, die sie in dem Aufzug beobachten.

Außenbeobachter: Mein System ist ein Inertialsystem. Der Aufzug bewegt sich mit konstanter Beschleunigung, da eine gleichbleibende Kraft auf ihn einwirkt. Die Beobachter drinnen nehmen an einer absoluten Bewegung teil, so daß die Gesetze der Mechanik für sie keine Geltung haben. Sie

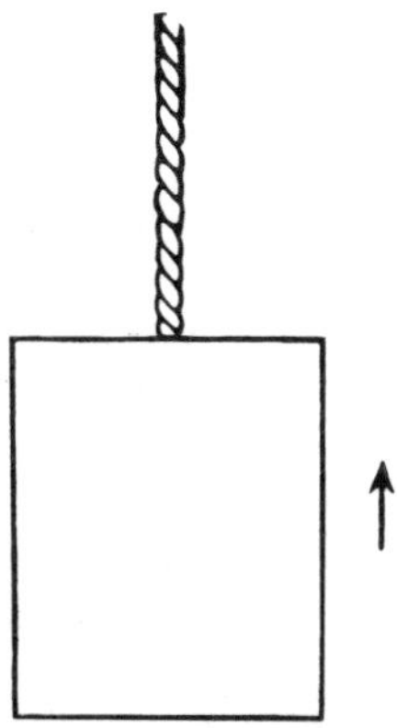

Fig. 64

sind nicht der Meinung, daß Körper, auf die keine Kräfte einwirken, sich im Ruhezustand befinden. Wenn man einen Körper losläßt, stößt er gleich mit dem Fußboden des Aufzugs zusammen, da dieser sich nach oben, auf den Körper zu, bewegt. Dieser Vorgang spielt sich immer in genau der gleichen Weise ab, ob man nun beispielsweise eine Uhr oder ein Taschentuch nimmt. Es kommt mir sehr merkwürdig vor, daß der Beobachter drinnen immer am „Fußboden" haftenbleibt; denn sowie er hochspringt, hat ihn der Fußboden auch schon wieder eingeholt.

Innenbeobachter: Ich habe keinen Grund zu der Annahme, daß mein Aufzug sich im Zustande der absoluten Bewegung befindet. Ich gebe zu, daß mein System, das ja mit dem Aufzug fest verbunden ist, nicht als Inertialsystem bezeichnet werden kann, doch wüßte ich nicht, was auf eine absolute Bewegung hindeuten sollte. Uhr, Taschentuch und alle sonstigen Gegenstände fallen zu Boden, weil der ganze Aufzug sich in einem Schwerefeld befindet. Ich kann bei mir genau die gleichen Bewegungsarten beobachten, die der Erdbewohner kennt. Er deutet sie sehr einfach, indem er sie einem Schwerefeld zuschreibt, und bei mir ist es eben genauso.

Beide Darstellungen, die des Außen- wie die des Innenbeobachters, sind in ihrer Art absolut folgerichtig, und wir haben keine Möglichkeit, zu entscheiden, welche die richtige ist. Es bleibt sich gleich, wovon wir bei der Beschreibung der Vorgänge im Aufzug ausgehen wollen, von der ungleichförmigen Bewegung ohne Schwerefeld, die der Außenbeobachter konstatiert hat, oder vom Ruhezustand im Schwerefeld, von der der Innenbeobachter spricht.

Nun glaubt der Außenbeobachter zwar, der Aufzug befände sich im Zustande der „absoluten" ungleichförmigen Bewegung, doch kann man eine Bewegung, die durch die Annahme eines wirkenden Schwerefeldes annulliert wird, andererseits wohl kaum als absolut ansehen.

Vielleicht gibt es doch einen Ausweg aus der durch diese beiden verschiedenen Auffassungen entstandenen Zwiespältigkeit. Vielleicht finden wir noch einen Anhaltspunkt, der uns Aufschluß darüber gibt, welche Auslegung wir gelten lassen sollen. Denken wir uns jetzt einmal einen Lichtstrahl, der durch ein Seitenfenster waagerecht in den Aufzug einfällt und natürlich nach einem sehr kurzen Moment schon die gegenüberliegende Wand erreicht. Wieder müssen unsere Beobachter mittun und uns sagen, welchen Verlauf der Lichtstrahl ihrer Meinung nach nehmen wird.

Der *Außenbeobachter*, der davon überzeugt ist, daß der Aufzug sich beschleunigt bewegt, würde sagen: Der Lichtstrahl geht durch das Fenster hinein und bewegt sich geradlinig, mit konstanter Geschwindigkeit, auf die gegenüberliegende Wand zu. Da der Aufzug jedoch steigt, verändert er während der Zeit, die der Lichtstrahl braucht, um die Wand zu erreichen, seine Lage. Folglich wird der Lichtstrahl die Wand an einer Stelle treffen, die dem Einfallspunkt nicht genau gegenüber, sondern ein wenig tiefer liegt. Die Verschiebung wird sehr gering sein, doch ist sie jedenfalls da, und der Lichtstrahl bewegt sich somit relativ zum

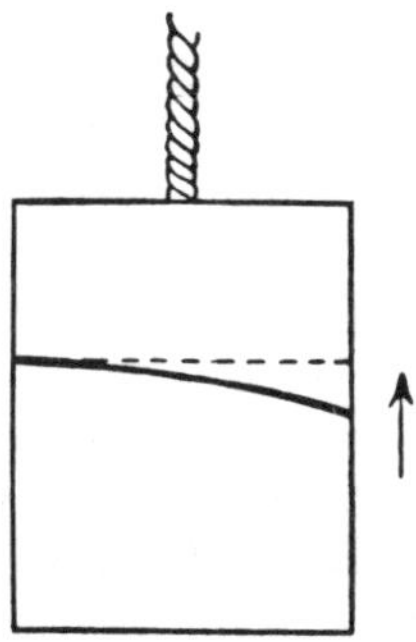

Fig. 65

Aufzug nicht geradlinig, sondern beschreibt eine leicht gekrümmte Linie. Wie groß diese Abweichung von der Geraden ist, hängt von dem Weg ab, den der Aufzug während der Zeit zurücklegt, die der Lichtstrahl zur Durchquerung des Kastens braucht.

Der *Innenbeobachter*, der in dem Glauben lebt, auf alle Gegenstände im Aufzug wirke ein Schwerefeld ein, würde folgendes vorbringen: Von einer beschleunigten Bewegung des Aufzugs kann nicht die Rede sein. Ich nehme vielmehr an, daß er sich in einem Schwerefeld befindet. Lichtstrahlen sind schwerelos und werden daher von Schwerefeldern nicht beeinflußt. Wenn der Strahl horizontal ankommt, wird er die Wand in einem Punkt treffen, der dem Einfallspunkt genau gegenüberliegt.

Nach dem Gesagten hat es den Anschein, als müßte der Streitfall sich entscheiden lassen, da der Versuch je nachdem, ob es sich um eine beschleunigte Bewegung ohne Schwerefeld oder um ein Ruhen im Schwerefeld handelt, anders ausfallen würde. Können wir jedoch keinem der beiden Beobachter einen Denkfehler nachweisen, wären wir genötigt, von unserem vorhin dargelegten Standpunkt abzugehen, und wir könnten eben doch nicht alle Vorgänge auf zwei verschiedene Arten – einmal mit und einmal ohne Schwerefeld und beide Male folgerichtig – beschreiben.

Zum Glück ist dem Insassen des Aufzugs ein schwerer Fehler unterlaufen, so daß wir doch bei unserer Feststellung von vorhin bleiben können. Er sagte nämlich: „Ein Lichtstrahl ist schwerelos und wird somit vom Schwerefeld nicht beeinflußt.“ Das kann aber nicht stimmen; denn ein Lichtstrahl besitzt Energie, und Energie besitzt Masse. Auch die träge Masse wird aber vom Schwerefeld angezogen, da träge und schwere Masse ja gleichwertig sind. Ein Lichtstrahl muß im Schwerefeld also genauso von seiner geradlinigen Bahn abgelenkt werden wie ein Körper, der mit Lichtgeschwindigkeit eine waagerechte Bahn beschreibt. Wenn der Insasse des Aufzugs seinen Irrtum richtigstellt und die Ablenkung der Lichtstrahlen im Schwerefeld berücksichtigt, kommt er zu genau den gleichen Resultaten wie der Außenbeobachter.

Das Schwerefeld der Erde ist natürlich zu schwach, als daß man die Ablenkung der Lichtstrahlen darin direkt durch das Experiment nachweisen könnte. Die berühmten Beobachtungen jedoch, die man bei verschiedenen Sonnenfinsternissen angestellt hat, erwiesen eindeutig, wenn auch auf indirektem Wege, daß die Lichtstrahlen tatsächlich von Schwerefeldern beeinflußt werden.

Diese Beispiele erfüllen uns mit neuer Zuversicht. Es muß uns doch noch gelingen, eine relativistische Physik auszuarbeiten. Vorerst haben wir uns allerdings gründlich mit dem Problem der Massenanziehung auseinanderzusetzen.

An dem Beispiel mit dem Aufzug haben wir gesehen, daß beide Darstellungen folgerichtig sind. Es ist ganz gleich, ob wir eine ungleichförmige Bewegung voraussetzen oder nicht. Wenn wir ein Schwerefeld annehmen, brauchen wir keine „absolute“ Bewegung mehr. Dann hat aber auch die ungleichförmige Bewegung nichts Absolutes mehr an sich. Wenn wir das Schwerefeld haben, können wir die ungleichförmige Bewegung vollkommen fallenlassen.

Wir wollen die Trugbilder „absolute Bewegung“ und „Inertialsystem“ nunmehr endgültig aus der Physik verbannen und an die Ausarbeitung einer neuen relativistischen Physik gehen. Unsere idealisierten Experimente zeigen, wie eng das Problem der allgemeinen Relativitätstheorie mit dem der Massenanziehung zusammenhängt und warum die Äquivalenz von schwerer und träger Masse für dieses Verhältnis von so grundlegender Bedeutung ist. Es versteht sich, daß die in der allgemeinen Relativitätstheorie enthaltene Lösung des Schwerkraftproblems von der Newtonschen abweichen muß. Auch die Gesetze der Massenanziehung werden wir wie alle anderen Naturgesetze so zu formulieren haben, daß sie für alle denkbaren Systeme Geltung haben, während die Gesetze der klassischen Mechanik Newtonscher Prägung nur auf Inertialsysteme anwendbar sind.

Geometrische Experimente

Unser nächstes Beispiel ist noch phantastischer als das mit dem fallenden Aufzug. Wir müssen an ein neues Problem herangehen, an die Verknüpfung der allgemeinen Relativitätstheorie mit der Geometrie. Beginnen wir mit der Schilderung einer Welt, in der nur zweidimensionale – und nicht, wie in der unsrigen, dreidimensionale – Wesen leben. Das Kino hat uns an den Anblick zweidimensionaler Wesen gewöhnt, die auf einer zweidimensionalen Leinwand agieren. Jetzt stellen wir uns vor, daß diese Schattengestalten, also die Schauspieler auf der Leinwand, wirklich existieren, daß sie denken und eine eigene Wissenschaft ausbilden können und daß die zweidimensionale Leinwand für sie ein geometrischer Raum ist. Diese Wesen sind nicht in der Lage, sich einen dreidimensionalen Raum plastisch vorzustellen, wie wir uns ja auch kein Bild von einer vierdimensionalen Welt machen können. Sie sind imstande, eine Gerade zu biegen, sie wissen, was ein Kreis ist, aber sie können keine Kugel konstruieren, weil sie dazu aus ihrer zweidimensionalen Leinwand heraustreten müßten. Wir sind in einer ähnlichen Lage. Wir können Linien und Flächen biegen und krümmen, aber einen gebogenen und gekrümmten dreidimensionalen Raum können wir uns kaum ausmalen.

Wenn unsere Schattengestalten nun wirklich leben, denken und experimentieren, so können sie sich schließlich eine Kenntnis der zweidimensionalen Euklidischen Geometrie aneignen. Damit könnten sie zum Beispiel beweisen, daß die Winkelsumme im Dreieck 180° beträgt. Sie könnten ferner zwei Kreise mit gemeinsamem Mittelpunkt konstruieren, einen sehr kleinen und einen großen, und sie würden dann feststellen, daß das Verhältnis der Umfänge zweier solcher Kreise gleich dem Verhältnis ihrer Radien ist – ein Ergebnis, das wiederum für die Euklidische Geometrie charakteristisch ist. Wenn die Leinwand unendlich groß wäre, würden diese Schattengestalten schließlich erkennen, daß sie niemals zu ihrem Ausgangspunkt zurückkehren könnten, wenn sie sich geradlinig fortbewegten.

Denken wir uns diese zweidimensionalen Wesen nun einmal in veränderte Verhältnisse versetzt. Stellen wir uns vor, daß jemand sie von außen, von der „dritten Dimension" her, von der Leinwand herunternimmt und auf die Oberfläche einer Kugel mit sehr großem Radius setzt. Wenn die Schattengestalten im Verhältnis zu der ganzen Oberfläche sehr klein sind, wenn sie kein Fernverkehrsmittel haben und sich nicht sehr weit fortbewegen können, so werden sie von der Veränderung überhaupt nichts merken. Die Winkelsumme in kleinen Dreiecken beträgt nach wie vor 180°.

Zwei kleine Kreise mit gemeinsamem Mittelpunkt weisen noch immer ein gleiches Verhältnis der Radien zu den Umfängen auf, und eine geradlinige Fortbewegung führt sie niemals zu ihrem Ausgangspunkt zurück.

Nun sollen diese Schattenwesen aber im Laufe der Zeit ihr theoretisches und technisches Wissen vervollkommnen. Nehmen wir an, sie entwickeln ein Verkehrsmittel, das sie in den Stand setzt, rasch große Entfernungen zurückzulegen. Sie werden dann feststellen, daß sie schließlich doch einmal zu ihrem Ausgangspunkt zurückkehren, wenn sie sich geradlinig fortbewegen. „Geradlinig" heißt: entlang des größten Kreises der Kugel. Sie werden ferner erkennen, daß das Verhältnis zweier Kreise mit gemeinsamem Mittelpunkt nicht gleich dem Verhältnis der Radien ist, sofern der eine Radius klein und der andere groß ist.

Wenn unsere zweidimensionalen Geschöpfe konservativ sind, wenn sie seit Generationen – seit der Zeit, da sie noch nicht weit reisen konnten und da diese Geometrie noch mit den beobachteten Tatsachen übereinstimmte – im Sinne der Euklidischen Geometrie zu denken gelernt haben, dann werden sie bestimmt alles tun, was in ihrer Macht steht, um trotz ihrer Meßergebnisse daran festzuhalten. Sie könnten versuchen, diese Unstimmigkeiten auf die Physik abzuwälzen, könnten irgendwelche physikalische Ursachen, sagen wir Temperaturunterschiede, heranziehen und sagen, diese führten zu einer Deformation der Linien und zu Abweichungen von der Euklidischen Geometrie. Früher oder später werden sie aber doch feststellen müssen, daß man diese Dinge auf andere Art und Weise viel logischer und einleuchtender erklären kann. Sie werden schließlich erkennen, daß ihre Welt durchaus endlich, aber nach anderen geometrischen Prinzipien als denen gebaut ist, die man sie gelehrt hat. Sie werden sie als zweidimensionale Kugelfläche verstehen lernen, wenn sie sich das auch nicht plastisch vorstellen können. Bald werden sie mit neuen geometrischen Prinzipien bekannt, die zwar von anderer Art sind als die euklidischen, dabei aber doch genauso folgerichtig und logisch wie diese auf die Verhältnisse in ihrer zweidimensionalen Welt zugeschnitten werden können. Eine neue Generation, der man gleich von vornherein die sphärische Geometrie beibringt, wird die alte euklidische kompliziert und unnatürlich finden, da sie sich ja nicht mit den beobachteten Tatsachen verträgt.

Nun aber zurück zu den dreidimensionalen Wesen in unserer Welt.

Was heißt es, wenn wir sagen, unser dreidimensionaler Raum sei ein euklidischer? Nun, nichts weiter, als daß alle logisch einwandfrei bewiesenen Sätze der Euklidischen Geometrie sich durch das praktische Experiment erhärten lassen müssen. Aus starren Körpern oder Lichtstrahlen können wir Objekte konstruieren, die den idealisierten Figuren der Euklidischen Geometrie gleichen. So entspricht die Kante eines Lineals, entspricht ein Lichtstrahl der Geraden, beträgt die Winkelsumme eines aus dünnen, festen Stäben gebauten Dreiecks 180° und ist das Verhältnis der Radien zweier aus dünnem, nicht biegsamem Draht hergestellter Kreise mit gemeinsamem Mittelpunkt gleich dem Verhältnis ihrer Umfänge. So gesehen, wird die Euklidische Geometrie zu einem allerdings sehr simplen Sachgebiet der Physik.

Wir können uns aber auch vorstellen, daß sich in dieser Beziehung Diskrepanzen zeigen, zum Beispiel, daß die Winkelsumme in einem großen Dreieck aus Stäben, die bisher aus verschiedenen Gründen für starr gehalten wurden, nicht mehr 180° beträgt. Da die konkrete Darstellung von Figuren der Euklidischen Geometrie aus festen Körpern uns mittlerweile schon zur Selbstverständlichkeit geworden ist, werden wir vielleicht nach irgendeiner physikalischen Kraft forschen, der man derartige unvorhergesehene Unregelmäßigkeiten zuschreiben könnte. Wir werden weiters die physikalischen Gesetze, denen diese Kraft unterworfen ist, und ihren Einfluß auf andere Vorgänge zu ergründen suchen. Vielleicht könnten wir sagen, um die Euklidische Geometrie zu retten, die Objekte seien nicht wirklich starr und entsprächen somit nicht genau den Begriffen der Euklidischen Geometrie. Wir könnten auch zusehen, ob wir nicht vielleicht geeignetere Gegenstände finden, deren Verhalten sich ganz und gar mit den Forderungen der Euklidischen Geometrie vereinbaren läßt. Sollte es uns allerdings auch dann nicht gelingen, Euklidische Geometrie und Physik zu einem einfachen, harmonischen Ganzen zu verschmelzen, dann müßten wir den Gedanken, daß unser Raum euklidisch sei, eben aufgeben und uns um ein einleuchtenderes Weltbild bemühen, das im Hinblick auf den geometrischen Charakter des Raumes auf allgemeineren Annahmen beruht.

Daß wir um diese Maßnahme nicht herumkommen, läßt sich an einem idealisierten Experiment klarmachen, aus dem sich einwandfrei ergibt, daß eine wahrhaft relativistische Physik nicht auf der Euklidischen Geometrie aufgebaut werden kann. Wir wollen in unseren Gedankengang all das einbeziehen, was wir bereits über Inertialsysteme und die spezielle Relativitätstheorie in Erfahrung gebracht haben.

Denken wir uns eine große Scheibe, auf der zwei Kreise mit gemeinsamem Mittelpunkt, ein sehr kleiner und ein sehr großer, eingezeichnet sind. Die Scheibe rotiert schnell, und zwar relativ zu einem von ihr unabhängigen Beobachter. Ein zweiter Beobachter soll sich auf der Scheibe selbst befinden. Weiters wollen wir annehmen, daß das System des Außenbeobachters ein Inertialsystem sei. Der Außenbeobachter zeichnet nun in sein Inertialsystem ebenfalls zwei Kreise ein, einen großen und auch einen kleinen, die sich mit den beiden anderen vollkommen decken, jedoch in seinem System ruhen. In seinem System, das ja ein Inertialsystem ist, gilt die Euklidische Geometrie unumschränkt, und so wird er feststellen, daß das Verhältnis der Umfänge gleich dem der Radien ist. Aber zu welchem Ergebnis gelangt nun der Beobachter auf der Scheibe? Im Sinne der klassischen Physik und auch der speziellen Relativitätstheorie ist sein System „tabu“. Wollen wir die physikalischen Gesetze jedoch so umarbeiten, daß sie für alle denkbaren Systeme gelten, dann müssen wir den Beobachter auf der Scheibe genauso ernst nehmen wie den in dem Inertialsystem. Sehen wir uns einmal von außen an, wie der Scheibenbeobachter die Umfänge und Radien der Kreise auf der rotierenden Scheibe mißt. Er benutzt denselben kleinen

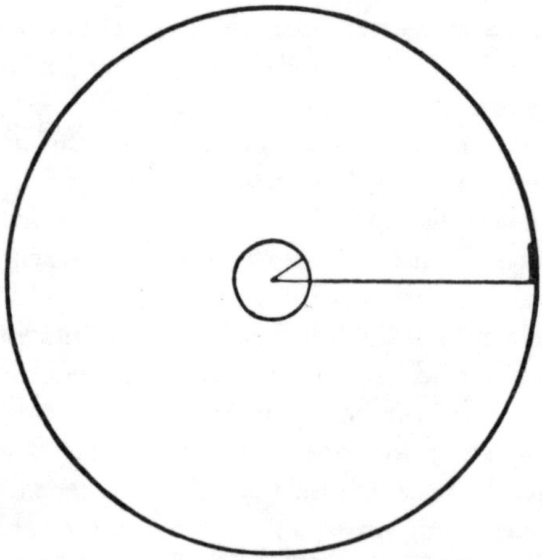

Fig. 66

Maßstab wie der Außenbeobachter, das heißt, er läßt sich von dem Außenbeobachter dessen Stab herüberreichen oder nimmt zumindest einen von zwei Stäben, die genau gleich lang sind, wenn sie in ein und demselben System ruhen.

Wenn der Innenbeobachter nun darangeht, zunächst Radius und Umfang des kleinen Kreises zu messen, so muß er dasselbe herausbekommen wie der Außenbeobachter; denn die Rotationsachse der Scheibe geht durch ihren Mittelpunkt, und die in der Nähe des Mittelpunktes gelegenen Teile der Scheibe drehen sich daher sehr langsam. Wenn der Kreis nur klein genug ist, können wir ohne weiteres mit der klassischen Mechanik arbeiten und die spezielle Relativitätstheorie einstweilen noch aus dem Spiel lassen. Da der Stab also in diesem Falle für den Außenbeobachter genauso lang ist wie für den Innenbeobachter, werden beide zu dem gleichen Meßergebnis gelangen. Nun will der Beobachter auf der Scheibe den Radius des großen Kreises messen. Wenn der Stab an den Radius gelegt wird, bewegt er sich für den Außenbeobachter. Er zieht sich allerdings nicht zusammen und wird daher beiden Beobachtern gleich lang erscheinen; denn die Bewegung verläuft ja senkrecht zu seiner Längserstreckung. Drei Messungen fallen also bei beiden Beobachtern gleich aus: die der beiden Radien und die des kleinen Kreisumfanges. Bei der vierten Messung sieht die Sache allerdings anders aus; denn der große Kreisumfang hat für jeden der beiden Beobachter eine andere Länge. Wird der Stab auf den äußeren Kreis gelegt, so zeigt er in die Bewegungsrichtung und erscheint dem Außenbeobachter somit im Vergleich zu seinem ruhenden Stab verkürzt. Das kommt daher, weil die Geschwindigkeit außen natürlich bedeutend größer ist als im Bereich des Innenkreises, so daß die Kontraktion hier berücksichtigt werden muß. Wenn wir also die Erkenntnisse in unseren Gedankengang einbauen, die wir der speziellen Relativitätstheorie zu verdanken haben, so kommen wir zu dem Schluß, daß die beiden Beobachter für die Länge des großen Kreisumfanges verschiedene Werte finden müssen. Wenn aber auch nur eine einzige der vier Längenbestimmungen bei einem der beiden Beobachter anders ausfällt, kann das Verhältnis der beiden Radien für den Innenbeobachter nicht, wie für den äußeren, gleich dem der Umfänge sein. Das heißt aber, daß der Beobachter auf der Scheibe die Sätze der Euklidischen Geometrie in seinem System nicht bestätigt findet.

In dieser Situation könnte der Scheibenbeobachter sagen, daß er sich mit Systemen, in denen die Euklidische Geometrie keine Geltung hat, gar nicht abzugeben gedenke. An dem Versagen der Euklidischen Geometrie sei die absolute Rotationsbewegung der Scheibe schuld, die sein System zu einem „schlechten“ und unzulässigen mache. Diese Auffassung verträgt sich nun allerdings wieder nicht mit dem Grundgedanken der allgemeinen Relativitätstheorie. Wollen wir aber andererseits die absolute Bewegung ablehnen und an dem Gedanken der allgemeinen Relativitätstheorie festhalten, dann muß die Physik auf einer allgemeineren als der Euklidischen Geometrie aufgebaut werden. Wenn wirklich alle Systeme gleichwertig sein sollen, können wir uns dieser Konsequenz nicht entziehen.

Nun bleiben die von der allgemeinen Relativitätstheorie geforderten Abänderungen aber keineswegs auf das Räumliche beschränkt. Im Rahmen der speziellen Relativitätstheorie haben wir noch mit Uhren gearbeitet, die in ihrem jeweiligen System ruhten, gleich schnell gingen und synchronisiert waren, das heißt im gleichen Augenblick alle dieselbe Zeit anzeigten. Was geschieht nun aber in anderen als den Inertialsystemen mit den Uhren? Wieder kommen wir auf das idealisierte Experiment mit der Scheibe zurück. Der Außenbeobachter hat in seinem Inertialsystem ideale Uhren, die alle gleich schnell gehen und synchronisiert sind. Der Innenbeobachter nimmt nun zwei Uhren der gleichen Art und legt eine davon auf den kleinen inneren und die andere auf den großen äußeren Kreis. Die Uhr auf dem Innenkreis bewegt sich relativ zum Außenbeobachter sehr langsam, so daß wir ohne weiteres sagen können, sie ginge genauso schnell wie die Uhren außerhalb der Scheibe. Die auf dem großen Kreis entwickelt jedoch eine beträchtliche Geschwindigkeit und wird demgemäß anders gehen als die des Außenbeobachters und auch als die auf dem kleinen Kreis. Die beiden rotierenden Uhren gehen also verschieden schnell, und wir sehen, daß wir bei Berücksichtigung der Errungenschaften der speziellen Relativitätstheorie in unserem rotierenden System nichts nach dem Muster des Inertialsystems einrichten können.

Um darüber ins klare zu kommen, welche Schlüsse sich aus diesem und den zuvor geschilderten idealisierten Experimenten ziehen lassen, wollen wir noch einmal den alten Physiker, A, der noch auf dem Boden der klassischen Physik steht, mit dem modernen, M, sprechen lassen, der bereits die allgemeine Relativitätstheorie kennt. A ist gleichzeitig der Außenbeobachter in dem Inertialsystem, während M sich auf der rotierenden Scheibe befindet.

A: In Ihrem System hat die Euklidische Geometrie keine Geltung. Ich habe Ihre Messungen mit angesehen und gebe zu, daß das Verhältnis der beiden Umfänge in Ihrem System nicht gleich dem der beiden Radien ist. Daraus folgt aber nur, daß man Ihr System nicht als Bezugssystem wählen darf. Mein System dagegen ist ein Inertialsystem, und so kann ich ohne weiteres mit der Euklidischen Geometrie arbeiten. Ihre Scheibe befindet sich im Zustand der absoluten Bewegung und stellt somit im Sinne der klassischen Physik ein unstatthaftes System dar, auf das die Gesetze der Mechanik nicht zutreffen.

M: Von absoluter Bewegung will ich nichts wissen. Mein System ist genauso „gut" wie Ihres. Ich habe meinerseits nämlich das Empfinden gehabt, als hätten Sie sich relativ zu meiner Scheibe gedreht. Niemand kann mich daran hindern, alle Bewegungen auf meine Scheibe zu beziehen.

A: Haben Sie denn gar nicht gespürt, wie Sie ständig von einer eigentümlichen Kraft vom Mittelpunkt Ihrer Scheibe weggezogen worden sind? Wenn Ihre Scheibe nicht den Charakter eines rasch herumwirbelnden Karussells hätte, dann hätten Sie sicherlich auch nicht die beiden besagten Dinge beobachten können; weder die Kraft, die Sie nach außen drängte, noch den Umstand, daß die Euklidische Geometrie sich auf Ihr System nicht anwenden läßt. Reicht das nicht aus, um Sie zu überzeugen, daß Ihr System sich absolut bewegt?

M: Keineswegs! Freilich habe ich die beiden Dinge bemerkt, von denen Sie sprechen, doch schreibe ich sie einem eigenartigen Schwerefeld zu, das auf meine Scheibe einwirkt. Das Schwerefeld, das gegen den äußeren Rand meiner

Scheibe gerichtet ist, deformiert meine festen Stäbe und ändert den Gang meiner Uhren. Schwerefeld, nichteuklidische Geometrie, verschieden gehende Uhren – alles das hängt für mich eng zusammen. Wenn ich alle Systeme als gleichwertig ansehe, dann muß ich zur gleichen Zeit ein entsprechendes Schwerefeld samt seinen Auswirkungen auf feste Stäbe und Uhren postulieren.

A: Sind Sie sich aber auch über die Schwierigkeiten im klaren, die sich aus Ihrer allgemeinen Relativitätstheorie

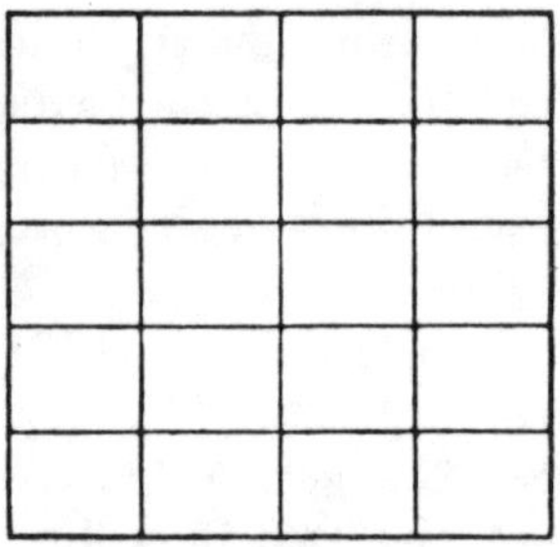

Fig. 67

ergeben? Ich werde Ihnen an einem einfachen, nichtphysikalischen Beispiel zeigen, was ich meine. Denken wir uns eine idealisierte amerikanische Stadt mit parallelen Hauptstraßen und rechtwinklig dazu verlaufenden, ebenfalls parallelen Nebenstraßen. Alle Haupt- und Nebenstraßen sind in regelmäßigen Abständen angeordnet. Unter dieser Voraussetzung müssen alle Häuserblocks genau gleich groß sein, und ich kann somit ohne weiteres die Lage jedes beliebigen Blocks angeben. Eine solche Konstruktion wäre ohne Euklidische Geometrie undenkbar. Unsere Erde können wir zum Beispiel nicht mit einem derartigen Gitter überziehen, worüber uns ein einziger Blick auf den Globus belehrt. Aber auch auf Ihrer Scheibe geht das nicht. Sie geben an, Ihre Stäbe würden durch das Schwerefeld deformiert. Die Tatsache, daß es Ihnen nicht gelungen ist, das Euklidische

Theorem von der Gleichheit der Verhältnisbeziehungen der Radien und Umfänge zu bestätigen, zeigt deutlich, daß Sie bei dem Versuch, größere Gebiete Ihrer Scheibe mit einem regelmäßigen Netz zu überziehen, früher oder später auf Schwierigkeiten stoßen und feststellen müssen, daß Sie damit nicht zu Rande kommen. Die Geometrie Ihrer rotierenden Scheibe ähnelt derjenigen einer gekrümmten Fläche, auf der man ja natürlich auch nichts mit einem Netz der geschil-

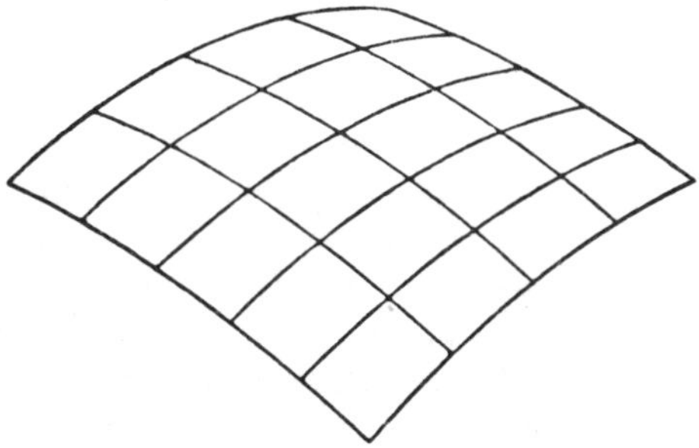

Fig. 68

derten Art anfangen kann, wenn man es über einen entsprechend großen Teil derselben ausdehnen will. Nun noch ein mehr physikalisches Beispiel: Auf eine unregelmäßig erwärmte Ebene soll ein aus kleinen Eisenstäben (die sich ja bekanntlich bei Erwärmung ausdehnen) bestehendes regelmäßiges Gitter aufgelegt werden, wie es in Figur 67 dargestellt ist. Geht das? Natürlich nicht! Hier bereiten uns die Temperaturdifferenzen die gleichen Schwierigkeiten, an denen bei Ihren Stäben das „Schwerefeld", wie Sie es nennen, schuld sein soll.

M: Das alles stört mich aber nicht besonders. Das Netz wird für die Lagebestimmung von Punkten gebraucht, wie man mit der Uhr die Reihenfolge von Ereignissen festlegt. Es braucht aber gar nicht nach dem Muster einer amerikanischen Stadt angelegt zu sein, es geht auch mit dem Straßennetz einer alteuropäischen, um bei unserem Vergleich zu bleiben. Stellen Sie sich Ihr idealisiertes Straßennetz nur einmal in Plastilin geformt vor und nehmen Sie an, dieses Gebilde würde deformiert. Auch dann kann ich aber noch die Blocks abzählen und die Haupt- und Nebenstraßen erkennen, nur sind sie nicht mehr geradlinig und nicht mehr in regelmäßigen Abständen angeordnet. Genauso kann man auf unserer Erdkugel die Lage von Punkten nach ihrer geographischen Länge und Breite angeben, obwohl wir kein Gitter nach Art des amerikanischen Straßennetzes dazu verwenden.

A: Ich sehe aber immer noch eine Schwierigkeit. Sie sind genötigt, mit Ihrem „europäischen Stadtplan" zu arbeiten. Ich gebe zu, daß Sie damit Punkte oder Ereignisse schematisieren können, doch werden Sie auf diese Weise sämtliche Entfernungsmessungen über den Haufen werfen. Ihre Anlage läßt nämlich im Gegensatz zu der meinen keine Schlüsse auf die *metrischen Eigenschaften* des Raumes zu. Ein Beispiel: In meiner amerikanischen Stadt weiß ich, daß ich zehn Blocks weit zu gehen habe, wenn ich das Doppelte der Gesamtlänge von fünf Blocks zurücklegen will. Ich weiß ja, daß alle Blocks gleich lang sind, und so kann ich die Entfernungen unmittelbar von meiner Konstruktion ablesen.

M: Das ist richtig. Bei meinem „europäischen Stadtplan" kann ich Entfernungen nicht einfach durch die Anzahl der deformierten Blocks ausdrücken. Ich brauche noch etwas dazu, nämlich eine Kenntnis der geometrischen Eigenschaften meiner Fläche. Es ist ja allgemein bekannt, daß zehn Längengrade am Äquator entfernungsmäßig nicht dasselbe sind wie zehn Grade in der Nähe des Nordpols. Jeder Navigator weiß jedoch, wie man die Entfernung zwischen zwei Punkten der Erdoberfläche bestimmt, weil er eben ihre geometrischen Eigenschaften kennt. Er macht das entweder durch Berechnung nach den Prinzipien der sphärischen Trigonometrie oder experimentell, indem er die betreffende Strecke mit gleichmäßiger Geschwindigkeit per Schiff abfährt. Bei Ihrer „amerikanischen Stadt" liegt die Sache sehr einfach, weil ja alle Haupt- und Nebenstraßen in regelmäßigen Abständen angeordnet sind. Im Falle der Erdoberfläche ist es etwas schwieriger; denn die Meridiane, die am Äquator verhältnismäßig weit voneinander entfernt sind, schneiden sich an den Polen. Genauso brauche ich in meiner „europäischen Stadt" für die Bestimmung von Entfernungen noch zusätzliche Angaben, die bei Ihrer „amerikanischen Stadt" wegfallen. Diese zusätzlichen Angaben kann ich mir dadurch verschaffen, daß ich in jedem einzelnen Falle die geometrischen Eigenschaften meines Kontinuums untersuche.

A: Das alles beweist aber nur, wie unzweckmäßig und erschwerend es ist, die Euklidische Geometrie mit ihrer einfachen Struktur gegen das verwickelte Gerüst einzutauschen, das Sie verwenden wollen. Ist das wirklich notwendig?

M: Ich fürchte, ja; jedenfalls wenn wir unsere Physik auf alle Systeme anwenden wollen, ohne mit dem mysteriösen Inertialsystem zu arbeiten. Ich sehe ein, daß mein mathematisches Rüstzeug komplizierter ist als das Ihre, dafür sind aber meine physikalischen Annahmen einfacher und sinnvoller.

In dieser Diskussion war nur von zweidimensionalen Kontinua die Rede. Bei der allgemeinen Relativitätstheorie liegt der Fall allerdings noch komplizierter, weil wir es da nicht mit einem zweidimensionalen, sondern mit dem vierdimensionalen Raum-Zeit-Kontinuum zu tun haben. Die Grundprinzipien bleiben allerdings die gleichen. In der allgemeinen Relativitätstheorie können wir nicht wie bei der speziellen mit dem mechanischen Gerüst aus Parallelen und rechtwinklig dazu angeordneten Stäben sowie mit synchronisierten Uhren arbeiten. In einem beliebigen System lassen sich die räumlichen und zeitlichen Koordinaten eines Ereignisses nicht mehr mit festen Stäben und gleich schnell gehenden synchronisierten Uhren bestimmen, was im Inertialsystem der speziellen Relativitätstheorie noch möglich war.

Aber auch mit unseren nichteuklidischen Stäben und ungleich gehenden Uhren können wir die Ereignisse schematisch ordnen; regelrechte Messungen mit festen Stäben und vollkommen gleich schnell gehenden und synchronisierten Uhren kann man jedoch nur in einem örtlich begrenzten Inertialsystem vornehmen. Auf ein solches kann man auch die gesamte spezielle Relativitätstheorie ohne weiteres anwenden, doch hat unser „gutes" System eben nur lokalen Charakter; seine Inertialeigenschaften sind räumlich und zeitlich begrenzt. Selbst von unserem beliebigen System aus können wir die Ergebnisse der in einem lokalen Inertialsystem vorgenommenen Messungen vorhersagen, nur bedarf es dazu einer Kenntnis der geometrischen Beschaffenheit unseres Raum-Zeit-Kontinuums.

Die besprochenen idealisierten Experimente vermitteln uns natürlich nur einen allgemeinen Eindruck vom Wesen der neuen relativistischen Physik. Sie zeigen uns, daß die Massenanziehung das Grundproblem darstellt, und ferner, daß die allgemeine Relativitätstheorie zu einer weiteren Verallgemeinerung der Begriffe „Raum" und „Zeit" führt.

Der Gedanke der allgemeinen Relativität und seine Verifikation

Die allgemeine Relativitätstheorie stellt einen Versuch zur Aufstellung physikalischer Gesetze dar, die für alle Systeme gelten. Das Grundproblem ist das der Massenanziehung, und die Theorie kann so als erster ernst zu nehmender Ansatz zu einer Neuformulierung des Gravitationsgesetzes seit Newton angesehen werden. Ist eine solche Neuformulierung nun aber wirklich notwendig? Wir haben doch gesehen, was mit der Lehre Newtons alles geleistet wurde und welchen gewaltigen Aufschwung die Astronomie seinem Gravitationsgesetz zu verdanken hat. Noch heute bildet das Newtonsche Gesetz die Grundlage für alle astronomischen Berechnungen. Was hat es dann aber mit den Einwänden auf sich, die gegen die alte Theorie erhoben werden? Nun, Newtons Gesetze gelten nur für das Inertialsystem der klassischen Physik, für Systeme also, die, wie wir uns erinnern wollen, die Eigenart haben, daß die Gesetze der Mechanik darin unumschränkte Geltung haben. Die zwischen zwei Massen wirkende Kraft hängt von ihrem gegenseitigen Abstand ab. Die Verhältnisbeziehung zwischen Kraft und Abstand ist, wie wir schon wissen, im Sinne der klassischen Transformation invariabel. Dieses Gesetz fügt sich jedoch nicht in den Rahmen der speziellen Relativitätstheorie, derzufolge der Abstand, im Sinne der Lorentz-Transformation, nicht invariabel ist. Wir könnten versuchen – wie wir es bei den Bewegungsgesetzen mit so gutem Erfolg getan haben –, das Gravitationsgesetz so zu verallgemeinern, daß es sich mit der speziellen Relativitätstheorie vereinbaren läßt, oder, anders ausgedrückt, es so zu formulieren, daß es im Sinne der Lorentz-Transformation – und nicht der klassischen – invariabel ist. Das Newtonsche Gravitationsgesetz hat jedoch allen unseren Bemühungen, es zu vereinfachen und in die spezielle Relativitätstheorie einzugliedern, hartnäckig getrotzt. Aber selbst wenn uns das gelänge, wären wir noch nicht am Ziel. Dann bliebe noch immer der Übergang vom Inertialsystem der speziellen Relativitätstheorie zum beliebigen System der allgemeinen Relativitätstheorie. Die idealisierten Versuche mit dem fallenden Aufzug zeigen andererseits mit aller Deutlichkeit, daß ohne eine Lösung des Gravitationsproblems keine Formulierung der allgemeinen Relativitätstheorie möglich ist. Aus unserer Überlegung ist auch ersichtlich, warum das Gravitationsproblem in der allgemeinen Relativitätstheorie anders gelöst werden muß als in der klassischen Physik.

Wir haben uns bemüht, den Weg zu zeigen, der zur allgemeinen Relativitätstheorie hinführt, und die Gründe anzugeben, die uns zwingen, unsere alten Ansichten nochmals zu revidieren. Ohne auf formelle Fragen näher einzugehen, wollen wir uns jetzt einige Punkte der neuen Gravitationstheorie vornehmen und sie mit den entsprechenden Aspekten der alten vergleichen. Nach alldem, was wir schon besprochen haben, dürfte es uns nicht übermäßig schwerfallen, die zwischen beiden Theorien bestehenden Unterschiede ihrem Wesen nach zu erfassen.

1. Die Gravitationsgleichungen der allgemeinen Relativitätstheorie können auf jedes beliebige System angewandt werden. Wenn wir trotzdem in bestimmten Fällen ein bestimmtes System wählen, so geschieht das nur aus Zweckmäßigkeitsgründen. Theoretisch sind alle Systeme zulässig. Wenn wir die Massenanziehung aus dem Spiel lassen, kommen wir ganz automatisch auf das Inertialsystem der speziellen Relativitätstheorie zurück.

2. Newtons Gravitationsgesetz stellt den Zusammenhang her zwischen der Bewegung eines Körpers an einem bestimmten Ort und in einem bestimmten Zeitpunkt und dem gleichzeitig wirksamen Einfluß eines anderen, weit entfernten Körpers. Dieses Gesetz liegt der ganzen mechanistischen Denkweise gleichsam als Muster zugrunde. Das mechanistische Denken wurde aber dann ad absurdum geführt, und in Maxwells Gleichungen fanden wir ein neues Muster für die Aufstellung von Naturgesetzen. Die Maxwellschen Gleichungen sind strukturelle Gesetze. Sie stellen den Zusammenhang her zwischen Vorgängen, die sich in einem bestimmten Punkt und einem bestimmten Augenblick abspielen, und Ereignissen, die ein wenig später in der unmittelbaren Nachbarschaft eintreten. Es sind Gesetze für die Wandlungen des elektromagnetischen Feldes. Unsere neuen Gravitationsgleichungen nun sind ebenfalls strukturelle Gesetze; nur gelten sie für Veränderungen des Schwerefeldes. Vom Formellen ausgehend, könnten wir sagen, der Übergang von Newtons Gravitationsgesetz zur allgemeinen Relativitätstheorie ähnele in gewisser Weise

dem von der Theorie der elektrischen Fluida und Coulombs Gesetz zur Maxwellschen Theorie.

3. Unsere Welt ist nichteuklidisch. Ihre geometrische Beschaffenheit wird durch Massen und deren Geschwindigkeiten bestimmt. Die Gravitationsgleichungen der allgemeinen Relativitätstheorie sind ein Versuch zur Bestimmung der geometrischen Eigenschaften unserer Welt.

Nehmen wir einmal versuchsweise an, es wäre uns gelungen, das Programm der allgemeinen Relativitätstheorie konsequent durchzuführen. Laufen wir dabei nicht Gefahr, uns mit unseren Spekulationen zu weit von der Wirklichkeit zu entfernen? Wir wissen doch, wie gut man mit der alten Theorie die astronomischen Beobachtungen deuten kann. Gibt es nicht eine Möglichkeit zur Überbrückung der Kluft, die sich zwischen der neuen Theorie und der Beobachtung auftut? Nun, jede Spekulation muß experimentell nachgeprüft werden, und die Resultate, so verlockend sie auch sein mögen, sind unbrauchbar, wenn sie sich mit den Tatsachen nicht vereinbaren lassen. Wie hat die neue Gravitationstheorie diese Prüfung bestanden? Die Antwort läßt sich in einen einzigen Satz fassen: Die alte Theorie ist ein spezieller Grenzfall der neuen. Wenn die Gravitationskräfte verhältnismäßig schwach sind, so erweist sich das Newtonsche Gesetz als brauchbare Annäherung an die neuen Gravitationsgesetze. Somit können alle Beobachtungen, die für die Richtigkeit der klassischen Theorie zeugen, auch als Bestätigung der allgemeinen Relativitätstheorie gewertet werden. Aus der neuen Theorie läßt sich, obwohl sie eine Stufe höher steht, auch die alte wieder ableiten.

Selbst wenn keine zusätzlichen Beobachtungen für die neue Theorie sprächen, wenn sie keine bessere Deutung des Naturgeschehens böte als die alte, sondern nur eine gleichwertige, müßten wir uns doch, hätten wir die freie Wahl zwischen beiden, für die neue entscheiden. Die Gleichungen der neuen Theorie sind in formeller Hinsicht komplizierter, doch basieren sie, was ihre Grundprinzipien anbelangt, auf viel einfacheren Voraussetzungen. Die beiden Schreckgespenster – absolute Zeit und Inertialsystem – sind gebannt, die Äquivalenz von schwerer und träger Masse ist berücksichtigt, und es bedarf bezüglich der Gravitationskräfte und ihrer Abhängigkeit von der Entfernung keines Postulats mehr. Die Gravitationsgleichungen haben wie alle physikalischen Gesetze seit dem Aufkommen der Feldtheorie mit allen ihren großen Errungenschaften die Form struktureller Gesetze.

Aus den neuen Gravitationsgesetzen lassen sich aber auch einige neue Folgerungen ableiten, die das Newtonsche Gesetz uns vorenthält. Eine davon, die Ablenkung der Lichtstrahlen im Schwerefeld, haben wir bereits erwähnt, zwei weitere sollen jetzt besprochen werden.

Wenn die alten Gesetze für Fälle, bei denen es sich um schwache Gravitationskräfte handelt, aus den neuen hervorgehen, kann man nur dort mit Abweichungen von Newtons Gravitationsgesetz rechnen, wo diese Kräfte verhältnismäßig groß sind. Nehmen wir einmal unser Sonnensystem. Die Planeten bewegen sich gleich unserer Erde auf elliptischen Bahnen um die Sonne. Merkur ist der Sonne am nächsten, und die Massenanziehung muß zwischen diesen beiden Himmelskörpern daher stärker sein als zwischen allen anderen Planeten und der Sonne. Wenn es überhaupt eine Hoffnung gibt, Abweichungen vom Newtonschen Gesetz irgendwo bestätigt zu finden, dann hier beim Merkur. Nach der klassischen Theorie sollte die Bahn des Merkur genauso aussehen wie die jedes anderen Planeten auch, nur daß sie in größerer Sonnennähe verläuft. Nach der allgemeinen Relativitätstheorie müßte sie sich aber auch in anderer Beziehung von denen der anderen Planeten unterscheiden. Es müßte nämlich, abgesehen von dem eigentlichen Umlauf des Merkur um die Sonne, noch eine Rotation seiner elliptischen Bahn relativ zu dem mit der Sonne fest verbundenen System zu beobachten sein – ein Effekt, der sogar seinem Ausmaß nach von der allgemeinen Relativitätstheorie genau vorhergesagt wird: die Merkurbahn muß in drei Millionen Jahren eine Umdrehung vollendet haben! Daran sieht man, wie klein dieser Effekt ist und ein wie aussichtsloses Beginnen es wäre, ihn bei den weiter von der Sonne entfernten Planeten nachweisen zu wollen.

Die Abweichung der Merkurbahn von der Ellipsenform war nun sogar schon vor dem Aufkommen der allgemeinen

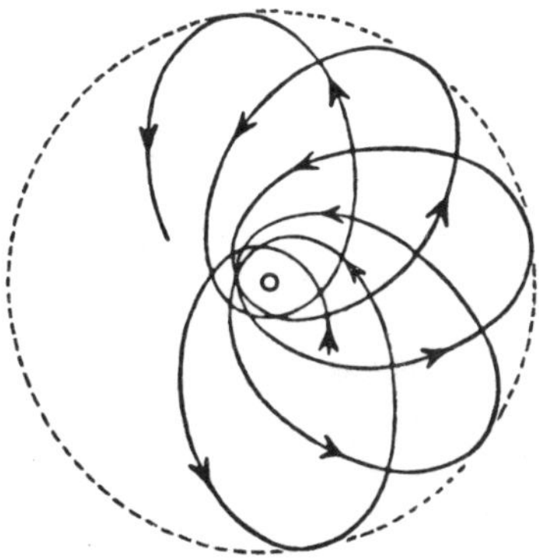

Fig. 69

Relativitätstheorie bekannt, nur wußte man sie sich bis dahin nicht zu erklären. Die allgemeine Relativitätstheorie andererseits wurde ohne jede Bezugnahme auf dieses Spezialproblem entwickelt. Erst später kam man, ausgehend von den neuen Gravitationsgleichungen, zu dem Schluß, daß die ellipsenförmigen Planetenbahnen rotieren müssen, und so konnte beim Merkur die bereits beobachtete Abweichung von der nach dem Newtonschen Gesetz vorgeschriebenen Bewegung theoretisch gedeutet werden.

Es gibt aber noch eine Schlußfolgerung aus der allgemeinen Relativitätstheorie, die bereits experimentell bestätigt werden konnte. Wir haben gesehen, daß eine auf dem großen Kreis der vorhin besprochenen rotierenden Scheibe placierte Uhr anders geht als eine auf dem kleinen liegende.

Genauso müßte nach der Relativitätstheorie ein und dieselbe Uhr auf der Sonne anders gehen als auf der Erde, da der Einfluß des Schwerefeldes sich auf der Sonne selbst viel stärker auswirkt als bei uns.

Wir sprachen auf S. 113 darüber, daß glühendes Natrium homogenes gelbes Licht einheitlicher Wellenlänge ausstrahlt. Diese Strahlung ist der sichtbare Ausdruck eines rhythmischen atomaren Vorganges. Das Atom stellt sozusagen eine Uhr dar, deren Gang durch die Wellenlänge des ausgestrahlten Lichtes angezeigt wird. Nach der allgemeinen Relativitätstheorie müßte nun das von einem beispielsweise auf der Sonne befindlichen Natriumatom ausgestrahlte Licht eine etwas größere Wellenlänge haben als das eines gleichen Atoms bei uns auf der Erde.

Die experimentelle Nachprüfung von Erkenntnissen, die sich aus der allgemeinen Relativitätstheorie ergeben, ist eine überaus schwierige Aufgabe, die keineswegs als abgeschlossen betrachtet werden darf. Da es uns hier aber nur um die Grundgedanken geht, wollen wir in diese Dinge nicht tiefer eindringen und nur sagen, daß alle bisher angestellten diesbezüglichen Beobachtungen die aus der allgemeinen Relativitätstheorie gezogenen Schlüsse zu bestätigen scheinen.

Feld und Materie

Wir haben gesehen, wie und warum das mechanistische Denken versagte. Es hatte sich als unmöglich erwiesen, alle Phänomene auf einfache, zwischen unveränderlichen Partikeln waltende Kräfte zurückzuführen. Unsere ersten Versuche, den engen Rahmen des mechanistischen Denkens zu sprengen und Feldbegriffe einzuführen, lieferten uns auf dem Gebiet des Elektromagnetismus überaus brauchbare Ergebnisse. So wurden die strukturellen Gesetze des elektromagnetischen Feldes formuliert – Gesetze, die den Zusammenhang herstellen zwischen Vorgängen, die einander räumlich und zeitlich sehr dicht benachbart sind. Diese Gesetze lassen sich mit der speziellen Relativitätstheorie vereinbaren, da sie im Hinblick auf die Lorentz-Transformation unveränderlich sind. Später verlangte die allgemeine Relativitätstheorie dann die Aufstellung neuer Gravitationsgesetze. Auch diese sind struktureller Natur; sie beziehen sich auf das Schwerefeld zwischen Materieteilchen. Es erwies sich auch als einfach, die Maxwellschen Gesetze in der Weise zu verallgemeinern, daß sie wie die Gravitationsgesetze der allgemeinen Relativitätstheorie auf jedes beliebige System angewandt werden können.

Wir haben es nun mit zwei Gegebenheiten zu tun: *Materie und Feld*. Es kann nicht mehr die Rede davon sein, die ganze Physik auf dem Materiebegriff allein aufzubauen, wie es die Physiker des beginnenden neunzehnten Jahrhunderts noch getan haben. Vorläufig müssen wir beide Begriffe akzeptieren. Können wir uns Materie und Feld nun aber als zwei für sich bestehende, wesensverschiedene Gegebenheiten denken? Wenn wir ein kleines Materieteilchen nehmen, könnten wir ja vielleicht sagen – so naiv diese Vorstellung auch sein mag –, daß die Partikel dort, wo sie aufhört und das Schwerefeld anfängt, eine klar definierbare Oberfläche habe. Dieser Vorstellung gemäß wäre das Gebiet, in dem die Feldgesetze gelten, klar und übergangslos von der materiellen Region getrennt. Wie unterscheiden sich Materie und Feld dann aber in physikalischer Hinsicht? Bevor wir noch etwas von der Relativitätstheorie wußten, hätten wir darauf vielleicht folgendermaßen antworten können: Materie besitzt Masse, das Feld dagegen nicht. Das Feld repräsentiert Energie, die Materie dagegen Masse. Wir wissen aber schon, daß eine solche Antwort im Lichte der inzwischen gewonnenen Erkenntnisse unzulänglich wäre. Die Relativitätstheorie hat uns gelehrt, daß die Materie als ungeheure Zusammenballung von Energie aufgefaßt werden kann, während die Energie andererseits auch materiellen Charakter hat. Auf diese Art können wir also keine Unterscheidung zwischen Materie und Feld treffen, da Masse und Energie eben in qualitativer Hinsicht gar nicht verschieden sind. Zwar ist bei weitem der größte Teil der Energie in der Materie konzentriert, doch besitzt das die Partikeln umgebende Feld ebenfalls Energie, wenn es sich dabei auch um ganz bedeutend geringere Mengen handelt. Wir könnten demgemäß sagen: Materie ist dort, wo sehr viel Energie konzentriert ist; ein Feld ist dort, wo wenig Energie ist. Wenn das aber stimmt, dann ist der Unterschied zwischen Materie und Feld eher quantitativer als qualitativer Natur. Es hat dann keinen Sinn mehr, Materie und Feld als zwei grundverschiedene Dinge zu betrachten, und wir dürfen auch nicht von einer klar definierbaren Oberfläche, einer Scheidewand, zwischen Feld und Materie sprechen.

Die gleiche Schwierigkeit ergibt sich im Zusammenhang mit der Ladung und ihrem Feld. Es scheint unmöglich zu sein, ein einleuchtendes qualitatives Kriterium für die Unterscheidung zwischen Materie und Feld bzw. Ladung und Feld zu finden.

Unsere Strukturgesetze, also die Maxwellschen und die der Gravitation, versagen, wo es sich um sehr große Energieansammlungen handelt oder, um es anders auszudrücken, am Ursprung der Felder, also bei elektrischen Ladungen bzw. materiellen Körpern. Können wir unsere Gleichungen nun nicht vielleicht ein wenig modifizieren, so daß sie überall Geltung haben, selbst in Regionen, in denen ungeheure Energiemengen zusammengeballt sind?

Wir können die Physik zwar nicht auf dem Materiebegriff allein aufbauen, doch muß auch die Unterscheidung zwischen Materie und Feld in dem Moment, wo man sich über die Äquivalenz von Masse und Energie klargeworden ist, als etwas Unnatürliches und unklar Definiertes erscheinen. Können wir den Materiebegriff nicht einfach fallenlassen und eine reine Feldphysik entwickeln? Was unseren Sinnen als Materie erscheint, ist in Wirklichkeit nur eine Zusammenballung von Energie auf verhältnismäßig engem Raum.

Wir könnten die Materiekörper auch als Regionen im Raum betrachten, in denen das Feld außerordentlich stark ist. Daraus ließe sich ein gänzlich neues philosophisches Weltbild entwickeln, das letztlich zu einer Deutung aller Naturvorgänge mittels struktureller Gesetze führen müßte, die überall und immer gelten. Ein durch die Luft geworfener Stein ist in diesem Sinne ein veränderliches Feld, bei dem die Stelle mit der größten Feldintensität sich mit der Fluggeschwindigkeit des Steines durch den Raum bewegt. In einer solchen neuen Physik wäre kein Raum mehr für beides: Feld *und* Materie; das Feld wäre als das einzig Reale anzusehen. Diese neue Auffassung drängt sich uns förmlich auf, wenn wir uns die großen Leistungen vor Augen halten, die wir mit der Feldphysik schon vollbracht haben; wenn wir an den gelungenen Versuch denken, die Gesetze der Elektrizität, des Magnetismus und der Gravitation in die Form von strukturellen Gesetzen zu bringen, und wenn wir die Äquivalenz von Masse und Energie berücksichtigen. Letzten Endes haben wir unsere Aufgabe also darin zu sehen, die Feldgesetze so umzumodeln, daß sie auch dort nicht versagen, wo gewaltige Energiemengen konzentriert sind.

Bislang ist es uns allerdings noch nicht gelungen, diesen Gedanken zu einer überzeugenden und folgerichtigen Theorie zu verarbeiten. Die Entscheidung darüber, ob eine Lösung dieses Problems im Bereich des Möglichen liegt oder nicht, bleibt der Zukunft vorbehalten. Vorläufig müssen wir noch bei allen unseren theoretischen Konzeptionen zwei Dinge als gegeben hinnehmen – Feld und Materie.

Es bleiben noch immer grundlegende Probleme zu lösen. Zwar wissen wir bereits, daß es von den Partikeln, aus denen sich die Materie zusammensetzt, nur ganz wenige Arten gibt. Wie bauen sich die verschiedenen Formen der Materie nun aber aus diesen Elementarteilchen auf? Wie äußert sich die Wechselwirkung zwischen den Elementarpartikeln und dem Feld? Im Zuge der Bemühungen um eine Lösung dieser Fragen wurde der Physik wiederum neues Gedankengut zugeführt, das seinen Niederschlag in der sogenannten *Quantentheorie* gefunden hat.

Wir fassen zusammen:

Ein neuer Begriff taucht in der Physik auf, der bedeutendste Gedanke seit Newton: das Feld. Die Erkenntnis, daß es bei der Beschreibung physikalischer Vorgänge weder auf die Ladungen noch auf die Partikeln, sondern vielmehr auf das in dem Raum zwischen Ladungen und Partikeln liegende Feld ankommt, darf als wissenschaftliche Großtat angesprochen werden. Der Feldbegriff bewährt sich außerordentlich gut und führt zur Formulierung der Maxwellschen Gleichungen, welche die Struktur des elektromagnetischen Feldes angeben und sowohl die elektrischen als auch die optischen Phänomene umfassen.

Die Relativitätstheorie ergibt sich aus den Feldproblemen. Die Widersprüche und Ungereimtheiten in der alten Theorie nötigen uns, dem Raum-Zeit-Kontinuum, in dem sich alle Vorgänge unserer materiellen Welt abspielen, neue Eigenschaften zuzuschreiben.

Die Relativitätstheorie kristallisiert sich in zwei Phasen heraus. Die erste wird durch die sogenannte spezielle Relativitätstheorie verkörpert, die nur auf Inertialsysteme, das heißt auf solche anwendbar ist, in denen das von Newton aufgestellte Trägheitsgesetz Geltung hat. Die spezielle Relativitätstheorie beruht auf zwei grundlegenden Annahmen: 1. In allen gleichförmig gegeneinander bewegten Koordinatensystemen gelten die gleichen physikalischen Gesetze. 2. Die Lichtgeschwindigkeit ist immer konstant.

Aus diesen Annahmen, die experimentell voll und ganz bestätigt werden konnten, werden die Eigenschaften bewegter Stäbe und Uhren, nämlich ihre mit der Geschwindigkeit zusammenhängenden Längen- bzw. Gangänderungen, abgeleitet. Die Relativitätstheorie bringt eine Abänderung der mechanischen Gesetze mit sich. Die alten Gesetze verlieren ihre Gültigkeit für Teilchen, deren Geschwindigkeit der des Lichtes angenähert ist. Auch die aus der Relativitätstheorie entwickelten neuen Gesetze für bewegte Körper konnten experimentell einwandfrei bestätigt werden. Eine weitere Folgerung aus der (speziellen) Relativitätstheorie ist der Zusammenhang zwischen Masse und Energie. Masse ist Energie, und Energie besitzt Masse. Die beiden Erhaltungsgesetze für Masse und für Energie werden in der Relativitätstheorie zu einem einzigen, dem Gesetz von der Erhaltung der Masse-Energie, zusammengefaßt.

Die allgemeine Relativitätstheorie liefert eine noch tiefer gehende Analyse des Raum-Zeit-Kontinuums. Die Gültigkeit der Theorie bleibt nun nicht mehr auf Inertialsysteme beschränkt. Das Gravitationsproblem wird sondiert, und es werden neue strukturelle Gesetze für das Schwerefeld aufgestellt. Wir sehen uns dadurch genötigt, die Rolle, welche die Geometrie bei der Beschreibung der materiellen Welt spielt, einer gründlichen Untersuchung zu unterziehen, und schließlich lernen wir im Lichte der neuen Theorie auch den Umstand, daß schwere und träge Masse ein und dasselbe sind, als Naturnotwendigkeit verstehen, während er in der klassischen Mechanik noch für rein zufällig gehalten wurde. Die experimentellen Folgerungen aus der allgemeinen Relativitätstheorie weisen nur geringfügige Abweichungen von denen der klassischen Mechanik auf. Sie zeigen sich der experimentellen Nachprüfung jedoch überall dort, wo ein Vergleich möglich ist, durchaus gewachsen. Die Hauptstärke der Theorie ist ihre innere Logik und die Einfachheit der ihr zugrunde liegenden Annahmen.

Dem Feldbegriff wird zwar im Rahmen der Relativitätstheorie sehr große physikalische Bedeutung beigemessen, doch ist es uns vorläufig noch nicht gelungen, ihn zu einer reinen Feldphysik zu verarbeiten. Vorläufig müssen wir also noch beides als gegeben hinnehmen: Feld und Materie.

DIE QUANTENTHEORIE

Kontinuität und Diskontinuität

Vor uns liegt eine Karte von New York und Umgebung ausgebreitet. Wir möchten wissen, welche Orte auf der Karte per Eisenbahn erreichbar sind. Dazu suchen wir sie aus einem Eisenbahnfahrplan heraus und tragen sie in die Karte ein. Wenn wir aber wissen wollen, zu welchen Punkten man per Auto gelangen kann, so brauchen wir nur sämtliche aus der Stadt herausführenden Autostraßen einzuzeichnen; denn es sind ja tatsächlich alle Punkte an diesen Straßen per Auto erreichbar. Beide Male haben wir es mit Punkteserien zu tun. Im ersten Falle sind die einzelnen Punkte durch bestimmte Abstände voneinander getrennt, da sie die verschiedenen Bahnstationen vorstellen sollen, im zweiten bilden sie jedoch zusammenhängende Linien – die Chausseen. Nun möchten wir wissen, wie weit die einzelnen Punkte von New York oder, genauer gesagt, von einem bestimmten Punkt in der Stadt, entfernt sind. Im ersten Falle erhalten wir für unsere Kartenpunkte Entfernungswerte, die sich unregelmäßig um endliche, manchmal kleinere, manchmal größere Beträge verändern. Wir können sagen: Die Entfernungen der verschiedenen, per Eisenbahn erreichbaren Punkte von der Stadt New York lassen sich nur auf *diskontinuierliche* Art und Weise aneinanderreihen. Die Entfernungen der per Auto erreichbaren Punkte dagegen, deren Zwischenräume wir beliebig klein wählen können, ergeben eine *kontinuierliche* Zahlenfolge. Beim Auto können wir die Entfernungsveränderungen beliebig verkleinern, was beim Zug nicht möglich ist.

Die Förderungsleistung einer Kohlengrube kann eine kontinuierliche Veränderung erfahren; denn die geförderte Kohlenmenge läßt sich in beliebig kleinen Etappen vermehren oder vermindern. Die Kopfzahl der Belegschaft kann sich jedoch nur diskontinuierlich verändern; denn es wäre purer Unsinn, wollte man zum Beispiel sagen: „Seit gestern ist die Zahl der Beschäftigten um 3,783 gestiegen."

Wenn man gefragt wird, wieviel Geld man in der Tasche hat, so kann man immer nur eine Zahl mit höchstens zwei Dezimalstellen angeben. Eine Geldsumme kann sich eben nur sprungweise, diskontinuierlich verändern. In Amerika ist die kleinste statthafte Etappe oder, wie wir nun sagen wollen, ist das *Elementarquantum* für Geld ein Cent. Für deutsches Geld ist das Elementarquantum ein Pfennig, eine Münze, deren Wert nur einen Bruchteil des amerikanischen Elementarquantums ausmacht. Damit haben wir gleich ein Beispiel für zwei Elementarquanten, deren Werte man miteinander vergleichen kann. Das Verhältnis ihrer Werte läßt sich durch eine bestimmte Zahl ausdrücken, da das eine soundso viele Male größer ist als das andere.

Wir können sagen: Manche Größen lassen sich kontinuierlich verändern, andere dagegen nur diskontinuierlich, das heißt in Etappen, denen in bezug auf ihre Ausdehnung eine untere Grenze gesetzt ist. Diese unteilbaren Etappen sind die Elementarquanten der betreffenden Größe.

Das Gewicht großer Mengen Sand kann kontinuierlich verändert werden, obwohl dieses Material ja aus Körnern besteht. Wenn der Sand jedoch plötzlich sehr kostbar werden würde und wenn wir mit sehr empfindlichen Waagen arbeiteten, müßten wir auch hier den Umstand berücksichtigen, daß die Masse sich stets nur um ein Vielfaches des Gewichtes eines Körnchens verändern kann. Die Masse des Sandkorns wäre dann unser Elementarquantum. Dieses Beispiel lehrt, wie man auch bei Größen, die gemeinhin für kontinuierlich gehalten werden, durch präzisere Messung entdecken kann, daß sie im Grunde genommen diskontinuierlich sind.

Wenn wir den Grundgedanken der Quantentheorie mit einem einzigen Satz skizzieren wollen, so können wir sagen:

Es muß damit gerechnet werden, daß sich manche physikalische Größen, die bislang für kontinuierlich gehalten wurden, in Wirklichkeit aus Elementarquanten zusammensetzen.

Die Quantentheorie läßt sich, wie zahlreiche, mit einer hochgradig verfeinerten modernen Experimentiertechnik durchgeführte Versuche gezeigt haben, auf eine unermeßliche Fülle von Gesetzmäßigkeiten anwenden. Da wir hier nicht einmal alle grundlegenden Experimente anführen oder gar beschreiben können, werden wir ihre Resultate häufig einfach apodiktisch hinstellen müssen. Uns kommt es wiederum nur auf die Erläuterung der Grundgedanken an.

Die Elementarquanten von Materie und Elektrizität

Nach der kinetischen Theorie setzt sich die Materie durchweg aus Molekülen zusammen. Nehmen wir einmal den einfachsten Fall, das leichteste Element, den Wasserstoff. Auf S. 77 haben wir schon gesehen, wie die Untersuchung der Brownschen Bewegung zur Bestimmung der Masse eines Wasserstoffmoleküls führte. Es wiegt, wie damals schon erwähnt,

0,000 000 000 000 000 000 000 0033 Gramm.

Damit ist es klar, daß Masse etwas Diskontinuierliches ist. Die Masse von Wasserstoff kann sich immer nur um ganzzahlige Vielfache der Masse eines Wasserstoffmoleküls verändern. Bei chemischen Vorgängen zeigt sich jedoch, daß das Wasserstoffmolekül sich auch noch wieder in zwei Teile zerlegen läßt oder, um es anders auszudrücken, daß es sich aus zwei Atomen zusammensetzt. Bei chemischen Vorgängen spielt nicht das Molekül, sondern das Atom die Rolle des Elementarquantums. Teilen wir die obengenannte Zahl durch zwei, so erhalten wir die Masse eines Wasserstoffatoms. Diese beträgt etwa

0,000 000 000 000 000 000 000 0017 Gramm.

Masse ist also eine diskontinuierliche Größe, doch brauchen wir uns bei normalen Gewichtsbestimmungen natürlich nicht darum zu kümmern. Selbst die empfindlichsten Waagen arbeiten bei weitem nicht so genau, daß man die Diskontinuität der Massenveränderung damit feststellen könnte.

Wenden wir uns einer anderen, bekannten Erscheinung zu. Ein Draht wird an eine Stromquelle angeschlossen. Der Strom durchfließt den Draht vom höheren zum niedrigeren Potential. Wir entsinnen uns, daß viele Erfahrungstatsachen sich mit der einfachen Theorie von den durch den Draht fließenden elektrischen Fluida deuten lassen. Wir entsinnen uns ferner (S. 92), daß der Frage, ob wir annehmen sollen, es fließe ein positives Fluidum vom höheren zum niedrigeren Potential oder ein negatives vom niedrigeren zum höheren, keine grundsätzliche Bedeutung zukommt. Für den Augenblick wollen wir nun einmal alle Fortschritte, die in der Elektrizitätslehre mit dem Feldbegriff erzielt wurden, außer Betracht lassen. Selbst wenn wir noch auf die elektrischen Fluida angewiesen wären, gäbe es, wie wir sehen werden, noch manche ungelöste Frage. Wie schon die Bezeichnung „Fluidum" erkennen läßt, sah man den elektrischen Strom ursprünglich als eine kontinuierliche Größe an. Die Stärke der Ladung müsse sich, so glaubte man damals, in beliebig kleinen Etappen verändern lassen. Es war nicht notwendig, elektrische Elementarquanten zu postulieren. Erst die Erkenntnisse, die wir aus der kinetischen Theorie der Materie gewonnen haben, bringen uns auf den Gedanken, daß auch das elektrische Fluidum aus Elementarquanten bestehen könnte. Eine andere, noch offene Frage ist die, ob sich beim elektrischen Strom positives oder negatives Fluidum oder gar beides bewegt.

Alle Experimente, die man zwecks Beantwortung dieser Fragen angestellt hat, laufen im wesentlichen auf eine Loslösung des elektrischen Fluidums vom Draht hinaus. Man bemühte sich, das Fluidum durch den leeren Raum zu leiten, es von jeder Bindung an die Materie zu befreien, um dann seine Eigenschaften zu untersuchen, die unter diesen Umständen mit äußerster Deutlichkeit in Erscheinung treten müssen. Besonders Ende des neunzehnten Jahrhunderts wurde in dieser Richtung sehr viel experimentiert. Bevor wir das Grundprinzip der hierbei verwendeten Versuchsanordnungen zumindest an einem Beispiel erläutern, wollen wir jedoch erst einmal die Endergebnisse jener Experimente nennen: Das durch den Draht fließende Fluidum ist negativ, und es strömt daher vom niedrigeren zum höheren Potential. Hätten wir das von Anfang an gewußt, als wir die Theorie der elektrischen Fluida erstmalig formulierten, hätten wir die Worte bestimmt vertauscht und die Elektrizität des Hartgummistabes positiv, die des Glasstabes dagegen negativ genannt. Dann hätte es sich nämlich als das Zweckmäßigste erwiesen, das durch den Draht strömende Fluidum als positiv anzusehen. Da wir damals jedoch auf das falsche Pferd gesetzt haben, müssen wir uns nun wohl oder übel mit der unpraktischeren Lösung abfinden. Die nächste wichtige Frage ist die, ob dieses negative Fluidum seiner Struktur nach „körnig" ist, das heißt, ob es sich aus elektrischen Quanten zusammensetzt oder nicht. Eine Reihe weiterer, voneinander unabhängiger Versuche hat nun erwiesen, daß an der Existenz von Elementarquanten der negativen Elektrizität nicht gezweifelt werden kann. Das negative elektrische Fluidum besteht also sozusagen aus Körnchen, wie der Seesand aus Sandkörnern oder ein Haus aus Ziegelsteinen aufgebaut ist. Dieses Resultat wurde am klarsten vor etwa vierzig Jahren von J. J. Thomson formuliert. Die Elementarquanten der negativen Elektrizität werden *Elektronen* genannt. Jede negative elektrische Ladung setzt sich also aus einer Unmenge von Elementarladungen in Elektronenform zusammen. Die negative Ladung kann wie die Masse nur diskontinuierlich verändert werden. Allerdings ist die elektrische Elementarladung so winzig, daß man sie bei vielen Untersuchungen ebensogut als kontinuierliche Größe betrachten kann, was sogar oft als das Zweckmäßigere erscheint. So werden durch Atom- und Elektronentheorie diskontinuierliche physikalische Größen, die nur sprungweise veränderlich sind, in die Naturwissenschaft eingeführt.

Man denke sich zwei parallele Metallplatten in einem luftleeren Raum. Eine Platte ist positiv, die andere negativ

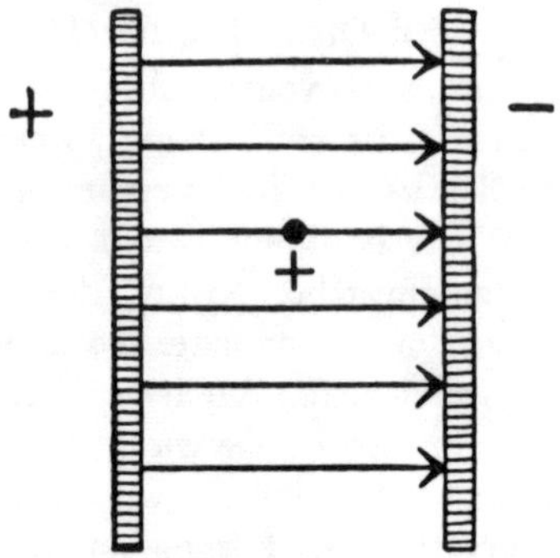

Fig. 70

geladen. Eine positive Prüfladung, die man zwischen die beiden Platten bringt, wird von der positiv geladenen Platte abgestoßen und von der negativen angezogen werden. Die Kraftlinien dieses elektrischen Feldes werden also von der positiv geladenen nach der negativen Platte zeigen. Eine Kraft, die auf einen negativ geladenen Prüfkörper einwirkt, müßte die entgegengesetzte Richtung haben. Wenn die Platten groß genug sind, werden die zwischen ihnen verlaufenden Kraftlinien überall die gleiche Dichte aufweisen. Es spielt dann gar keine Rolle, wo der Prüfkörper aufgestellt wird; die Kraft und somit die Kraftliniendichte bleibt immer gleich. Elektronen, die man in den Raum zwischen den beiden Platten bringt, verhalten sich wie Regentropfen im Schwerefeld der Erde; sie bewegen sich auf parallelen Bahnen von der negativ geladenen Platte zur positiven hinüber. Man kennt heute bereits eine ganze Reihe von Methoden, die es ermöglichen, einen Elektronenschauer in ein solches Feld zu bringen und gleichzurichten. Eine der einfachsten besteht darin, daß man zwischen den geladenen Platten einen erhitzten Draht aufhängt. Erhitzte Drähte senden nämlich Elektronen aus, die dann von den Kraftlinien des umgebenden Feldes gleichgerichtet werden. Nach diesem Prinzip sind zum Beispiel die Radioröhren, die ja jeder kennt, gebaut.

Mit den Elektronenstrahlen hat man eine Reihe überaus sinnreicher Experimente angestellt. So wurde etwa der Einfluß verschiedener umgebender elektrischer und magnetischer Felder auf den Strahlenverlauf untersucht, und es ist sogar gelungen, einzelne Elektronen zu isolieren und ihre Elementarladung sowie ihre Masse, das heißt den Trägheitswiderstand, zu bestimmen, den sie dem Einfluß einer äußeren Kraft entgegensetzen. Hier wollen wir nur die Zahl angeben, die man für die Masse eines Elektrons gefunden hat. Sie ist etwa *zweitausendmal kleiner* als die eines Wasserstoffatoms, so daß dieses letztere seiner Masse nach, verglichen mit einem Elektron, noch gewaltig groß erscheint. Im Sinne einer konsequenten Feldtheorie ist die gesamte Masse, das heißt die ganze Energie eines Elektrons, gleich der Energie seines Feldes. Der Großteil der diesem Feld innewohnenden Kraft ist in einem sehr kleinen, kugelförmigen Raum zusammengeballt, während das Feld in größerer Entfernung vom „Mittelpunkt" des Elektrons im Vergleich dazu recht schwach ist.

Wir haben vorhin gesagt, daß das Atom eines Elements ein unteilbares Elementarquantum sei. Das hat man sehr lange auch tatsächlich geglaubt, doch weiß man jetzt, daß dem nicht so ist. Wieder einmal hat die Naturwissenschaft eine neue Erkenntnis gezeitigt, welche die Grenzen der alten Anschauung offenbar werden läßt. Es gibt heute in der ganzen Physik kaum einen Satz, der fester auf Tatsachen gegründet ist als der von der komplexen Struktur des Atoms.

Zunächst erkannte man, daß das Elektron, das Elementarquantum des negativen elektrischen Fluidums, auch mit zu den Komponenten des Atoms gehört und somit einen der Bausteine darstellt, aus denen die ganze Materie sich zusammensetzt. Das vorhin angeführte Beispiel mit dem Elektronen ausstrahlenden erhitzten Draht ist nur eines von vielen für die Extraktion dieser Partikeln aus der Materie. Diese Erkenntnis, welche die Frage nach der Struktur der Materie auf das engste mit dem Elektrizitätsproblem verkettet, kann auf Grund einer ganzen Reihe voneinander unabhängiger Experimente als einwandfrei gesichert angesehen werden.

Es ist verhältnismäßig einfach, aus einem Atom einige der Elektronen zu extrahieren, aus denen es sich zusammensetzt. Man kann das einmal mit Wärme machen, wie in unserem Beispiel mit dem erhitzten Draht, dann aber auch durch Bombardierung von Atomen mit fremden Elektronen.

Denken wir uns einen feinen rotglühenden Metalldraht, der in ein verdünntes Wasserstoffgas gebracht wird. Der Draht sendet nach allen Richtungen Elektronen aus, denen unter der Einwirkung eines fremden elektrischen Feldes eine bestimmte Geschwindigkeit verliehen werden kann. Elektronen steigern ihre Geschwindigkeit genauso wie Steine im Schwerefeld. Auf diese Weise erhalten wir einen Elektronenstrahl, der mit einer bestimmten Geschwindigkeit in einer bestimmten Richtung den Raum durchmißt. Heutzutage können wir sogar schon Geschwindigkeiten erzielen, die an die des Lichtes herankommen, wenn wir die Elektronen dem Einfluß sehr starker Felder aussetzen. Was geschieht nun, wenn so ein Elektronenstrahl mit bestimmter Geschwindigkeit auf Moleküle des verdünnten Wasserstoffs trifft? Nun, der Anprall eines hinreichend beschleunigten Elektrons wird nicht nur das Wasserstoffmolekül in seine beiden Atome aufspalten, sondern darüber hinaus auch aus einem der Atome ein Elektron herausreißen.

Nehmen wir die Tatsache, daß Elektronen Bestandteile der Materie sind, als gegeben hin, dann kann ein Atom, aus dem ein Elektron herausgerissen wurde, nicht mehr elektrisch neutral sein. War es zuvor neutral, so muß es jetzt aus dem Gleichgewicht gekommen sein, da es ja um eine Elementarladung ärmer ist. Was übrigbleibt, muß positiv geladen sein. Da die Masse eines Elektrons überdies um so vieles geringer ist als die des leichtesten Atoms, können wir ohne weiteres daraus folgern, daß bei weitem der größte Teil der Atommasse nicht von Elektronen, sondern von sonstigen Elementarpartikeln gestellt wird, die bedeutend schwerer sind als jene. Diesen schweren Teil des Atoms nennen wir den *Atomkern.*

Die moderne experimentelle Physik hat auch für die Aufspaltung von Atomkernen, für die Umwandlung von Atomen des einen Elements in die eines anderen und für die Extraktion der schweren Elementarteilchen, aus denen sich der Kern zusammensetzt, bereits Methoden ausgebildet. Dieses Kapitel der Physik, die sogenannte „Kernphysik", das Gebiet also, auf dem Rutherford so Bedeutendes geleistet hat, ist in experimenteller Hinsicht das interessanteste. Eine Theorie, die auf einfachen Grundgedanken basierte und die bunte Vielfalt von Gesetzmäßigkeiten im Reiche der Kernphysik zu einem sinnvollen Ganzen verknüpfte, gibt es allerdings noch nicht. Da es nun aber, dem Zweck unserer Abhandlung entsprechend, nur um allgemeine physikalische Ideen geht, wollen wir dieses Kapitel trotz seiner großen Bedeutung für die moderne Physik auslassen.

Lichtquanten

Denken wir uns nun eine an der Meeresküste entlanglaufende Mauer. Fortwährend rollen die Wogen der Brandung gegen diese Mauer an, waschen etwas von ihrer Oberfläche herunter und weichen wieder zurück, um neuen Wellen das Feld zu räumen. Die Masse der Mauer wird auf diese Art ständig vermindert, und wir können sogar feststellen, wieviel in, sagen wir, einem Jahr heruntergewaschen wird. Der gleiche Effekt läßt sich aber auch auf andere Art und Weise erzielen, zum Beispiel durch Beschuß. In diesem Falle würde bei jedem Geschoßeinschlag ein Stück abbröckeln. Wir können uns die Versuche nun zwar ganz gut so durchgeführt denken, daß in beiden Fällen, durch Welleneinwirkung wie durch Beschuß, die gleiche Massenverminderung erzielt wird, doch würde man es der Mauer trotzdem in jedem Falle ansehen, ob der jeweilige Effekt durch die kontinuierliche Wirkung der Meereswellen oder den diskontinuierlichen Kugelregen hervorgerufen worden ist. Wir werden die Phänomene, die wir nun schildern wollen, wesentlich leichter verstehen können, wenn wir uns den Gegensatz zwischen Meereswellen- und Beschußeffekt stets gewissermaßen als Symbol vor Augen halten.

Wir haben gesehen, daß ein erhitzter Draht Elektronen abgibt. Nun wollen wir ein weiteres Verfahren für die Extraktion von Elektronen aus Metall schildern. Homogenes, zum Beispiel violettes Licht, das, wie wir wissen, einheitliche Wellenlänge hat, soll auf eine metallene Oberfläche fallen. Unter der Einwirkung des Lichtes werden aus dem Metall Elektronen herausgerissen, so daß sich ein Elektronenschauer bildet, der mit einer bestimmten Geschwindigkeit den Raum durchquert. Im Sinne des Energieprinzips können wir sagen: Die Lichtenergie wird teilweise in die kinetische Energie der losgerissenen Elektronen umgewandelt. Die moderne Experimentiertechnik gestattet es uns, diese Elektronengeschosse zu registrieren und ihre Geschwindigkeit wie auch ihre Energie zu bestimmen. Diese Extraktion von Elektronen aus Metall mittels Lichteinwirkung wird als *photoelektrischer Effekt* bezeichnet.

Eben haben wir mit homogenem Licht bestimmter Intensität gearbeitet. Wie bei jedem Experiment müssen wir nunmehr unsere Versuchsanordnung abändern und festzustellen suchen, ob der beobachtete Effekt dadurch irgendwie beeinflußt wird.

Zunächst wollen wir einmal die Intensität des homogenen, gegen die Metallplatte gerichteten violetten Lichtes ändern und zusehen, in welchem Maße die Energie der ausgestrahlten Elektronen von diesem Faktor abhängt. Versuchen wir einmal, die Lösung nicht experimentell, sondern theoretisch zu finden. Wir könnten sagen: Beim photoelektrischen Effekt wird eine bestimmte Menge Strahlungsenergie in Bewegungsenergie – verkörpert durch die fliegenden Elektronen – umgewandelt. Wenn wir das Metall nun mit stärkerem Licht gleicher Wellenlänge beleuchten, müßte die Energie der ausgestrahlten Elektronen größer sein, da ja auch die Strahlung energiereicher geworden ist. Man sollte also annehmen, daß die Geschwindigkeit der losgerissenen Elektronen größer wird, wenn die Intensität des Lichtes wächst. Das Experiment liefert jedoch ein anderes Ergebnis. Wieder einmal müssen wir einsehen, daß die Naturgesetze nicht immer so sind, wie wir sie gern haben möchten; wieder lernen wir einen der Fälle kennen, in denen das Versuchsergebnis mit unseren Voraussagen unvereinbar ist, so daß wir die Theorie, von der wir ausgegangen sind, fallenlassen müssen. Das Experiment zeigt nämlich ein im Hinblick auf die Wellentheorie überaus verwunderliches Resultat. Die Elektronen haben alle gleiche Geschwindigkeit und gleiche Energie. Es spielt keine Rolle, ob die Intensität des Lichtes erhöht wird oder nicht.

Nach der Wellentheorie war dieses Versuchsergebnis nicht vorherzusehen, und so wird wieder einmal aus dem Widerspruch zwischen alter Lehre und Experiment eine neue Theorie geboren.

Wir wollen die Wellentheorie des Lichtes nun einmal absichtlich engstirnig beurteilen, wollen die mit ihr erzielten großen Leistungen, ihre glänzende Deutung der Beugungserscheinungen an sehr kleinen Objekten, vollkommen ignorieren und von ihr eine plausible Erklärung des photoelektrischen Effektes verlangen. Es liegt nun aber auf der Hand, daß die Unabhängigkeit der Elektronenergie von der

Intensität des Lichtes, das die Elektronen aus der Metallplatte losreißt, sich aus der Wellentheorie nicht ableiten läßt. Wir werden es daher mit einer anderen Theorie versuchen müssen. Es sei daran erinnert, daß die Newtonsche Korpuskulartheorie, mit der man eine ganze Reihe von optischen Erscheinungen deuten kann, bei der Beugung versagte; doch wollen wir über dieses Manko jetzt ganz bewußt hinwegsehen. Zu Newtons Lebzeiten kannte man den Begriff „Energie" noch nicht. Die Lichtkorpuskeln waren nach Ansicht dieses Forschers schwerelos, und jede Farbe stellte eine Substanz für sich dar. Später, als der Energiebegriff aufkam und man erkannte, daß Licht Energie besitzt, fiel es dann niemandem mehr ein, die neuen Erkenntnisse auf die Korpuskulartheorie des Lichtes anzuwenden. Newtons Theorie galt als längst abgetan, und kein Mensch nahm sich bis in unser Jahrhundert ernstlich ihrer Wiederbelebung an.

Wenn der Newtonschen Theorie ihre Hauptidee belassen bleiben soll, müssen wir annehmen, daß homogenes Licht sich aus Energie-„Körnchen" zusammensetzt. Ist dem so, dann lassen sich die Lichtkorpuskeln der alten Lehre durch Lichtquanten ersetzen, die wir *Photonen* nennen wollen. Es sind dies kleine Energiemengen, die den leeren Raum mit Lichtgeschwindigkeit durchmessen. Die Neubelebung der Newtonschen Theorie in dieser Form hat zur Aufstellung der *Quantentheorie des Lichtes* geführt. Nicht nur Materie und elektrische Ladungen haben eine „körnige" Struktur; für die Strahlungsenergie gilt genau dasselbe, das heißt, auch sie setzt sich aus Quanten, nämlich Lichtquanten, zusammen. Neben Materiequanten und Elektrizitätsquanten gibt es eben auch Energiequanten.

Der Gedanke der Energiequanten wurde zu Anfang unseres Jahrhunderts erstmalig von Planck in die Physik eingeführt, der damit gewisse Phänomene zu deuten suchte, bei denen die Verhältnisse noch viel komplizierter liegen als beim photoelektrischen Effekt. An diesem konnten wir jedoch am einfachsten und klarsten zeigen, wie notwendig eine Revision der alten Vorstellungen geworden war.

Man sieht auf den ersten Blick, daß der photoelektrische Effekt sich mit dieser Quantentheorie deuten läßt: eine Metallplatte wird von einem Photonenschauer getroffen. Die von der Strahlung auf die Materie ausgeübte Wirkung hat hier die Form sehr vieler Einzelaktionen, bei denen jedesmal ein Photon gegen ein Atom anprallt und aus diesem ein Elektron herausreißt. Diese Einzelaktionen sind alle vollkommen gleichartig, und folglich haben alle extrahierten Elektronen die gleiche Energie. Wir verstehen jetzt auch, daß eine Erhöhung der Lichtintensität, so gesehen, einer Vermehrung der einfallenden Photonen gleichkommt. Verstärkt man also das Licht, so werden zwar mehr Elektronen aus der Metallplatte herausgerissen, doch bleibt die Energie der einzelnen Elektronen dadurch unbeeinflußt. Diese Theorie trägt den beobachteten Tatsachen in vollem Maße Rechnung.

Was geschieht nun, wenn wir einen Lichtstrahl mit andersfarbigem homogenem Licht, sagen wir mit rotem statt violettem, gegen die Metallplatte richten? Die Antwort wollen wir uns durch das Experiment geben lassen. Wir müssen zu diesem Zweck die Energie der extrahierten Elektronen messen und mit der Energie der von violettem Licht herausgerissenen Elementarladungen vergleichen. Es stellt sich heraus, daß die Energie eines durch rotes Licht extrahierten Elektrons geringer ist als die eines von violettem Licht losgerissenen. Daraus folgt, daß die Energie der Lichtquanten sich nach der Farbe richtet. Die Photonen von rotem Licht haben nur halb soviel Energie wie die von violettem, oder, um es exakter zu formulieren: die Energie der Lichtquanten homogener Farben ist umgekehrt proportional der Wellenlänge. Zwischen Energiequanten und Elektrizitätsquanten besteht ein wesentlicher Unterschied. Die Lichtquanten sind je nach der Wellenlänge verschieden groß, während die Elektrizitätsquanten unveränderlich bleiben. Wenn wir noch einmal auf einen unserer früheren Vergleiche zurückgreifen wollen, könnten wir sagen, daß die Lichtquanten den kleinsten Geldmünzen entsprechen, die ja in jedem Lande verschieden sind.

Wir wollen die Wellentheorie weiterhin in der Verbannung lassen und annehmen, das Licht setze sich diskontinuierlich aus Lichtquanten, nämlich aus Photonen, zusammen, die mit Lichtgeschwindigkeit den Raum durchqueren. Nach unserer neuen Auffassung werden die optischen Erscheinungen also durch Photonenschauer hervorgerufen, und ein Photon ist das Elementarquantum der Lichtenergie. Lehnen wir die Wellentheorie allerdings ab, müssen wir auch den Begriff „Wellenlänge" aufgeben. Was sollen wir aber an dessen Stelle setzen? Nun, natürlich die Energie der Lichtquanten! In der Terminologie der Wellentheorie abgefaßte Sätze können dann etwa folgendermaßen in die Sprache der Theorie von den Strahlenquanten übertragen werden:

WELLENTHEORIE	QUANTENTHEORIE
Homogenes Licht hat eine einheitliche Wellenlänge. Die Wellenlänge des roten Endes des Spektrums ist doppelt so groß wie die des violetten.	Homogenes Licht setzt sich aus Photonen mit einheitlicher Energie zusammen. Die Energie des Photons vom roten Ende des Spektrums ist halb so groß wie die vom violetten.

Die Situation läßt sich nun wie folgt umreißen: Es gibt Phänomene, die sich mit der Quantentheorie deuten lassen, mit der Wellentheorie dagegen nicht. Ein Beispiel dafür ist der Photoeffekt, doch gibt es auch noch andere Erscheinungen dieser Art. Andererseits kennen wir aber auch Phänomene, die man nur mit der Wellentheorie, nicht aber mit der Quantentheorie erklären kann. Ein typisches Beispiel dafür ist die Beugung des Lichtes an kleinen Objekten. Schließlich gibt es aber sogar noch Erscheinungen, wie zum

Beispiel die geradlinige Fortpflanzung des Lichtes, die mit beiden Theorien vereinbar sind.

Was ist das Licht nun wirklich? Hat es Wellennatur oder besteht es aus Photonenschauern? Wir haben schon einmal eine ganz ähnliche Frage zu beantworten gehabt. Sie lautete: Hat das Licht Wellennatur oder setzt es sich aus Lichtkorpuskeln zusammen? Damals schien es nach Lage der Dinge das beste zu sein, die Korpuskulartheorie des Lichtes fallenzulassen und die Wellentheorie zu akzeptieren, da diese für die Deutung aller seinerzeit bekannten Phänomene vollkommen ausreichte. Jetzt ist das Problem allerdings bedeutend komplizierter geworden. Es sieht nicht so aus, als könnte es uns je gelingen, die optischen Erscheinungen mit einer der beiden Theorien allein folgerichtig zu deuten. Vielmehr hat es den Anschein, als müßten wir einmal mit der einen, ein andermal mit der anderen und manchmal vielleicht sogar mit beiden gleichzeitig arbeiten. Wir sehen uns vor einer neuen Schwierigkeit, haben wir es doch hier mit zwei einander widersprechenden Auslegungen realer Phänomene zu tun. Mit einer allein kann man die optischen Erscheinungen nicht restlos deuten, mit beiden zusammen jedoch geht es.

Wie lassen sich die beiden Auffassungen auf einen Nenner bringen? Wie sollen wir uns diese grundverschiedenen Aspekte der Optik zusammenreimen? Es ist nicht leicht, mit dieser Schwierigkeit fertig zu werden. Wieder haben wir es mit einem Problem von grundlegender Bedeutung zu tun.

Akzeptieren wir zunächst einmal versuchsweise die Photonentheorie des Lichtes, und bemühen wir uns, die seinerzeit bereits von der Wellentheorie erklärten Gesetzmäßigkeiten von dort her zu begreifen. Auf diese Weise werden wir die Schwierigkeiten, welche die beiden Theorien auf den ersten Blick als unvereinbar erscheinen lassen, besser herausarbeiten können.

Wir wollen uns daran erinnern, daß ein homogener Lichtstrahl, der durch eine feine Öffnung fällt, helle und dunkle Ringe erzeugt (S. 128). Wie soll man diese Erscheinung nun aber nach der Quantentheorie des Lichtes deuten, ohne die Wellentheorie zu Hilfe zu nehmen? Wir könnten erwarten, daß die Wand hell erscheint, sofern ein Photon die Öffnung im Schirm passiert, daß sie dagegen dunkel bleibt, wenn keines durchgeht. Statt dessen beobachten wir aber helle und dunkle Ringe. Man könnte diese Erscheinungen nun folgendermaßen zu erklären suchen: Vielleicht gibt es zwischen dem Rand der Öffnung und dem Photon irgendeine Wechselwirkung, die als Ursache für das Auftreten der Beugungsringe in Frage käme. Diese Vermutung kann natürlich noch kaum als Erklärung gewertet werden. Im besten Falle haben wir damit das Programm für eine Deutung skizziert und darauf hingewiesen, daß es eine schwache Hoffnung gibt, die Beugung womöglich doch noch einmal auf eine Wechselwirkung zwischen Materie und Photonen zurückführen zu können.

Selbst diese kümmerliche Hoffnung wird aber zuschanden, wenn wir an unseren zweiten Versuch von damals denken. Homogenes Licht, das durch zwei feine Öffnungen fällt, ruft an der Wand helle und dunkle Streifen hervor. Wie wollen wir diesen Effekt nun wieder mit der Quantentheorie des Lichtes erklären? Wir werden sagen, ein Photon könne nur durch eines der beiden Löcher gehen. Wenn ein Photon von homogenem Licht ein Elementarteilchen des Lichtes sein soll, dann können wir uns kaum vorstellen, daß es sich teilen und beide Öffnungen gleichzeitig passieren kann. Geht es aber nur durch eine Öffnung, dann müßte der Effekt der gleiche sein wie beim ersten Versuch, das heißt, es müßten statt heller und dunkler Streifen eben wieder Ringe erscheinen. Wie kommt es also, daß ein zweites Loch einen vollkommen anderen Effekt im Gefolge hat? Offenbar macht die Öffnung, durch die das Photon nicht hindurchgeht, aus den Ringen Streifen, und zwar selbst dann, wenn es von dem anderen ein ganzes Stück entfernt ist. Wenn das Photon sich wie eine Korpuskel der klassischen Physik verhält, kann es nur durch eines der beiden Löcher gehen. Dann bleiben die Beugungserscheinungen aber nach wie vor unbegreiflich.

Die Wissenschaft nötigt uns immer wieder, neue Ideen, neue Theorien zu ersinnen, mit denen wir die Mauer der Widersprüche durchstoßen können, die sich dem weiteren Fortschritt entgegentürmt. Alle bahnbrechenden Ideen in der Naturwissenschaft wurden geboren aus dem dramatischen Konflikt zwischen der Wirklichkeit und unseren Bemühungen, sie zu begreifen. Hier haben wir wieder eines der Probleme vor uns, zu deren Lösung es neuer Prinzipien bedarf. Bevor wir aber die Bemühungen der modernen Physik um eine Aufklärung des Widerspruchs zwischen Quanten- und Wellentheorie des Lichtes zu schildern versuchen, wollen wir noch zeigen, daß wir auf genau die gleiche Schwierigkeit stoßen, wenn wir es statt mit Lichtquanten mit Materiequanten zu tun haben.

Lichtspektren

Wie wir bereits wissen, setzt sich die Materie aus wenigen Arten von Partikeln zusammen. Die Elektronen waren die ersten Elementarteilchen, die man entdeckte. Nun haben wir die gleichen Elektronen aber auch als Elementarquanten der negativen Elektrizität kennengelernt. Wir haben ferner gesehen, daß gewisse Phänomene uns zu der Annahme drängen, auch das Licht müsse sich aus Elementarquanten zusammensetzen, die je nach der Wellenlänge verschieden groß sind. Bevor wir weitergehen, müssen wir nun aber zunächst einige physikalische Phänomene besprechen, bei denen neben der Strahlung auch die Materie eine entscheidende Rolle spielt.

Die Sonne sendet eine Strahlung aus, die man mit einem Prisma in ihre Bestandteile zerlegen kann. Das Resultat ist das kontinuierliche Sonnenspektrum, das alle zwischen den beiden Begrenzungen des sichtbaren Spektrums liegenden Wellenlängen umfaßt. Nehmen wir ein anderes Beispiel: Wir haben seinerzeit schon erwähnt, daß glühendes Natrium homogenes Licht ausstrahlt, also einfarbiges Licht mit einheitlicher Wellenlänge. Wenn wir glühendes Natrium vor das Prisma halten, erblicken wir nur eine gelbe Linie. Im allgemeinen läßt sich jedoch sagen, daß das von einem leuchtenden Körper ausgehende Licht durch das Prisma in mehrere Komponenten zerlegt wird, so daß ein für den betreffenden Körper charakteristisches Spektrum entsteht.

Wenn Elektrizität in einer mit Gas gefüllten Röhre zur Entladung gebracht wird, so ist das Ergebnis eine Lichtquelle, wie wir sie von den Neonröhren der Lichtreklamen her kennen. Nehmen wir an, so eine Röhre würde vor einem Spektroskop aufgestellt. Ein Spektroskop ist ein Instrument, das wie ein Prisma wirkt, jedoch viel empfindlicher ist und daher exakter arbeitet. Es zerlegt das Licht in seine Komponenten, das heißt, es ermöglicht eine Analyse des Lichts. Sonnenlicht läßt im Spektroskop ein kontinuierliches Spektrum erkennen, in dem alle Wellenlängen vertreten sind. Wird als Lichtquelle jedoch ein Gas verwendet, durch das ein elektrischer Strom fließt, so entsteht ein andersartiges Spektrum. Statt des kontinuierlichen buntfarbigen Sonnenspektrums erscheinen auf kontinuierlich dunklem Untergrund helle, abgesonderte Linien. Jede Linie entspricht, sofern sie entsprechend schmal ist, einer ganz bestimmten Farbe oder, in der Terminologie der Wellentheorie, einer bestimmten Wellenlänge. Wenn das Spektrum zum Beispiel zwanzig Linien enthält, so ist jeder davon eine von zwanzig Zahlen zugeordnet, welche die entsprechenden Wellenlängen angeben. Die Dämpfe der verschiedenen Elemente haben verschiedene Liniensysteme und somit je nach den Wellenlängen, aus denen sich ihr Spektrum zusammensetzt, verschiedene Zahlenkombinationen. Es gibt kein Element, dessen Spektrallinienmuster dem eines anderen gliche, wie es auch keinen Menschen gibt, dessen

TAFEL III

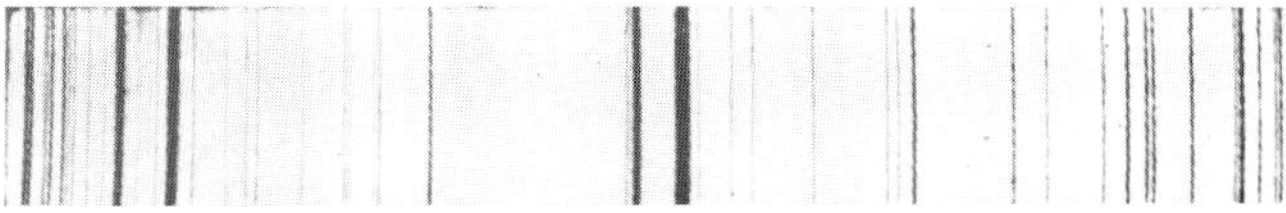

(Photo A. G. Shenstone)

Spektrallinien

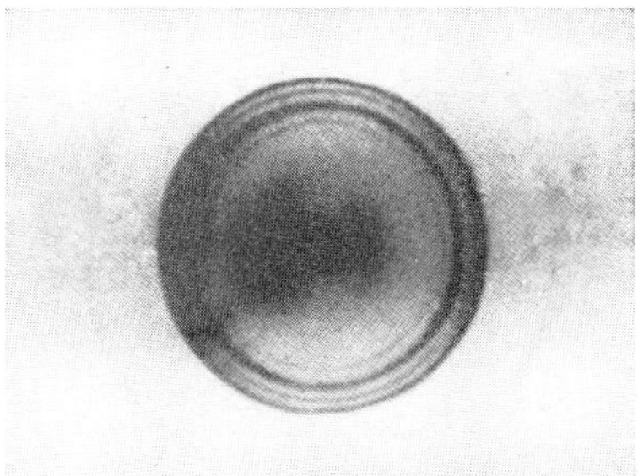

(Photo Lastowiecki und Gregor)

Beugung von Röntgenstrahlen

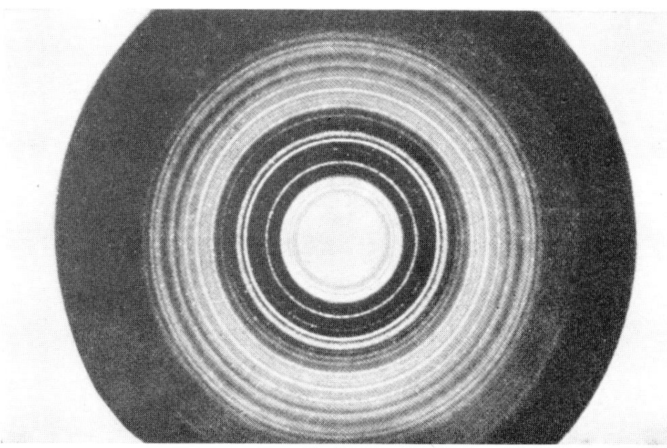

(Photo Loria und Klinger)

Beugung von Elektronenwellen

Fingerabdrücke genauso aussehen wie die eines anderen. Als die Physiker darangingen, diese Linien zu katalogisieren, stellte es sich nach und nach heraus, daß sie bestimmten Gesetzen unterliegen, und so wurde es möglich, einige der Serien von scheinbar zusammenhanglosen Wellenlängenwerten durch eine einzige mathematische Formel zu ersetzen.

Das soeben Gesagte kann man nun auch in die Photonenterminologie übertragen. Die Linien entsprechen bestimmten Wellenlängen oder, anders ausgedrückt, Photonen mit bestimmter Energie. Leuchtende Gase geben also nicht Photonen mit allen möglichen Energiebeträgen, sondern nur solche ab, wie sie für die betreffende Substanz charakteristisch sind. Das ist ein Beispiel mehr für die Tatsache, daß die Wirklichkeit häufig nur eine Auswahl aus der Fülle der Möglichkeiten darstellt.

Atome eines bestimmten Elements, zum Beispiel die des Wasserstoffs, können nur Photonen mit bestimmten Energiebeträgen ausstrahlen. Jedes Element hat nur ganz bestimmte Energiequanten zur Verfügung, während alle anderen in seiner Strahlung fehlen. Stellen wir uns der Einfachheit halber einmal vor, ein bestimmtes Element erzeuge nur eine einzige Spektrallinie, sende also nur Photonen mit einheitlichem Energiebetrag aus. Das Atom ist vor der Ausstrahlung energiereicher als nachher. Nach dem Energieprinzip folgt daraus, daß das *Energieniveau* eines Atoms vor der Ausstrahlung höher ist als hinterher und daß die Differenz zwischen beiden Niveaus gleich der Energie des ausgesandten Photons sein muß. So läßt sich die Tatsache, daß ein Atom eines bestimmten Elements nur Strahlung mit einer einzigen Wellenlänge, das heißt Photonen mit einheitlicher Energie, aussendet, auch dahingehend formulieren, daß das Atom dieses Elements nur zwei Energieniveaus habe und daß die Abgabe eines Photons für dieses Atom den Übergang vom höheren zum niedrigeren Energieniveau mit sich bringe.

Nun erscheinen aber in den Spektren der verschiedenen

Elemente in der Regel mehrere Linien, das heißt: die von einem Element abgegebenen Photonen lassen sich ihrer Energie nach in mehrere Gruppen einteilen. Um es anders auszudrücken: wir müssen annehmen, daß jedes Atom mehrere Energieniveaus haben kann und daß die Emission eines Photons jeweils mit dem Übergang von einem höheren zu einem niedrigeren Energieniveau des betreffenden Atoms verbunden ist; nur mit der Einschränkung, daß kein Atom über sämtliche denkbaren Energieniveaus verfügt, da in den Spektren der verschiedenen Elemente nicht alle Wellenlängen bzw. Photonenenergiebeträge vorkommen. Statt zu sagen, daß das Spektrum eines jeden Atoms bestimmte Linien, bestimmte Wellenlängen enthält, können wir die Sache auch so sehen, daß jedes Atom über bestimmte Energieniveaus verfügt und daß die Abgabe von Lichtquanten mit dem Übergang von einem Energieniveau zum anderen gekoppelt ist. Die Energieniveaus werden in der Regel nicht kontinuierlich, sondern diskontinuierlich gewechselt, und wieder haben wir somit ein Beispiel dafür kennengelernt, daß die Wirklichkeit oft nur eine Auswahl aus der Fülle der Möglichkeiten darstellt.

Bohr war es, der als erster zeigte, warum die Spektren nur immer die für das betreffende Element charakteristischen Linien und keine anderen enthalten. Seine Theorie, die er vor fünfundzwanzig Jahren aufstellte, enthält eine Darstellung des Atombaus, aus der man, zumindest in einfachen Fällen, rechnerisch die Spektren der verschiedenen Elemente ableiten kann. Im Lichte dieser Theorie bekommen die scheinbar nichtssagenden und zusammenhanglosen Zahlen plötzlich einen Sinn.

Bohrs Theorie bildet den Übergang zu einer noch tiefer gehenden und allgemeineren Lehre, der sogenannten Wellen- oder Quantenmechanik. Auf den letzten Seiten dieses Buches soll nun ebendiese Theorie in ihren Grundzügen besprochen werden. Vorher müssen wir allerdings noch einen spezielleren Fall von der Theorie und vom Experiment her beleuchten.

Das sichtbare Spektrum beginnt mit violettem Licht bestimmter Wellenlänge und hört mit rotem Licht bestimmter Wellenlänge auf. Mit anderen Worten: die Energie der Photonen des sichtbaren Spektrums hält sich stets innerhalb der von den Photonenenergiebeträgen des violetten und des roten Lichtes gesteckten Grenzen. Diese Begrenzung liegt natürlich nur in der Beschaffenheit des menschlichen Auges begründet. Wenn ein Energieniveau jedoch um einen noch größeren Betrag gesenkt wird, so gibt das Atom ein *ultraviolettes* Photon ab, das eine außerhalb des sichtbaren Spektrums liegende Linie erzeugt, die nicht mehr mit dem bloßen Auge, sondern nur mittels einer photographischen Platte nachgewiesen werden kann.

Auch Röntgenstrahlen setzen sich aus Photonen zusammen, nur haben diese Photonen eine viel größere Energie als die des sichtbaren Lichtes oder, mit anderen Worten, die Wellenlängen der Röntgenstrahlen sind mehrere tausendmal kleiner als die des sichtbaren Lichtes.

Kann man derart kleine Wellenlängen nun aber auch experimentell bestimmen? Es war schon beim normalen Licht schwierig genug, brauchten wir doch kleine Objekte oder winzige Öffnungen dazu. Zwei Löcher, die so fein sind und so dicht beieinanderliegen, daß sie bei normalem Licht Beugungserscheinungen hervorrufen, sind noch immer nicht fein genug, liegen noch lange nicht dicht genug beieinander, um eine Beugung von Röntgenstrahlen zustande bringen zu können. Dazu müßten sie viele tausendmal kleiner sein und dichter beieinanderliegen.

Wie sollen wir die Wellenlängen dieser Strahlen also messen? Nun, die Natur selbst kommt uns da zu Hilfe.

Ein Kristall ist ein Konglomerat von Atomen, die alle sehr dicht beieinanderliegen und sich zu einem absolut regelmäßigen Ganzen fügen. Unsere Skizze zeigt ein einfaches Modell, das die Struktur so eines Kristalls verdeutlichen soll. Statt winziger Öffnungen haben wir hier außerordentlich kleine Objekte in Gestalt der Atome des betreffenden Elements, Objekte also, die dicht beieinanderliegen und absolut regelmäßig angeordnet sind. Die Abstände zwischen den Atomen, die sich aus der Theorie der Kristallstruktur ergeben, sind so klein, daß man hoffen durfte, sie

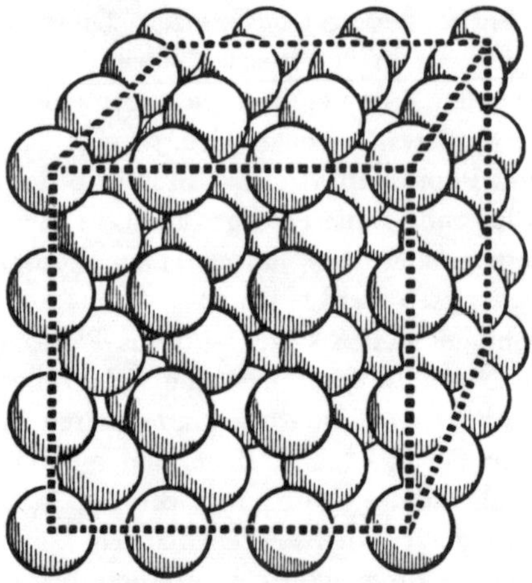

Fig. 71

würden sich für die Beugung von Röntgenstrahlen eignen. Das Experiment ergab, daß es in der Tat möglich ist, die Wellen der Röntgenstrahlen mit Hilfe dieser dicht zusammengepferchten Objekte, nämlich der Atome in ihrer regelmäßigen dreidimensionalen kristallinischen Anordnung, zu beugen.

Wenn ein Bündel von Röntgenstrahlen durch einen Kristall hindurchgeht und dann auf eine photographische Platte fällt, so zeigt diese das Beugungsmuster. Man hat die Spektren von Röntgenstrahlen nach verschiedenen Methoden untersucht, um aus den Beugungsmustern Aufschluß über ihre Wellenlänge zu erhalten. Was wir hier in wenigen

Worten gesagt haben, würde Bände füllen, wollte man alle theoretischen und experimentellen Einzelheiten anführen. Auf Tafel III ist nur ein einziges Beugungsmuster abgebildet, das nach einer der zahlreichen Methoden hergestellt wurde. Auch hier sehen wir wieder die hellen und dunklen Ringe, die so sehr für die Wellentheorie sprechen. In der Mitte ist der ungebeugte Strahl zu sehen. Man würde außer diesem Lichtfleck gar nichts weiter sehen, wenn zwischen Strahlenquelle und photographischer Platte nicht der Kristall eingeschoben gewesen wäre. An Hand von Photographien dieser Art kann man die in den Röntgenstrahlenspektren vorkommenden Wellenlängen berechnen, und umgekehrt lassen sich daraus Schlüsse auf die Struktur des Kristalls ziehen, wenn die Wellenlänge bekannt ist.

Die Wellen der Materie

Wie sollen wir uns die Tatsache erklären, daß in den Spektren der verschiedenen Elemente nur immer bestimmte, charakteristische Wellenlängen vorkommen?

Schon oft wurde in der Physik dadurch ein entscheidender Fortschritt erzielt, daß man zwischen scheinbar unzusammenhängenden Phänomenen systematisch Parallelen gezogen hat. Wir haben im Rahmen dieser Ausführungen mehr als einmal gesehen, wie Ideen, die sich aus einem bestimmten Wissenschaftszweig heraus entwickelt haben, später erfolgreich auf andere Gebiete übertragen werden konnten. Die Entwicklung des mechanistischen Denkens und der auf dem Feldbegriff basierenden Auffassung bietet eine ganze Reihe von Beispielen dafür. Wenn man bereits gelöste Probleme neben die noch ungelösten hält, so erscheinen einem die Schwierigkeiten, die noch bewältigt werden müssen, oft in einem anderen Lichte. Eine oberflächliche Analogie zu finden, mit der im Grunde gar nichts gesagt wird, ist natürlich kein Kunststück. Entdecken wir dagegen

Gemeinsamkeiten von grundlegender Bedeutung, die sich hinter äußerlicher Verschiedenheit verbergen, und bauen wir darauf dann eine neue, brauchbare Theorie, so leisten wir damit wertvolle, schöpferische Arbeit. Die Ausarbeitung der sogenannten Wellenmechanik, die von de Broglie und Schrödinger vor über zwanzig Jahren begonnen wurde, ist ein typisches Beispiel für das Zustandekommen einer erfolgreichen Theorie, die in einer tiefgreifenden und glücklich gewählten Analogie wurzelt.

Fangen wir mit einem klassischen Beispiel an, das an sich gar nichts mit moderner Physik zu tun hat. Wir ergreifen

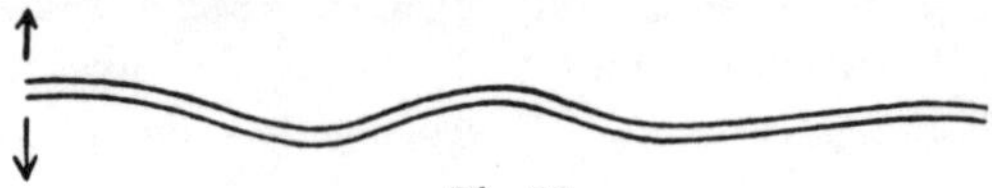

Fig. 72

das Ende eines langen, schlaffen Gummischlauches oder einer sehr langen Stahlfeder und bewegen es rhythmisch auf und nieder, so daß es eine Schwingung ausführt. Wie wir schon an zahlreichen anderen Beispielen gesehen haben, entsteht unter dem Einfluß dieser Schwingung eine Welle, die sich mit einer bestimmten Geschwindigkeit über den ganzen Schlauch ausbreitet. Wenn wir uns den Schlauch unendlich lang denken, dann müssen die Wellengebilde, sind sie einmal erregt, ihre Reise ungestört bis in alle Ewigkeit fortsetzen.

Nun ein anderer Fall: der Schlauch ist an beiden Enden befestigt. Man kann auch, wenn man will, eine Geigensaite nehmen. Was geschieht jetzt, wenn an einem Ende des Schlauches bzw. der Saite eine Welle erzeugt wird? Nun, sie beginnt ihren Lauf wie im vorigen Beispiel, nur wird sie am anderen Ende zurückgeworfen, so daß wir es dann mit zwei Wellen zu tun haben; eine entsteht durch die Schwingung, die andere durch Reflexion. Sie bewegen sich in entgegengesetzten Richtungen und kommen miteinander in Konflikt. Es ist nicht schwer, die Interferenz der beiden Wellen zu verfolgen. Das Ergebnis der Überlagerung ist eine einzige, eine sogenannte *stehende Welle*. Man sollte glauben, daß die Worte „stehend" und „Welle" einander widersprächen, doch können sie, zu einem Begriff vereint, sehr wohl auf das Überlagerungsprodukt der beiden Wellen angewandt werden.

Das einfachste Beispiel für eine stehende Welle ist die Bewegung einer Saite, die mit beiden Enden befestigt ist

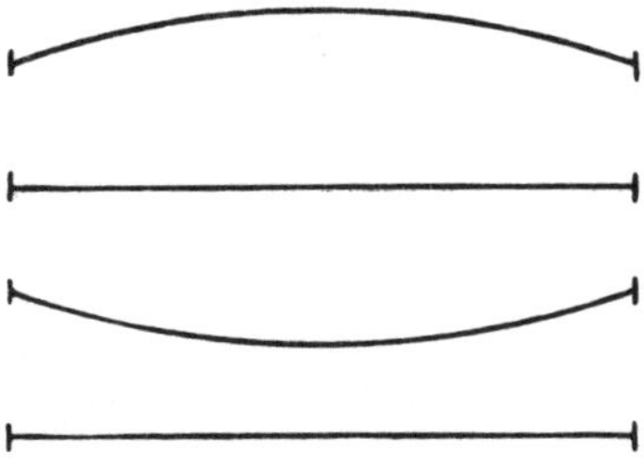

Fig. 73

und wie in unserer Skizze auf und ab schwingt. Eine solche Bewegung entsteht immer dann, wenn zwei in entgegengesetzter Richtung fortschreitende Wellen einander überlagern. Das Charakteristische an dieser Bewegung ist der Umstand, daß die beiden Endpunkte, die sogenannten *Knoten*, ruhen. Die Welle steht sozusagen zwischen den beiden Knoten still, und alle Punkte der Saite erreichen gleichzeitig das Maximum bzw. das Minimum ihres Ausschlages.

Damit haben wir die stehende Welle allerdings nur in ihrer einfachsten Form beschrieben. Es gibt auch noch andere Arten davon. So kann eine stehende Welle zum Beispiel drei Knoten haben, einen an jedem Ende und einen in der Mitte. In diesem Falle gibt es drei Punkte, die ständig ruhen. Ein Blick auf die Skizzen belehrt uns darüber, daß die Wellenlänge hier nur halb so groß ist wie bei der Welle mit den zwei Knoten. So können stehende Wellen auch vier, fünf und mehr Knoten haben. In allen Fällen wird die Wellenlänge durch die Anzahl der Knoten bestimmt, die immer durch eine ganze Zahl ausgedrückt sein muß und somit nur sprungweise veränderlich ist. Der Satz: „Die Anzahl der Knoten in der und der stehenden Welle beträgt 3,576" ist absurd; denn die Wellenlänge kann sich eben nur diskontinuierlich verändern. So stoßen wir bei

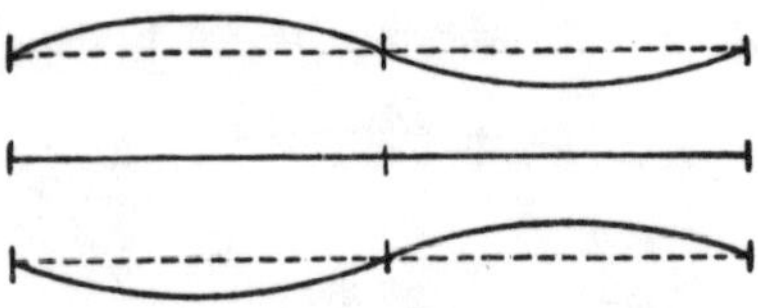

Fig. 74

der Besprechung dieses an sich vollkommen klassischen Problems also plötzlich auf Dinge, die uns nun schon von der Quantentheorie her geläufig sind. Die von einem Geigenspieler erzeugte stehende Welle ist nun allerdings noch bedeutend komplizierter. Sie stellt nämlich eine Mischung aus sehr vielen Wellen mit zwei, drei, vier, fünf und mehr Knoten und somit verschiedene Wellenlängen dar. Der Physiker kann eine solche Mischung in die einfachen ste-

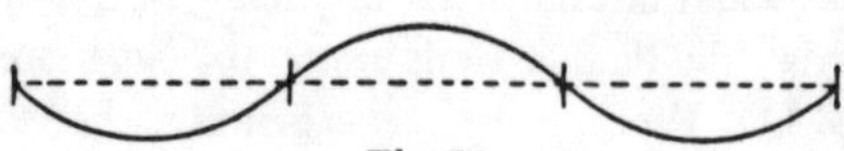

Fig. 75

henden Wellen zerlegen, aus denen sie besteht, oder, um es in der Terminologie von vorhin auszudrücken: die schwingende Saite hat wie ein Strahlung abgebendes Element sozusagen ihr Spektrum; denn sie enthält wie das Spektrum eines Elements nur bestimmte Wellenlängen, während alle anderen bei ihr nicht vorkommen.

Es ist uns also gelungen, eine Ähnlichkeit zwischen der schwingenden Saite und dem Strahlung aussendenden Atom zu konstatieren. So seltsam uns diese Analogie auch anmuten mag, wollen wir doch ruhig fortfahren, unsere Schlüsse daraus zu ziehen und den Vergleich weiterzuführen suchen, nachdem wir schon einmal damit angefangen haben. Die Atome eines jeden Elements setzen sich aus Elementarteilchen zusammen. Die schwereren bilden den Kern, die leichteren sind die Elektronen. Ein solches System von Partikeln können wir nun mit einem kleinen akustischen Instrument vergleichen; denn in beiden Fällen werden ja stehende Wellen erzeugt.

Nun ist die stehende Welle aber das Resultat einer Interferenz von zwei oder, ganz allgemein, mehreren fortschreitenden Wellen. Wenn an unserer Analogie etwas Wahres ist, dann müßte es ein Gebilde geben, das noch einfacher ist als das Atom und das als Pendant zur fortschreitenden Welle angesehen werden könnte. Welches ist das einfachste Gebilde? Nun, in unserer materiellen Welt kann es nichts Einfacheres geben als ein Elektron, also ein Elementarteilchen, auf das keine Kräfte einwirken, das heißt, ein ruhendes oder gleichförmiges bewegtes Elektron. Wir können schon fast erraten, welcher Analogieschluß nun kommt:

Gleichförmig bewegtes Elektron →
→ Wellen mit bestimmter Wellenlänge.

Das ist der neue kühne Gedanke, auf den de Broglie verfiel.

Es wurde vorhin schon gezeigt, daß es Phänomene gibt, bei denen das Licht seine Wellennatur verrät, und andere, die sich aus seiner Korpuskularstruktur erklären lassen. Nachdem wir uns schon ganz darauf eingestellt hatten, daß das Licht Wellennatur besitzt, mußten wir zu unserem Erstaunen feststellen, daß es sich in manchen Fällen, zum Beispiel beim photoelektrischen Effekt, nach Art von Photonenschauern verhält. Bei den Elektronen liegt die Sache jetzt gerade umgekehrt. Wir haben uns darauf eingestellt gehabt, daß Elektronen Partikeln, Elementarquanten der Elektrizität und der Materie sind – wurden sie doch bereits eingehend auf ihre Ladung und ihre Masse untersucht. Wenn an de Broglies Idee etwas Wahres sein soll, dann muß es ein Phänomen geben, bei dem die Materie ihre Wellennatur demonstriert. Auf den ersten Blick mutet diese Schlußfolgerung, zu der wir von der Analogie mit der Akustik aus gelangt sind, seltsam und unverständlich an. Was soll eine bewegte Korpuskel mit einer Welle zu tun haben? Nun ist es freilich nicht das erstemal, daß wir in der Physik auf eine Schwierigkeit dieser Art stoßen. Das gleiche Problem begegnete uns ja schon einmal in der Optik.

Auf die Grundideen kommt es bei der Aufstellung einer physikalischen Theorie in erster Linie an. In wissenschaftlichen Werken über Physik wimmelt es zwar von komplizierten mathematischen Formeln, doch entspringt jede physikalische Theorie aus einem Denkvorgang, einer Idee, und nicht etwa aus Zahlengebilden. Später, wenn es an die Ausarbeitung einer quantitativen Theorie geht, müssen diese Gedanken in eine mathematische Form gebracht werden, da sie sich sonst nicht experimentell nachprüfen lassen. Wir können das sehr gut an dem Problem illustrieren, mit dem wir es jetzt gerade zu tun haben. Das Hauptpostulat geht dahin, daß ein gleichförmig bewegtes Elektron sich bei manchen Phänomenen wie eine Welle verhält. Nehmen wir an, ein Elektron oder ein aus lauter Elektronen mit gleicher Geschwindigkeit bestehender Elektronenschauer bewegt sich gleichförmig durch den Raum. Masse, Ladung und Geschwindigkeit sind für jedes einzelne Elektron bekannt. Wenn wir den Wellenbegriff irgendwie mit einem gleichförmig bewegten Elektron bzw. mit Elektronen in Verbindung bringen wollen, dann müssen wir jetzt fragen: Wie groß ist die Wellenlänge? Das ist nun aber eine quantitative Frage, und es muß daher zunächst einmal eine mehr oder minder quantitative Theorie aufgestellt werden, wenn sie beantwortet werden soll. Das ist auch gar nicht so schwierig. Es ist überhaupt erstaunlich, wie einfach das

Werk de Broglies, das die Lösung dieses Problems enthält, in mathematischer Hinsicht eigentlich ist. Im Vergleich zu den mathematischen Kunstgriffen, zu denen man bei der Ausarbeitung mancher anderer zeitgenössischer Theorien greifen mußte, sind die Formeln de Broglies geradezu die einfachste Sache von der Welt. Das mathematische Rüstzeug für die Lösung des Problems der Materiewellen ist wirklich äußerst einfach und unkompliziert. Die Grundideen der Theorie dagegen sind tiefgründig und überaus bedeutungsvoll.

Seinerzeit, bei der Besprechung von Lichtwellen und Photonen, haben wir gesehen, daß man jede mit den Mitteln der Wellenterminologie formulierte Aussage in die Sprache der Photonen- oder Lichtkorpuskellehre übertragen kann. Das gleiche gilt nun auch für die Elektronenwellen. Wie die Beschreibung von gleichförmig bewegten Elektronen in der Korpuskularterminologie aussieht, wissen wir bereits. Jede in der Korpuskularsprache abgefaßte Aussage läßt sich jetzt aber, genauso wie bei den Photonen, in die Wellensprache übersetzen. Zwei Erkenntnisse waren für die Aufstellung der Übertragungsregeln maßgebend. Die eine davon ist die Analogie zwischen Lichtwellen und Elektronenwellen bzw. Photonen und Elektronen, die darauf hinausläuft, daß wir für Materie und Licht mit ein und derselben Übertragungsmethode auszukommen suchen. Die zweite entstammt der speziellen Relativitätstheorie, nach der die Naturgesetze im Sinne der Lorentz-Transformation, nicht aber der klassischen Transformation, unveränderlich sein müssen. Aus beiden Faktoren ergibt sich die für ein bewegtes Elektron geltende Wellenlänge. Die Theorie gestattet es, die Wellenlänge eines Elektrons, das sich mit einer Geschwindigkeit von, sagen wir, 16 000 km in der Sekunde fortbewegt, ohne weiteres zu berechnen. Sie ist ungefähr so groß wie die der Röntgenstrahlen. Daraus können wir weiters schließen, daß wir die Wellennatur der Materie, sofern sie sich überhaupt nachweisen läßt, experimentell am besten mit einer für Röntgenstrahlen eingerichteten Versuchsanordnung überprüfen können.

Denken wir uns einen Elektronenstrahl, der sich gleichförmig mit einer bestimmten Geschwindigkeit fortbewegt, oder, um es mit den Mitteln der Wellenterminologie auszudrücken, eine homogene Elektronenwelle, und nehmen wir an, daß diese durch einen sehr dünnen Kristall, der als Beugungsgitter dient, hindurchgeht. Die Abstände zwischen den Beugungsobjekten im Kristall sollen so klein sein, daß sie bei Röntgenstrahlen Beugungserscheinungen hervorrufen. Wir dürfen erwarten, daß sich dann bei Elektronenwellen mit annähernd gleicher Wellenlänge eine ähnliche Wirkung einstellt. Die Beugung der durch diese dünne Kristallscheibe hindurchgehenden Elektronenstrahlen müßte sich dann mittels einer photographischen Platte nachweisen lassen. Das Experiment liefert nun auch tatsächlich ein Ergebnis, das als großartige Bestätigung der Theorie angesehen werden kann. Es zeigt sich nämlich, daß die Elektronenwellen tatsächlich der Beugung unterliegen. Besonders deutlich wird die Verwandtschaft der Beugungserscheinungen von Elektronenwellen und Röntgenstrahlen, wenn man die beiden Muster auf Tafel III miteinander vergleicht. Wir wissen bereits, daß wir an Hand solcher Bilder die Wellenlänge von Röntgenstrahlen bestimmen können. Bei Elektronenwellen ist es natürlich nicht anders. Das Beugungsmuster gibt uns Aufschluß über die Länge von Materiewellen. Diese vollkommene Übereinstimmung von Theorie und Experiment in quantitativer Hinsicht bestätigt die Richtigkeit unseres Gedankenganges in glänzender Weise.

Die vorhin besprochenen Schwierigkeiten werden durch dieses Resultat allerdings nur noch erweitert und vertieft. Das läßt sich an einem Beispiel von der Art deutlich machen, wie wir es seinerzeit bei der Besprechung der Lichtwellen herangezogen haben. Ein Elektron, das in Richtung auf ein sehr kleines Loch abgeschossen wird, unterliegt nämlich gleich den Lichtwellen der Beugung und erzeugt auf der photographischen Platte helle und dunkle Ringe. Es besteht eine schwache Hoffnung, dieses Phänomen eventuell aus der Wechselwirkung zwischen Elektron und Öffnungsrand erklären zu können, wenn wir uns von einer solchen Deutung auch nicht allzuviel versprechen dürfen. Wie steht es aber, wenn wir mit zwei Öffnungen arbeiten? Nun, statt der Ringe erscheinen Streifen. Wie ist es möglich, daß das zweite Loch einen vollständig anderen Endeffekt bewirkt? Das Elektron ist doch unteilbar und kann, so sollte man wenigstens meinen, nur durch eine der beiden Öffnungen hindurchgehen. Woher soll das Elektron „wissen", wenn es durch ein Loch geht, daß ein Stückchen weiter weg noch ein zweites gebohrt wurde?

Wir haben uns vorhin die Frage vorgelegt: Was ist Licht? Besteht es aus Korpuskelschauern oder aus Wellen? Jetzt fragen wir: Was ist Materie, was ist ein Elektron? Handelt es sich dabei um Korpuskeln oder um Wellen? Wenn das Elektron sich im Bereich eines fremden elektrischen oder magnetischen Feldes bewegt, verhält es sich wie eine Partikel; wird es in einem Kristall gebeugt, nimmt es dagegen Wellennatur an. So stoßen wir bei der Erforschung der Elementarquanten der Materie auf die gleiche Schwierigkeit, die wir schon bei den Lichtquanten kennengelernt haben, und eine der grundlegendsten Fragen, welche die wissenschaftlichen Errungenschaften der letzten Zeit aufgeworfen haben, ist eben die, wie man die beiden einander widersprechenden Auffassungen, die materialistische und die wellenmäßige, auf einen Nenner bringen soll. Grundprobleme dieser Art führen, sobald sie einmal herausgearbeitet worden sind, über kurz oder lang immer zu wesentlichen Fortschritten der Wissenschaft. Die modernen Physiker haben sich redlich bemüht, dieses Problem zu lösen, doch erst die Zukunft wird erweisen, ob die von ihnen gebotene Lösung sich bewährt oder nicht.

Wahrscheinlichkeitswellen

Nach der klassischen Mechanik können wir auf Grund der mechanischen Gesetze die Bahn eines Massenpunktes vorausberechnen, wenn wir seine Lage und Geschwindigkeit kennen und darüber im Bilde sind, welche äußeren Kräfte auf ihn einwirken. Der Satz: „Der und der Massenpunkt hat in dem und dem Augenblick die und die Lage und Geschwindigkeit" ist in der klassischen Mechanik durchaus sinnvoll. Wenn diese Feststellung jedoch aus irgendeinem Grunde ihren Sinn verliert, so wird unsere Überlegung (S. 43) über die Vorausberechnung zukünftiger Ereignisse gegenstandslos.

Anfang des neunzehnten Jahrhunderts waren die Naturwissenschaftler bestrebt, alle physikalischen Vorgänge auf einfache Kräfte zurückzuführen, und die diesen Kräften unterworfenen Materieteilchen hatten nach ihrer Meinung in jedem Augenblick klar definierbare Positionen und Geschwindigkeiten. Halten wir uns noch einmal vor Augen, wie wir die Bewegung zu Beginn unseres Streifzuges durch das Reich der physikalischen Probleme, bei der Besprechung der Mechanik, zu beschreiben pflegten. Wir zeichneten entlang einer bestimmten Bahn Punkte ein, aus denen die genauen Positionen eines Körpers für bestimmte Zeitpunkte ersichtlich waren, und dann zogen wir durch diese Punkte tangentenförmige Vektoren, die uns Richtung und Ausmaß der Geschwindigkeiten lieferten. Das war ein ebenso einfaches wie einleuchtendes Verfahren, nur läßt es sich auf die Elementarquanten der Materie, die Elektronen, und auf die Energiequanten, die Photonen, nicht anwenden. Den Weg von Photonen und Elektronen darf man sich nicht, wie aus dem Beispiel mit den beiden feinen Öffnungen klar hervorgeht, als Bewegung im Sinne der klassischen Mechanik vorstellen. Elektronen und Photonen scheinen durch beide Löcher hindurchzugehen, und es ist daher unmöglich, den beobachteten Effekt auf Grund der Vorstellung von einer nach klassischem Muster angelegten Elektronen- bzw. Photonenbahn zu deuten.

Wohl muß es Elementarvorgänge, wie zum Beispiel den Durchgang von Elektronen oder Photonen durch Öffnungen, geben. An der Existenz von Elementarquanten der Materie und der Energie kann nicht gezweifelt werden, nur lassen sich die Grundgesetze eben nicht in der Weise formulieren, daß man nach dem primitiven Verfahren der klassischen Mechanik einfach für einen gegebenen Zeitpunkt Lage- und Geschwindigkeitsbestimmungen macht.

Wir wollen es deshalb einmal anders versuchen und ein und denselben Elementarvorgang mehrmals wiederholen, das heißt, ein Elektron nach dem anderen auf die beiden feinen Öffnungen losschicken. Es soll hier der Einfachheit halber nur immer von Elektronen die Rede sein, obwohl es ebensogut Photonen sein könnten.

Ein Mal um das andere wird ein und dasselbe Experiment durchexerziert; alle Elektronen haben gleiche Geschwindigkeit und bewegen sich auf die beiden Öffnungen zu. Es braucht wohl kaum erwähnt zu werden, daß es sich hierbei um ein idealisiertes Experiment handelt, das sich in Wirklichkeit nicht durchführen läßt, das wir uns aber ganz gut vorstellen können. Einzelne Photonen oder Elektronen lassen sich nämlich in der Praxis eigentlich nicht wie Gewehrkugeln zu bestimmten Zeitpunkten nach Wunsch abschießen.

Das Resultat dieser Serie von gleichen Experimenten muß wiederum das Erscheinen heller und dunkler Ringe bei Verwendung einer Öffnung und ebensolcher Streifen bei zwei Löchern sein, nur mit einem wesentlichen Unterschied: als wir mit einem einzelnen Elektron arbeiteten, blieb uns das Versuchsergebnis unverständlich, während es uns jetzt, da wir das Experiment oftmals wiederholt haben, gleich verständlicher wird. Wir können nunmehr sagen: Dort, wo viele Elektronen auftreffen, erscheinen Lichtstreifen, deren Helligkeitsgrad sich nach der Zahl der Elektronen richtet, denen sie ihre Entstehung verdanken. An dunklen Stellen dagegen sind kleine Elektronen eingeschlagen. Natürlich dürfen wir nicht glauben, daß alle Elektronen durch ein und dasselbe Loch gehen. Wäre dem so, dann dürfte es keine Rolle spielen, ob man das andere verdeckt oder nicht. Wir wissen aber bereits, daß der Versuch anders ausfällt, wenn man das tut. Da eine Partikel unteilbar ist, können wir uns nicht vorstellen, daß sie durch beide Löcher geht, doch haben wir jetzt, wo wir das Experiment mehrmals wiederholt haben, auch eine andere Deutungsmöglichkeit. Es wird eben einfach so sein, daß einige Elektronen durch das erste und andere durch das zweite Loch gehen. Zwar wissen wir nicht, warum die einzelnen Elektronen sich verschiedene Öffnungen aussuchen, doch kann das Endergebnis der wiederholten Versuche jedenfalls nur dahingehend gedeutet werden, daß beide Löcher an der Durchschleusung der Elektronen auf dem Wege von ihrer Emissionsquelle zur Wand beteiligt sind. Wenn wir uns auf die Schilderung dessen beschränken, was bei oftmaliger Wiederholung des Experiments mit der großen Masse der Elektronen geschieht, ohne uns um das Verhalten einzelner Teilchen zu kümmern, dann verstehen wir plötzlich, warum einmal ein ringförmiges und das andere Mal ein gestreiftes Muster erscheinen muß. Die Betrachtung einer Folge von gleichen Experimenten hat uns also eine neue Idee geliefert, nämlich die Vorstellung von einem Kollektiv, dessen Grundelemente ein nicht vorherzusehendes Verhalten zeigen. Zwar läßt sich nicht die Bahn eines einzelnen Elektrons, wohl aber der Umstand vorhersagen, daß an der Wand helle und dunkle Streifen erscheinen werden.

Lassen wir die Quantenphysik nun einmal ganz aus dem Spiel.

Wir haben in der klassischen Physik gesehen, daß wir die Bahn eines Massenpunktes vorausberechnen können, wenn wir seine Lage und seine Geschwindigkeit für einen bestimmten Zeitpunkt und die Kräfte kennen, denen er unterworfen ist. Wir haben auch gesehen, wie die mechanistische Auffassung auf die kinetische Theorie der Materie angewandt wurde. Aber gerade in dieser Theorie erschien nun auf Grund unserer Überlegung eine neue Idee. Das Verständnis der weiteren Gedankengänge wird uns wesentlich leichter fallen, wenn wir uns diese Idee möglichst gründlich zu eigen machen.

Denken wir uns ein mit Gas gefülltes Gefäß. Wollten wir die Bewegung einzelner Gasteilchen erforschen, müßten wir zunächst den Urzustand, das heißt, die Ausgangsstellung und die Anfangsgeschwindigkeit jeder einzelnen Partikel bestimmen. Selbst wenn das an sich möglich wäre, würden wir mehr als ein Menschenleben brauchen, um die Ergebnisse zu Papier zu bringen, da die Anzahl der Teilchen so ungeheuer groß ist. Sodann müßten wir darangehen, nach den bekannten Methoden der klassischen Mechanik die Endpositionen aller Partikeln zu errechnen, würden dabei jedoch auf vollends unüberwindliche Schwierigkeiten stoßen. Prinzipiell ist es durchaus möglich, auch in diesem Falle nach dem Verfahren vorzugehen, das wir von der Bestimmung der Planetenbahnen her kennen, praktisch hat das aber gar keinen Sinn. Vielmehr müssen wir uns der *statistischen Methode* bedienen, bei der es auf eine genaue Kenntnis des Urzustandes überhaupt nicht ankommt. Wir werden auf diese Art weniger über den Zustand des Systems in einem gewählten Zeitpunkt erfahren und können daher auch nichts Genaues über seine Vergangenheit oder seine Zukunft sagen. Das Schicksal der einzelnen Gasteilchen ist uns aber auch gleichgültig. Unser Problem ist von anderer Art. Wir fragen nicht: „Wie groß ist die Geschwindigkeit der einzelnen Partikeln in dem und dem Augenblick?, sondern etwa: „Bei wie vielen Teilchen liegt die Geschwindigkeit zwischen 300 m und 400 m in der Sekunde?“ Die einzelnen Partikeln gehen uns nichts an. Was wir bestimmen wollen, das sind Durchschnittswerte, die für das ganze Kollektiv typisch sind. Die statistische Methode kann natürlich nur dann ein brauchbares Ergebnis liefern, wenn das untersuchte System aus einer großen Zahl von Einzelteilchen besteht.

Wenn wir mit der statistischen Methode arbeiten, können wir das Verhalten eines einzelnen Teilchens aus dem Kollektiv allerdings nicht vorherbestimmen. Wir können nur sagen: Es besteht die Möglichkeit, die *Wahrscheinlichkeit,* daß es sich so und so verhält. Wenn unsere statistischen Gesetze uns sagen, daß die Geschwindigkeit bei einem Drittel der Teilchen zwischen 300 m und 400 m pro Sekunde liegen muß, dann werden wir bei einer Folge von Beobachtungen an vielen Partikeln eben diesen Durchschnittswert herausbekommen, oder, um es anders auszudrücken: die Chancen, eine Partikel zu finden, deren Geschwindigkeit in diesen Grenzen liegt, stehen 1 : 3.

Wenn wir die Geburtenziffer für ein großes Gemeinwesen haben, so wissen wir ja auch nicht, ob die und die Familie ein Kind hat oder nicht. Die Ziffer ist nur ein statistischer Wert, für den die Einzelindividuen belanglos sind.

Wenn wir uns die Nummern einer großen Menge von Kraftwagen aufschreiben, dann werden wir bald merken, daß ein Drittel der Zahlen sich durch drei teilen läßt. Wir können aber nicht sagen, ob der nächste vorbeikommende Wagen eine durch drei teilbare Nummer hat oder nicht. Statistische Gesetze lassen sich nur auf große Kollektive, nicht auf deren einzelne Grundelemente anwenden.

Nach diesem Abstecher wollen wir nun zu unserem Quantenproblem zurückkehren.

Auch die Gesetze der Quantenphysik haben einen statistischen Charakter, das heißt, sie beziehen sich nicht auf ein Einzelsystem, sondern auf eine Ansammlung von identischen Systemen. Sie können nicht durch Einzelmessungen an Individuen, sondern nur durch Serien von gleichartigen Messungen verifiziert werden.

Der radioaktive Zerfall ist einer der vielen Vorgänge,

für welche die Quantenphysik Gesetze zu formulieren bestrebt ist; in diesem Falle die Gesetze, nach denen sich die spontane Umwandlung von einem Element in ein anderes vollzieht. Wir wissen zum Beispiel, daß von einem Gramm Radium nach 1600 Jahren die eine Hälfte zerfallen ist, während die andere Hälfte bis dahin noch unverändert bleibt. Wir können annäherungsweise vorhersagen, wie viele Atome in der nächsten halben Stunde zerfallen, doch können wir nicht einmal in theoretischen Beschreibungen angeben, warum gerade diese und keine anderen Atome an die Reihe gekommen sind. Nach dem Stande unseres heutigen Wissens haben wir nicht die Fähigkeit, die Atome zu bezeichnen, die jeweils zum Zerfall bestimmt sind. Das Schicksal eines Atoms hängt nicht mit seinem Alter zusammen. Wir haben nicht die Spur von einem Gesetz, aus dem sich Schlüsse auf das Verhalten der einzelnen Atome ziehen ließen. Man kann nur statistische Gesetze aufstellen, Gesetze, die für große Anhäufungen von Atomen gelten.

Ein anderes Beispiel: Ein leuchtendes gasförmiges Element, das vor ein Spektroskop gebracht wird, erzeugt Linien bestimmter Wellenlänge. Das Erscheinen einer diskontinuierlichen Gruppe bestimmter Wellenlängen ist für diejenigen atomaren Phänomene charakteristisch, an deren Zustandekommen die Elementarquanten nachweisbar beteiligt sind. Nun hat dieses Problem allerdings auch noch eine andere Seite. Einige der Spektrallinien sind nämlich sehr deutlich zu sehen, andere dagegen schwächer. Eine ausgeprägte Linie deutet darauf hin, daß eine verhältnismäßig große Zahl von Photonen der betreffenden Wellenlänge ausgestrahlt wird, während eine schwache Linie das Gegenteil beweist. Die Theorie liefert uns auch hier nur statistische Daten. Jede Linie ist der sichtbare Ausdruck für den Übergang von einem höheren zu einem niedrigeren Energieniveau, und die Theorie gibt uns nur Aufschluß über die Wahrscheinlichkeit der einzelnen möglichen Übergänge. Über den eigentlichen Energiesprung innerhalb eines einzelnen Atoms erfahren wir dagegen nichts. Die Theorie bewährt sich jedoch glänzend, weil es sich bei allen diesen Phänomenen um große Ansammlungen und nicht um einzelne Atome handelt.

Es hat fast den Anschein, als habe die neue Quantenphysik eine gewisse Ähnlichkeit mit der kinetischen Theorie der Materie, da beide Lehren statistischer Natur sind und für große Ansammlungen gelten. Dem ist aber nicht so! Bei einem Vergleich beider Theorien kommt es nicht sosehr auf die Gemeinsamkeiten, sondern vor allem auf die Verschiedenheiten an. Ihre Ähnlichkeit liegt hauptsächlich in ihrem statistischen Charakter. Wodurch unterscheiden sie sich aber nun?

Wenn wir wissen wollen, wie viele Männer und Frauen über Zwanzig in einer bestimmten Stadt leben, müssen wir jeden Einwohner auffordern, einen Fragebogen mit den Rubriken „männlich", „weiblich" und „Alter" auszufüllen. Wenn das jeder wahrheitsgemäß tut, erhalten wir durch Sichtung und Zählung ein statistisches Ergebnis. Auf die einzelnen Namen und Adressen kommt es nicht an. Trotzdem leiten wir unsere statistischen Feststellungen aus einer Kenntnis des Einzelfalles ab. So haben wir es auch bei der kinetischen Theorie der Materie mit statistischen Gesetzen zu tun, die zwar für die Gesamtheit gelten, dabei jedoch aus den Individualgesetzen abgeleitet sind.

In der Quantentheorie liegen die Dinge nun aber vollkommen anders. Hier werden gleich die statistischen Gesetze aufgestellt, während man die Individualgesetze vollkommen aus dem Spiel läßt. An dem Beispiel mit dem Photon bzw. Elektron und den beiden Öffnungen haben wir gesehen, daß man die wahrscheinliche Bewegung eines Elementarteilchens nicht nach dem Muster der klassischen Physik in Raum und Zeit beschreiben kann. Der Quantenphysiker gibt sich nicht mit Gesetzen für einzelne Elementarteilchen ab und schreitet gleich zur Aufstellung der statistischen Gesetze, die für große Ansammlungen gelten.

Es ist unmöglich, mit den Mitteln der Quantenphysik Positionen und Geschwindigkeiten von Elenmentarteilchen anzugehen oder, wie in der klassischen Physik, ihre Bahn vorauszusagen. In der Quantenphysik wird nur mit Ansammlungen gearbeitet, und die Gesetze beziehen sich hier nur auf Kollektive, nicht aber auf einzelne Teilchen.

Die harte Notwendigkeit, nicht etwa Spekulation oder Neuerungssucht, zwingt uns, von der klassischen Auffassung abzugehen. Die Schwierigkeiten, auf die wir beim Arbeiten mit der alten Theorie stoßen, sind hier nur an einem Beispiel demonstriert worden, nämlich an den Beugungserscheinungen. Man könnte aber noch viele andere, nicht minder einleuchtende Fälle anführen. Im Zuge unserer Bemühungen, die Wirklichkeit zu begreifen, sehen wir uns immer wieder genötigt, unsere Ansichten zu ändern, doch stets bleibt die Entscheidung darüber, ob wir den einzig möglichen Ausweg aus dem jeweiligen Dilemma gewählt haben oder ob sich eine bessere Lösung hätte finden lassen, der Zukunft vorbehalten.

Wir gehen davon ab, Einzelfälle als selbständige Vorgänge in Raum und Zeit zu betrachten, und führen statt dessen Gesetze statistischer Natur ein. Das ist das Wesen der modernen Quantenphysik.

Bislang haben wir bei der Einführung neuer physikalischer Gegebenheiten, zum Beispiel im Falle des elektromagnetischen und des Schwerefeldes, immer versucht, die charakteristischen Merkmale der Gleichungen, in denen die betreffenden Ideen ihren mathematischen Ausdruck fanden, in ganz allgemeiner Form zu skizzieren. Wir wollen das nun auch hier, bei der Quantenphysik, wieder tun und damit ganz kurz auf die Arbeit von Bohr, de Broglie, Schrödinger, Heisenberg, Dirac und Born zu sprechen kommen.

Gesetzt den Fall, wir haben ein Elektron. Dieses mag im Wirkungsbereich eines beliebigen fremden elektromagnetischen Feldes oder frei von allen äußeren Einflüssen sein; es mag sich im Feld eines Atomkerns bewegen oder an einem Kristall beugen – immer lehrt uns die Quantenphysik, wie die mathematischen Gleichungen für das jeweilige Problem aufgestellt werden können.

Wir haben bereits die Ähnlichkeit konstatiert, die zwischen einer schwingenden Saite, einem Trommelfell, einem Blasinstrument oder irgendeinem anderen akustischen Gerät einerseits und einem Strahlung aussendenden Atom andererseits besteht. Auch zwischen den für akustische Probleme geltenden mathematischen Gleichungen und denen für Fragen der Quantenphysik gibt es eine Verwandtschaft, nur ist die physikalische Interpretation der jeweiligen Größen verschieden, je nachdem, um was für Vorgänge es sich handelt. Die physikalischen Größen für die Beschreibung der schwingenden Saite haben eine ganz andere Bedeutung als die auf das Strahlung abgebende Atom bezüglichen, wenn zwischen den Gleichungen auch eine gewisse formelle Ähnlichkeit bestehen mag. Bei der Saite geht es uns um die Abweichung eines beliebigen Punktes in einem beliebigen Augenblick von seiner Normallage. Wenn wir die Form der schwingenden Saite für einen bestimmten Augenblick kennen, wissen wir alles, was wir brauchen. Dann läßt sich die Abweichung von der Normallage nämlich auch für jeden anderen Zeitpunkt aus den für die schwingende Saite geltenden mathematischen Gleichungen ableiten. Der Umstand, daß eine bestimmte Abweichung von der Normallage sich in allen Punkten der Saite auswirkt, läßt sich folgendermaßen noch exakter formulieren: Die Abweichung von der Normallage in einem gewählten Augenblick ist eine *Funktion* der Koordinaten der Saite. Alle Punkte der Saite bilden zusammen ein eindimensionales Kontinuum, und die Abweichung ist eine Funktion, die in diesem eindimensionalen Kontinuum ihren Ausdruck findet und sich mit den für die schwingende Saite geltenden Gleichungen berechnen läßt.

Analog dazu haben wir auch im Falle des Elektrons für

einen gewählten Punkt im Raum und einen gewählten Augenblick eine Funktion, die wir *Wahrscheinlichkeitswelle* nennen wollen. Die Wahrscheinlichkeitswelle ist hier das, was bei unserem akustischen Problem die Abweichung von der Normallage war. Sie ist eine Funktion eines dreidimensionalen Kontinuums für einen bestimmten Augenblick, während die Abweichung der Saite eine Funktion des eindimensionalen Kontinuums für einen bestimmten Zeitpunkt ist. Die Wahrscheinlichkeitswelle ist eine Art Katalog, in dem all unser Wissen über das untersuchte Quantensystem enthalten ist. Sie setzt uns in den Stand, alle sachlichen statistischen Fragen zu beantworten, die sich auf dieses System beziehen. Über Lage und Geschwindigkeit eines Elektrons in einem bestimmten Augenblick gibt sie uns keinen Aufschluß, da derartige Angaben in der Quantenphysik gegenstandslos sind. Wir erfahren nur etwas darüber, wie groß die Wahrscheinlichkeit ist, das Elektron an einem bestimmten Punkt anzutreffen, bzw. wo wir die größten Chancen haben, auf ein Elektron zu stoßen. Das Resultat gilt nicht für eine Messung, sondern für viele gleichartige Messungen. So läßt sich die Wahrscheinlichkeitswelle in der gleichen Weise aus den Gleichungen der Quantenphysik entwickeln wie das elektromagnetische Feld aus den Maxwellschen Gleichungen und das Schwerefeld aus denen der Gravitation. Es handelt sich auch bei den Gesetzen der Quantenphysik um strukturelle Gesetze, nur haben die von diesen Gleichungen bestimmten physikalischen Begriffe einen viel abstrakteren Charakter als die elektromagnetischen und Schwere-Felder. Sie sind nur das mathematische Rüstzeug für die Beantwortung von Fragen statistischer Natur.

Bislang haben wir nur das Elektron besprochen, das den Einflüssen irgendeines äußeren Feldes unterliegt. Wenn wir es nicht mit dem Elektron, mit der kleinsten denkbaren Ladung, sondern mit einer ansehnlichen, aus Milliarden von Elektronen bestehenden Ladung zu tun hätten, brauchten wir die ganze Quantentheorie nicht und könnten das Problem einfach mit den Mitteln der herkömmlichen Physik behandeln. Wenn es sich um elektrische Ströme in Drähten, um geladene Leiter oder elektromagnetische Wellen handelt, genügt die alte, einfache Physik, die in den Maxwellschen Gleichungen ihren Niederschlag gefunden hat. Sprechen wir aber vom photoelektrischen Effekt, von der Intensität der Spektrallinien, von der Radioaktivität, von der Beugung von Elektronenwellen oder einem der zahlreichen anderen Phänomene, bei denen sich die Quantennatur von Materie und Energie manifestiert, kommen wir damit nicht aus. Wir müssen dann gewissermaßen eine Stufe höher steigen. Während wir uns in der klassischen Physik mit Lage- und Geschwindigkeitsbestimmungen für einzelne Partikeln befaßt haben, müssen wir hier mit Wahrscheinlichkeitswellen arbeiten, die, solange es sich um Einzelpartikeln handelt, in einem dreidimensionalen Kontinuum liegen.

Die Quantenphysik hat ihre eigenen Vorschriften für die Behandlung von Problemen, Vorschriften, die einen ganz anderen Charakter haben als die, nach denen wir seinerzeit gelernt haben, analoge Probleme mit den Mitteln der klassischen Physik zu lösen.

Für einzelne Elementarteilchen, Elektronen oder Photonen, haben wir Wahrscheinlichkeitswellen in einem dreidimensionalen Kontinuum, aus denen sich, statistisch gesehen, das Verhalten eines Systems entnehmen läßt, sofern es sich um oft wiederholte gleiche Vorgänge handelt. Wie ist es aber nun, wenn wir es nicht mit einem, sondern mit zwei aufeinander einwirkenden Teilchen zu tun haben, zum Beispiel mit zwei Elektronen, mit einem Elektron und einem Photon oder mit einem Elektron und einem Atomkern? Eben wegen der zwischen ihnen bestehenden Wechselwirkung können wir sie dann nicht mehr gesondert betrachten und einzeln mittels einer dreidimensionalen Wahrscheinlichkeitswelle beschreiben. Es ist aber nicht sehr schwer zu erraten, wie wir in der Quantenphysik ein System erfassen müssen, das sich aus zwei aufeinander einwirkenden Partikeln zusammensetzt. Wir müssen einfach wieder eine Stufe hinabsteigen und für einen Augenblick zur klassischen Physik zurückkehren. Die Lage zweier Massenpunkte im Raum in einem bestimmten Augenblick wird durch sechs Zahlen festgelegt, für jeden drei. Alle denkbaren Positionen der beiden Massenpunkte bilden somit ein sechsdimensionales Kontinuum, kein dreidimensionales mehr wie im Falle eines einzelnen Punktes. Wenn wir nun wieder eine Stufe höher, zur Quantenphysik, emporsteigen, haben wir Wahrscheinlichkeitswellen in einem sechsdimensionalen Kontinuum statt der in einem dreidimensionalen liegenden, nur für eine Partikel geltenden. Dementsprechend sind die Wahrscheinlichkeitswellen für drei, vier und mehr Partikeln Funktionen in einem neun-, zwölf- usw. dimensionalen Kontinuum.

Daraus ergibt sich klar, daß die Wahrscheinlichkeitswellen etwas Abstrakteres sind als die elektromagnetischen und Schwere-Felder, die gleichsam in unseren dreidimensionalen Raum gebettet sind und sich darin ausbreiten. Das „Milieu", wenn man so sagen darf, der Wahrscheinlichkeitswellen ist das vieldimensionale Kontinuum, und nur wenn es sich um Einzelpartikeln handelt, deckt sich die Anzahl der Dimensionen mit der des physikalischen Raumes. Die einzige physikalische Nutzanwendung der Wahrscheinlichkeitswelle liegt darin, daß wir damit sachliche Fragen statistischer Art beantworten können, die sich auf das Verhalten von Einzelpartikeln oder Partikelkomplexen beziehen. Bei Einzelelektronen könnte es uns zum Beispiel interessieren, wie groß die Wahrscheinlichkeit ist, daß wir an einem bestimmten Punkt einem Elektron begegnen. Bei zwei Partikeln könnte man fragen: Wie groß ist die Wahrscheinlichkeit, diese beiden Teilchen in einem bestimmten Augenblick an den und den beiden Punkten anzutreffen?

Die erste Abweichung von der klassischen Physik bestand

darin, daß wir davon absahen, einzelne Fälle als selbständige Vorgänge in Raum und Zeit zu beschreiben. Wir sahen uns genötigt, mit der durch die Wahrscheinlichkeitswellen verkörperten statistischen Methode zu arbeiten. Nachdem wir diesen Weg einmal eingeschlagen hatten, mußten wir notgedrungen noch weiter abstrahieren. So kam es zur Einführung von vieldimensionalen Wahrscheinlichkeitswellen, die uns auch die Lösung von Problemen ermöglichen, bei denen es sich um Partikelkomplexe handelt.

Wir wollen der Kürze halber einmal alles, was nicht zur Quantenphysik gehört, als klassische Physik bezeichnen. Dann läßt sich feststellen, daß klassische Physik und Quantenphysik zwei grundverschiedene Dinge sind. In der klassischen Physik geht es um die Beschreibung von räumlich vorhandenen Objekten und die Aufstellung von Gesetzen für die Veränderungen dieser Objekte in der Zeit. Die Phänomene jedoch, bei denen die Partikel- und Wellennatur von Materie und Strahlung in Erscheinung tritt, der offensichtlich statistische Charakter von Elementarvorgängen – radioaktiver Zerfall, Beugung, Emission von Spektrallinien und viele andere Erscheinungen – nötigen uns, von dieser Auffassung abzugehen. Die Quantenphysik zielt nicht mehr auf die Beschreibung von einzelnen Objekten im Raum und ihre Veränderungen in der Zeit ab. In der Quantenphysik ist kein Platz mehr für Feststellungen wie: „Dieses Objekt ist soundso beschaffen bzw. hat die und die Eigenschaft." Statt dessen konstatieren wir etwa folgendes: „Es besteht die und die Wahrscheinlichkeit, daß dieses oder jenes Einzelobjekt soundso beschaffen ist bzw. die und die Eigenschaft hat." In der Quantenphysik ist auch kein Raum mehr für Gesetze, wie man sie anderweitig zur Bestimmung von Veränderungen des Einzelobjektes in der Zeit hat. Statt dessen haben wir Gesetze für die Veränderungen der Wahrscheinlichkeit in der Zeit. Erst nach dieser von der Quantentheorie bewirkten grundlegenden Umstellung der Physik war es möglich, eine angemessene Erklärung für den offensichtlich diskontinuierlichen und statistischen Charakter von Vorgängen aus dem Reich der Phänomene zu finden, bei denen die Elementarquanten von Materie und Strahlung ihre Existenz dokumentieren.

Es tauchen aber auch hier wiederum neue, noch schwierigere Probleme auf, die bislang nicht einwandfrei gelöst werden konnten. Wir wollen nur einige dieser ungelösten Fragen anführen. Für die Naturwissenschaft wird es niemals eine Erfüllung geben. Jeder bedeutende Fortschritt wirft neue Fagen auf. Jede Entwicklung legt über kurz oder lang neue, noch schwerer überwindbare Klippen frei.

Wir wissen bereits, daß wir in dem einfachen Fall, wo es sich um Einzelpartikeln oder um Komplexe von Teilchen handelt, die Stufe von der klassischen zur quantenmäßigen Darstellung, von der objektiven Beschreibung von Vorgängen in Raum und Zeit zu den Wahrscheinlichkeitswellen hinaufsteigen können. Wir wollen uns jetzt aber einmal an den für die klassische Physik so überaus wichtigen Feldbegriff erinnern. Wie sollen wir nun die Wechselwirkung zwischen Elementarquanten der Materie und dem Feld beschreiben? Wenn für die quantenmäßige Beschreibung von einem Komplex aus zehn Teilchen eine dreißigdimensionale Wahrscheinlichkeitswelle vonnöten ist, dann würde man für eine entsprechende Feldbeschreibung eine unendliche Zahl von Dimensionen brauchen. Der Übergang vom klassischen Feldbegriff zu dem entsprechenden Wahrscheinlichkeitswellenproblem in der Quantenphysik ist keine einfache Angelegenheit. Das Höhersteigen um eine Stufe ist in diesem Falle keine leichte Aufgabe, und alle bisher in dieser Richtung unternommenen Versuche müssen als gescheitert angesehen werden. Es gibt aber noch ein Grundproblem. Bei der Behandlung des Überganges von der klassischen zur Quantenphysik haben wir bisher durchweg mit der alten prärelativistischen Darstellungsmethode gearbeitet, derzufolge Raum und Zeit wesensverschieden sind. Wenn wir jedoch versuchen wollten, die von der Relativitätstheorie inspirierte klassische Auffassung zugrunde zu legen, dann würde sich unser Aufstieg zum Quantenproblem noch bedeutend mehr komplizieren. Auch an diese Frage haben sich die Vorkämpfer der modernen Physik schon herangewagt, ohne jedoch bisher eine vollständige und zufriedenstellende Lösung finden zu können. Auch die Ausbildung einer folgerichtigen Physik für die schweren Teilchen, aus denen sich die Atomkerne zusammensetzen, bereitet noch Schwierigkeiten. Trotz der vielen auf experimentellem Wege zutage geförderten Daten und der mannigfachen Bemühungen, Licht in das Atomkernproblem zu bringen, tappen wir im Hinblick auf die Grundfragen dieses Gebietes nach wir vor im dunkeln.

Es kann nicht daran gezweifelt werden, daß die Quantenphysik die Deutung einer außerordentlich großen Vielfalt von Gesetzmäßigkeiten ermöglicht und daß damit in der Mehrzahl der Fälle auch eine glänzende Übereinstimmung von Theorie und Beobachtung erzielt werden konnte. Mit der neuen Quantenphysik entfernen wir uns noch weiter von der alten mechanistischen Auffassung, und ein Rückzug auf die alte Position muß heute als unwahrscheinlicher denn je erscheinen. Wir dürfen uns aber keinesfalls darüber hinwegtäuschen, daß auch die Quantenphysik noch auf den beiden Begriffen Materie und Feld aufgebaut werden muß. Sie ist in diesem Sinne eine dualistische Theorie, die uns in unserem Bestreben, alle Vorgänge auf den Feldbegriff zurückzuführen, nicht einen einzigen Schritt weiterbringt.

Wird die zukünftige Entwicklung auf dem von der Quantenphysik beschrittenen Wege weitergehen, oder ist es wahrscheinlicher, daß wiederum neue, bahnbrechende Ideen in die Physik eingeführt werden? Wird die Vormarschstraße wieder einmal plötzlich die Richtung ändern, wie sie es in früheren Fällen schon so oft getan hat?

In der letzten Zeit konnten alle mit der Quantentheorie zusammenhängenden Schwierigkeiten auf ein paar Hauptpunkte konzentriert werden. Die Physiker sehen ihrer Klärung voll Ungeduld entgegen. Es ist aber noch gar nicht abzusehen, wann und wo die Bereinigung der noch offenen Fragen erfolgen wird.

Physik und Weltbild

Welche allgemeinen Schlüsse lassen sich nun aus der bisherigen Entwicklung der Physik ziehen, die wir hier in groben Umrissen unter ausschließlicher Berücksichtigung der Grundideen skizziert haben?

Die Naturwissenschaft ist nicht bloß eine Sammlung von Gesetzen, ein Katalog zusammenhangloser Fakten. Sie ist eine Schöpfung des Menschengeistes mit all den frei erfundenen Ideen und Begriffen, wie sie derartigen Gedankengebäuden eigen sind. Physikalische Theorien sind Versuche zur Ausbildung eines Weltbildes und zur Herstellung eines Zusammenhanges zwischen diesem und dem weiten Reich der sinnlichen Wahrnehmungen. Der Grad der Brauchbarkeit unserer gedanklichen Spekulationen kann nur daran gemessen werden, ob und wie sie ihre Funktion als Bindeglieder erfüllen.

Wir haben gesehen, wie die Physik auf ihrem Vormarsch immer wieder neue Realitäten schuf. Dieser Schöpfungsprozeß läßt sich aber weit über den Ursprung der eigentlichen Physik hinaus zurückverfolgen. Einer der primitivsten Begriffe ist der des Gegenstandes. Die Begriffe „Baum", „Pferd" und überhaupt der Begriff eines materiellen Körpers schlechthin, sie alle sind Schöpfungen, die aus der Erfahrung erwachsen sind, mögen die ihnen zugrunde liegenden Wahrnehmungen auch im Vergleich zu den eigentlichen physikalischen Phänomenen noch so primitiv sein. Wenn die Katze mit einer Maus spielt, so dokumentiert sie damit, daß auch sie sich auf gedanklichem Wege ihre eigene primitive Realität geschaffen hat. Der Umstand, daß sie auf jede Maus, die ihr über den Weg läuft, in gleicher Weise reagiert, ist ein Beweis dafür, daß sie sich Begriffe gebildet und Theorien zurechtgelegt hat, die sie durch die Welt ihrer Sinneseindrücke geleiten.

Die Ausdrücke „drei Bäume" und „zwei Bäume" sind nicht dasselbe, und auch „zwei Bäume" und „zwei Steine" bedeuten etwas Verschiedenes. Die Begriffe der reinen Zahlen 2, 3, 4 usw. sind, losgelöst von den Objekten, mit denen zusammen sie ursprünglich entstanden sind, reine Schöpfungen des Verstandes und sollen uns zur Beschreibung der realen Verfassung unserer Welt dienen.

Das psychologisch verankerte subjektive Zeitgefühl gestattet es uns, unsere Eindrücke zu ordnen und zum Beispiel zu sagen, daß dieses Ereignis früher eingetreten sei als jenes. Wenn wir aber mit Hilfe einer Uhr jeden Augenblick im Zeitablauf gleichsam numerieren, wenn wir die Zeit als eindimensionales Kontinuum betrachten, so ist das bereits eine Abstraktion. Das gleiche läßt sich von den Begriffen der euklidischen und der nichteuklidischen Geometrie und von unserem, als dreidimensionales Kontinuum verstandenen Raum sagen.

Die eigentliche Physik setzte mit der Schöpfung der Begriffe „Masse", „Kraft" und „Inertialsystem" ein. Diese Begriffe sind alle reine Abstraktionen. Sie bildeten die Grundlage für das mechanistische Denken. Für den Physiker des beginnenden neunzehnten Jahrhunderts setzte sich die reale Außenwelt aus Partikeln zusammen, zwischen denen ausschließlich von der Entfernung abhängige einfache Kräfte walten. Er bemühte sich, solange wie möglich an dem Glauben festzuhalten, es müsse ihm eines Tages doch noch gelingen, das ganze Naturgeschehen aus diesen Grundbegriffen heraus zu erklären. Erst auf Grund der Schwierigkeiten, die sich im Zusammenhang mit der Ablenkung der Magnetnadel und mit der Struktur des Äthers ergaben, sahen wir uns veranlaßt, eine subtilere Realität zu schaffen. Nun kam die hochbedeutsame Abstraktion des elektromagnetischen Feldes. Es bedurfte eines kühnen Gedankensprunges, um zu erkennen, daß nicht das Verhalten von Körpern, sondern das von etwas zwischen ihnen Liegendem, das heißt das Verhalten des Feldes, für die Ordnung und das Verständnis der Vorgänge maßgebend sein könne.

Im Zuge der weiteren Entwicklung wurden dann viele alte Begriffe verworfen und durch neue ersetzt. In der Relativitätstheorie kam man von der absoluten Zeit und dem Inertialsystem ab. Als Rahmen für das Naturgeschehen wurde fortan nicht mehr das eindimensionale Zeitkontinuum in Verbindung mit dem dreidimensionalen Raumkontinuum angesehen, sondern das vierdimensionale Raum-Zeit-Kontinuum, eine neue Abstraktion mit neuen Transformationsmerkmalen. Das Inertialsystem wurde nicht mehr gebraucht. Alle Koordinatensysteme mußten in bezug auf die Beschreibung von Naturereignissen als gleich gut geeignet angesehen werden.

Die Quantentheorie arbeitete dann wieder neue, grundlegende Züge unserer Realität heraus. Diskontinuität trat an die Stelle von Kontinuität. Die Gesetze für einzelne Teilchen wurden von Wahrscheinlichkeitsgesetzen abgelöst.

Das Weltbild der modernen Physik hat mit den Vorstellungen von einst wahrhaftig nicht mehr viel zu tun. Das Ziel bleibt jedoch für jede physikalische Theorie immer das gleiche.

Wir bahnen uns mit Hilfe der physikalischen Theorien einen Weg durch das Labyrinth der beobachteten Gesetzmäßigkeiten und bemühen uns, unsere sinnlichen Wahrnehmungen zu ordnen und zu verstehen. Es wird dabei immer angestrebt, die beobachteten Gesetzmäßigkeiten als logische Folgerungen aus unserem physikalischen Weltbild darzustellen. Ohne den Glauben daran, daß es grundsätzlich möglich ist, die Wirklichkeit durch unsere theoretischen Konstruktionen begreiflich zu machen, ohne den Glauben an die innere Harmonie unserer Welt könnte es keine Naturwissenschaft geben. Dieser Glaube ist und bleibt das Grundmotiv jedes schöpferischen Gedankens in der Naturwissenschaft. Alle unsere Bemühungen, alle dramatischen Auseinandersetzungen zwischen alten und neuen Auffassungen werden getragen von dem ewigen Drang nach Erkenntnis, dem unerschütterlichen Glauben an die Harmonie des Alls, der immer stärker wird, je mehr Hindernisse sich uns entgegentürmen.

Wir fassen zusammen:

Die große Vielfalt von Gesetzmäßigkeiten im Reiche der atomaren Phänomene nötigt uns, wiederum neue physikalische Begriffe zu ersinnen. Die Materie hat eine „körnige" Struktur, sie setzt sich aus Elementarteilchen, den Elementarquanten der Materie, zusammen. Genauso hat auch die elektrische Ladung und — was im Sinne der Quantentheorie das Wichtigste ist — die Energie eine „körnige" Struktur. Photonen sind die Energiequanten, aus denen sich das Licht zusammensetzt.

Hat das Licht Wellennatur oder wird es von Photonenschauern gebildet? Ist ein Elektronenstrahl ein Schauer von Elementarteilchen oder hat er Wellennatur? Diese Kardinalfragen erwachsen der Physik aus dem Experiment. In dem Bemühen, sie zu beantworten, müssen wir notgedrungen darauf verzichten, atomare Vorgänge als Ereignisse in Raum und Zeit zu beschreiben, und uns noch weiter von der alten mechanistischen Auffassung distanzieren. Die Quantenphysik bringt Gesetze, die für Kollektive und nicht mehr für deren Individuen gelten. Nicht Eigenschaften, sondern Wahrscheinlichkeiten werden beschrieben; nicht für die zukünftige Entwicklung von Systemen werden Gesetze aufgestellt, sondern für Veränderungen der Wahrscheinlichkeiten in der Zeit, Gesetze, die für große Ansammlungen von Individuen gelten.

ANHANG

Biographisches über die Autoren

ALBERT EINSTEIN wurde 1879 in Ulm geboren, studierte am Polytechnikum in Zürich und arbeitete von 1902 bis 1909 als Ingenieur im Berner Patentamt. Von 1909 bis 1914 wirkte er als Professor für Physik an den Universitäten Zürich und Prag sowie am Züricher Polytechnikum. 1914 trat Professor Einstein in die Preußische Akademie der Wissenschaften ein, wo er bis 1932 verblieb. Dann verließ er Deutschland, um eine Professur am Institute for Advanced Study in Princeton, New Jersey (USA), anzunehmen. Dort starb er 1955.

LEOPOLD INFELD wurde 1898 in Krakau geboren, das damals noch zu Österreich-Ungarn gehörte und zu den ältesten europäischen Universitätsstädten zählt. Er studierte an den Universitäten Krakau und Berlin und wurde 1930 Lektor an der polnischen Universität Lwow (Lemberg). 1933 bis 1935 wirkte er als Mitglied der Rockefeller Foundation in England und trat 1936 in das Institute for Advanced Study in Princeton, New Jersey (USA), ein. Seit 1950 ist er Professor an der Warschauer Universität.

LITERATURHINWEISE

1. Zur Geschichte der Physik

Whittaker, E., From Euclid to Eddington. Cambridge 1949, deutsch: Wien-Stuttgart 1952

Laue, M. v., Geschichte der Physik. Bonn 1947

Hoppe, E., Geschichte der Physik im Handbuch der Physik (hrsg. von Geiger und Scheel). Berlin 1926

Rosenberger, F., Die Geschichte der Physik. Braunschweig 1882

Mach, E., Die Mechanik in ihrer Entwicklung. 8. Aufl. Leipzig 1921

Jammer, M., Concepts of Space. Cambridge, Mass. 1954

Dampin, C., Geschichte der Naturwissenschaft. Wien-Stuttgart 1952

Jeans, J., Der Werdegang der exakten Wissenschaften. Bern 1948

d'*Abro, A.*, The Evolution of Scientific Thought from Newton to Einstein. New York 1950

Dijksterhuis, E. J., De Mechanisering van het Wereldbeeld. Amsterdam 1950

Jordan, P., Die Physik des 20. Jahrhunderts. 7. Aufl. Braunschweig 1947

—, Physik im 20. Jahrhundert (in: ‚Forscher und Wissenschaftler im heutigen Europa — Weltall und Erde'). Oldenburg

Einstein, A., *Infeld, L.*, Physik als Abenteuer der Erkenntnis, Leiden 1938

2. Zur Person Einsteins

Einstein, Albert, Philosopher — Scientist. Ed. by Paul Arthur Schilpp, Evanston I 11, The Library of Living Philosophers. 1949

Barnett, L., The Universe and Dr. Einstein. 1949?
(deutsch: Einstein und das Universum. Hamburg 1952)

Frank, Ph., Wahrheit — relativ oder absolut (Relativity — a richer Truth). Zürich 1952

—, *Einstein*, Sein Leben und seine Zeit. München, Leipzig, Freiburg 1949

Einstein, A., Out of my later Years. New York 1950 (Phil. Libr.)
(deutsch: Aus meinen späten Jahren. Stuttgart 1952)

—, The World as I see it. New York 1949
(deutsch: Mein Weltbild. Zürich-Stuttgart-Wien 1953)

3. Zur Relativitätstheorie
(Gemeinverständliche Werke)

Einstein, A., Über die spezielle und die allgemeine Relativitätstheorie. 10. Aufl. Braunschweig 1920
Eddington, A. S., Space, Time and Gravitation. Cambridge 1920 (deutsch: Raum, Zeit und Schwere. Braunschweig 1923)
Born, M., Die Relativitätstheorie Einsteins und ihre physikalischen Grundlagen. Berlin 1921
Schmidt, H., Das Weltbild der Relativitätstheorie. Hamburg 1920
Kirchberger, P., Was kann man ohne Mathematik von der Relativitätstheorie verstehen? Karlsruhe 1920
Thirring, H., Die Idee der Relativitätstheorie. Berlin 1922
Schlick[1], *M.*, Raum und Zeit in der gegenwärtigen Physik. 3. Aufl. Berlin 1920
Cassirer[1], *E.*, Zur Einsteinschen Relativitätstheorie. Berlin 1921
Mie, G., Die Einsteinsche Gravitationstheorie. Leipzig 1921
Russell, B., The ABC of Relativity. New York 1925

4. Zur Quantentheorie
(Gemeinverständliche Werke)

de Broglie, L., Licht und Materie. Hamburg 1943
—, Die Elementarteilchen. Hamburg 1943
Reichenbach[1], *H.*, Philosophische Grundlagen der Quantenmechanik. Basel 1949
Zimmer, E., Umsturz im Weltbild der Physik. München 1934
Jordan, P., Das Bild der modernen Physik. Hamburg 1948
Bohr, N., Atomtheorie und Naturbeschreibung. Berlin 1931
Hildesheimer, A., Die Welt der ungewohnten Dimensionen. Leiden 1953
Weizsäcker, C. F. v., Zum Weltbild der Physik. Leipzig 1943
Heisenberg, W., Wandlungen in den Grundlagen der Naturwissenschaft. Stuttgart 1948

5. Zur Philosophie der Physik und Allgemeines über neuere Physik

Bavink, B., Ergebnisse und Probleme der Naturwissenschaften. 9. Aufl. Zürich 1948
Jeans, J., Physics and Philosophy (deutsch: 2. Aufl. Zürich 1944)
Eddington, A. S., Philosophie der Naturwissenschaft. Sammlung Dalp 1939

[1] philosophisch orientiert

Weizsäcker, C. F. v., und J. Juilfs, Physik der Gegenwart. 1953
Rutherford, E., Background of Modern Science. Cambridge 1938
Bridgman, P., Die Logik der heutigen Physik. München 1932
Burkamp, Naturphilosophie der Gegenwart. Berlin 1930
Schlick, M., Naturphilosophie. Berlin 1925
Brill, E., Erkenntnistheoretische Grundprobleme der Relativitätstheorie, Quantentheorie und Wellenmechanik. Breslau 1929
Hartmann, M., und W. Gerlach, Naturwissenschaftliche Erkenntnis und ihre Methoden. Berlin 1937
Jeans, J., Die neuen Grundlagen der Naturerkenntnis. Stuttgart-Berlin 1934
Einstein, A., Geometrie und Erfahrung. Berlin 1921

NAMEN- UND SACHREGISTER

Namenregister

Sachregister

AUF den nachfolgenden Seiten stellen wir Ihnen einige Bücher vor, die wir Ihrer Aufmerksamkeit empfehlen.

JEAN E. CHARON

Der Geist der Materie

264 Seiten, Leinen, reich illustriert, DM 32,–, S 230,–, sfrs 32,–

Charons revolutionierende physikalische Theorie von den geisttragenden Elementarteilchen findet unverhoffte Bestätigung durch die Entdeckung der geheimnisvollen Schwarzen Löcher: Im extrem Großen und im extrem Kleinen scheint die Physik endlich jene unbekannte Größe gefunden zu haben, die, wie die Mythen und Religionen aller Völker lehren, seit Anbeginn die Welt regiert: den Geist.

HERBERT PIETSCHMANN

Das Ende des naturwissenschaftlichen Zeitalters

336 Seiten, Leinen, DM 35,–, S 250,–, sfrs 35,–

„Dem Buch wären schon jetzt viele Auflagen zu wünschen ... ein Buch, das, lange erwartet, an die besten Traditionen ... anknüpft ... Seine provokanten Ideen könnten Wien wieder zu einem Zentrum philosophisch-naturwissenschaftlicher Reflexion machen ... Seine Fähigkeit, komplizierte Zusammenhänge für jedermann verständlich darzustellen, erklärt, warum sich sein Buch so spannend liest wie ein Krimi ... Pietschmanns Buch stößt zum Kern des Problems neuzeitlicher Naturwissenschaft vor ... begründet stichhaltig ... zeigt, wo die Lösung zu suchen ist.“ *profil*

ERWIN SCHRÖDINGER

Meine Weltansicht

178 Seiten, Leinen, DM 8,–, S 50,–, sfrs 9,20

Dieses Werk ist das philosophische Testament des Nobelpreisträgers Erwin Schrödinger. Dasselbe Streben nach Einheit, das sein physikalisches Werk kennzeichnet, tritt auch in seinen Gedanken zur Philosophie auf. Schonungslos analysiert er ein Weltbild, an dessen Erschaffung er selbst maßgeblich beteiligt ist.

RAYMOND RUYER

Jenseits der Erkenntnis

344 Seiten, Leinen, DM 35,–, S 250,–, sfrs 38,–

Mit den Mitteln modernster Erkenntnisse aus nahezu allen Disziplinen führen „die Gnostiker von Princeton“ den Beweis, daß nicht der Zufall, sondern ein denkendes, ordnendes Wesen Schöpfer des Universums ist. Ruyer dokumentiert den Werdegang dieser 1969 aus Kreisen angesehenster Naturwissenschaftler, Mediziner und Theologen hervorgegangenen neuen Geistesrichtung, die zum erstenmal seit langer Zeit eine Begegnung von Wissenschaft und Religion herbeiführt.

EGMONT COLERUS

Vom Punkt zur vierten Dimension

Geometrie für jedermann

448 Seiten, ill., Jubiläumsausgabe, DM 16,–, S 100,–, sfrs 17,50

„Daß der Mensch gescheiter ist als er glaubt, beweist der überwältigende Erfolg dieses Buches“, schrieb die Kritik, als „Vom Punkt zur vierten Dimension“ erschien. In klarer, leicht faßlicher Sprache macht Colerus die Welt der Geometrie zu einem Abenteuer. Wer bereit ist, Stufe für Stufe den Aufstieg zu den Gipfeln mathematischer Wissenschaft zu unternehmen, dem ist Colerus ein guter Führer.

G. PLAYFAIR/S. HILL

Die Zyklen des Himmels

Die kosmischen Kräfte und wir

392 Seiten, Leinen, reich illustriert, DM 39,–, S 280,–, sfrs 39,–

Das Leben des Menschen, ja alles Leben auf der Erde wird entscheidend von kosmischen Kräften bestimmt. Sie sind ein Energiepotential, das wir erkennen müssen, soll es uns nicht zerstören. Wie uns die sogenannten Grenzbereiche der Wissenschaft dabei helfen können, das zeigt dieses Buch, das nach aufsehenerregendem Erfolg in England und in den USA in sieben Sprachen erschienen ist.